Christina & Roland Seeger

mit CD-ROM

Naturnahe

Spiel- und Begegnungsräume

Handbuch für Planung und Gestaltung

Ökotopia Verlag, Münster

Impressum

AutorInnen: Christina & Roland Seeger, FFS

Illustrationen: Christina Seeger, Katja aus dem Spring

Satz: Studio Bandur, Idstein-Wörsdorf

ISBN: 3-931902-75-7

1 2 3 4 5 6 7 8 • 09 08 07 06 05 04 03 02

Das Handbuch wird ideal ergänzt durch die CD-ROM mit 350 Dias, Video, zahlreichen Arbeitspapieren und Planungsunterlagen zum Ausdrucken.

Inhalt

Vorwort

Unsere moderne demokratische Gesellschaft hat uns in den letzten 50 Jahren unermesslichen Wohlstand beschert. Kaum ein anderes Land der Welt verfügt über eine so gut organisierte soziale Vernetzung wie Deutschland. Jeder Ort kann problemlos mit dem Auto erreicht werden. Das Straßennetz ist bestens ausgebaut und wird ständig erweitert. Einkaufen kann man überall: im Supermarkt oder in riesigen, speziell für die Konsumbefriedigung hergerichteten Einkaufszentren. Den Weg dorthin kann man sich aber auch sparen. Teleshopping und Einkauf über das Internet bieten hierzu die Alternative. Die verbale Kommunikation untereinander wurde durch neue Multimedien erleichtert, und schriftliche Mitteilungen gehen längst per Fax bzw. SMS. Interessiert man sich für neue Freunde, so bietet der Computer heute ebenso über das Internet weltweite Möglichkeiten. Film- und Kulturangebote, Talk-Shows und Nachrichten aus aller Welt mit Kaufwerbungen untermauert, werden auf eine kaum noch überschaubare Anzahl von Fernsehkanälen in das Wohn- und Kinderzimmer gesendet. Da diese Angebote bei der heutigen Freizeitgestaltung zu Hause offensichtlich noch nicht ausreichen, gibt es zusätzlich die Möglichkeit, sich Videofilme oder Videospiele in jeder Geschmacksrichtung auszuleihen. Fernsehzeitschriften organisieren unsere Freizeit vor dem Fernseher. Im Grunde müssen wir uns nur noch entscheiden, ob wir eher eine politische Sendung, einen Kultur- oder einen Spielfilm anschauen möchten. Durch technische Neuerungen brauchen wir uns bei diesem Freizeitvergnügen nicht einmal mehr zu bewegen und können auf der Couch oder im Sessel sitzen bleiben, wenn wir einen Programmwechsel wünschen. Die mitgelieferte Fernbedienung macht es möglich. Eine interessante Erfindung, da man ständig zwischen den Programmangeboten hin- und herspringen kann und so scheinbar überall und gleichzeitig informiert wird.

Auch außerhalb der Wohnung findet sich ein für uns umfassend bereitgestelltes und organisiertes Freizeitangebot. Jeder kann selbst auswählen. Für jede Altersgruppe und Interessenlage findet sich das Passende. Um nichts zu versäumen und die Kinder zu fördern, dürfen die Kleinen schon ganz früh ins Ballett, zum Musik- oder Malunterricht, Tennisspielen oder zu pädagogisch geleiteten Spielkreisen. Vergleichbare Angebote, wenngleich hierzu noch mehr Animateure beschäftigt werden müssen, gibt es auch für unsere 3. Generation. Es sind Angebote gegen die Vereinsamung und für ein lebenszugewandtes Altern in unserer derzeitigen Gesellschaftsstruktur. Da man davon ausgeht, dass jedes Alter seine eigenen Interessen verfolgt und diese auch wirtschaftlich genutzt werden können, hat man einer solchen Vorstellung im Wirtschaftsstandort Deutschland umfassend nachgegeben. So hat jede Generation, angefangen bei den Kleinkindern, Schulkindern, Jugendlichen, Singles, über die Familien mit Kindern bis zu den älteren und alten Menschen aus kommerzieller Sicht ausreichende Wahlmöglichkeiten in einem noch immer so reichen Land.

Dieses Handbuch will verdeutlichen, dass ein solcher Fortschritt auch seinen Preis hat. Es stellt nicht nur in Frage, sondern sieht darin auch eine große Gefahr für das menschliche Zusammenleben. Ein Grund liegt in der Ausgrenzung bestimmter Altersgruppen, oftmals differenziert nach Geschlechtern. Hinzu kommt das ständige Wecken immer neu stimulierter Wünsche in einer kauforientierten Welt, der Zunahme sozialer Verarmung mangels immer weniger wirklich erlebten zwischenmenschlichen Beziehungen und dem Verlust generationsübergreifender Begegnungsräume, die keinem Konsumzwang unterliegen. Menschliche Grundbedürfnisse gehen dabei zunehmend verloren. Das betrifft nicht nur die deutsche Gesellschaft, sondern gleichermaßen viele andere hoch technisierte Staatengemeinschaften der Welt.

Das Konzept „Naturnahe Spiel- und Freiraumplanung" und das methodische Vorgehen im Rahmen von Bürgerbeteiligungsmodellen ist dabei ein ausgleichender Weg, der Menschen aus seelischer und sozialer Verarmung führen kann. Es ist ein Weg zurück zu mehr Mitmenschlichkeit, Respekt voreinander und dem Wiedererkennen von Naturzusammenhängen. Somit wendet sich das Buch nicht gegen den technischen Fortschritt. Naturnah gestaltete Räume bedeuten keinen Rückschritt in die Vergangenheit, vielmehr ein Wiederentdecken von fast verloren gegangenen Werten. Berichtet wird vom ganzheitlich betrachteten Ansatz in dieser jetzigen Zeit, die für die Zukunft eine bedeutsame Aufgabe übernehmen kann. Menschen werden dabei als soziale und sinnliche Wese akzeptiert und in den Mittelpunkt der planerischen Überlegungen gestellt. Mit Beispielen von Freiraumplanungen als Spiel- und Begegnungsräume für alle Generationen werden Wege aufgezeigt, die belegen, dass solche für die Gesellschaft wieder wichtig gewordenen Ziele auch erreichbar sind.

Grundlage dieser Spielraumkonzeption war eine über 20-jährige Auseinandersetzung mit dem Thema. Mehr als 5000 Kinderspielplätze in ganz Deutschland und dem benachbarten Ausland wurden in dieser Zeit untersucht. Es war ein langer und oftmals beschwerlicher Weg des Suchens. Das gefundene Ergebnis erhebt keinen Alleinvertretungsanspruch. Alle bisherigen Bemühungen um eine Verbesserung der Wohnumwelt werden anerkannt. Nach dieser langen Zeit wissenschaftlicher und praktischer Arbeiten ist die Autorengruppe jedoch davon überzeugt, dass naturnahe Spielräume den bisherigen deutschen Kinderspielplatzkonzeptionen durch ihren ganzheitlichen Ansatz weit überlegen sind. Diese Meinung vertreten wir ohne Schuldzuweisung mit der Bitte an die LeserInnen, sich ein eigenes Urteil zu bilden und an sich selbst zu prüfen und zu hinterfragen, wo und mit wem man zusammen als Kind in der Vergangenheit die aufregendsten und spannendsten Spielräume entdeckt und erobert hat.

Das Handbuch wendet sich an ArchitektInnen, LandschaftsplanerInnen, ErzieherInnen, PädagogInnen und EntscheidungsträgerInnen von öffentlichen, kirchlichen und privaten Spiel- und Freiraumeinrichtungen gleichermaßen. Es bietet Grundlagen aus und für die Praxis mit den entsprechenden Gestaltungsvorschlägen. Jedoch werden auch Hintergründe genannt, die den Menschen als soziales Wesen und die Vorgänge der kindlichen Entwicklung beschreiben. Wir übergeben damit Erfahrungen aus nahezu zwanzigjähriger praktischer Arbeit der „Forschungsstelle für Frei- und Spielraumplanung (FFS)", die in dieser langen Zeit über tausend solcher Projekte mit BürgerInnen bundes- und europaweit geplant und mit Erfolg umgesetzt hat. Das beschreibt zudem eine übertragbare Methode, die eine aktive Bürgerbeteiligung vom ersten Planungsschritt bis zum Bau der Freianlage vorsieht. Pädagogische, soziologische und psychologisch fundierte Textbeiträge, ökologische Hintergründe, der Umgang mit naturnahen Spielräumen im Kindergarten und Schulbereich mit ersten Hilfestellungen sowie technische Voraussetzungen bei planerischen Überlegungen ergänzen das Handbuch, das als erstes Standardwerk mit den entsprechenden Planungsbeispielen zu diesem umfassenden Thema erscheint.

Das Handbuch wird begleitet und ergänzt durch die beiliegende **CD-ROM**, auf der Sie neben weiteren vertiefenden Textbeiträgen zu verschiedenen Themen des Buches auch Gesamt- und Detailpläne von Projekten finden, die unsere Vorschläge zur naturnahen Spiel- und Begegnungsraumplanung in die Tat umgesetzt haben. Außerdem finden Sie Dia-Shows, die Spielplätze, Schulpausenhöfe und Freiräume im öffentlichen Raum einmal im klassischen Sinne und einmal im naturnahen Sinne gestaltet zeigen, eine kleine Videosequenz von einer Bürgeraktion in einem Kindergarten, Druckvorlagen für Planung und Ausführung von Bauvorhaben und vieles mehr. Kapitel für Kapitel wird das Buch von der CD-ROM derart begleitet, dass Sie leicht und ohne Probleme durch die Themen hindurch navigieren können. Zum Teil haben wir Themen parallel angeordnet, sodass Sie Beschreibungen von Baudetails im Buch und die entsprechenden Planzeichnungen auf der CD-ROM vergleichend nebeneinander betrachten können.
Zudem gibt es im Buch immer wieder Hinweise auf vertiefendes Material auf der CD-ROM und die Stellen, wo Sie es finden können.

Roland Seeger
Leiter der FFS

Kapitel 1

Wir widmen dieses Kapitel allen Eltern, die nach anderen Erziehungswegen suchen und verstehen wollen, wie kindliche Entwicklung verläuft. Wir widmen das Kapitel aber auch denjenigen, die bisher über Freiraumkonzepte entschieden haben und hoffen, dass sie erkennen mögen, dass sinnesanregende Spiel- und Begegnungsräume geistige Entwicklungen in Gang setzen können, Sozialkompetenzen fördern, teamfähig machen und dass diese Angebote mit Gewaltprävention zu tun haben.

Einleitung

Der Inhalt des Handbuches setzt sich mit naturnahen Spiel- und Freiraumkonzepten auseinander. Es ist eine Zusammenstellung von Erfahrungen, die sich innerhalb von 20 Jahren entwickelt haben. Die Ergebnisse sind keine Einzelleistungen von wenigen Personen. Spiel „als zentrale Lebensäußerung des Menschen" kann nur umfassend begriffen werden. Die Auseinandersetzung mit dem Thema und die Suche nach besseren Wegen kann nur gelingen, wenn auch andere Konzepte offen und viele Fakultäten und deren Meinungen in die eigenen Überlegungen einbezogen werden. Alleine im deutschsprachigen Raum gibt es zum Thema Kinderspiel und Spielen im Freien seit den 50er Jahren mehr als 5000 Veröffentlichungen. Dort findet sich eine kaum noch zu bewältigende Flut von Aussagen. Es ist jedoch bei der Literaturselektion auffällig, dass nahezu alle wissenschaftlichen Untersuchungen zu den Fragen der Frequentierung und Spielmotivation von Kinderspielplätzen in Deutschland zu einem vergleichbaren und wenig zufriedenstellenden Befund kommen. Bereits 1974 berichtet das SIN-Städtebauinstitut in seinem Buch „Kinderspielplätze. Grundlagen, Analysen empirischer Befunde und Planungsempfehlungen", entnommen dem Beitrag von Knödler, Maier vom „Spielplatz-Bazillus" und aus Frankfurt a. M., von einer Aktion des Vereins „Mehr Platz für Kinder", im Sommer 1973 den hässlichsten Spielplatz suchen zu lassen. 1977 meldeten sich Colin Ward, 1979 Inge Thomas, zu ökologischen Fehlentwicklungen zu Wort, ebenso wie 1991 Günter Fellenberg und ebenfalls 1991 Klug, Roth, Oberholzer und Lässer, die nicht nur Kritik übten, sondern sich um konstruktive Beiträge zur Verbesserung der Spielplatzsituation bemühten. Viele wichtige Beiträge konnten hier nicht aufgeführt werden. Sie alle sind jedoch lesenswert und stimmen nachdenklich.

Das Handbuch nimmt die Tradition auf, konstruktive Beiträge zur Verbesserung von Spielumwelten zu erweitern und will einen noch nicht umfassend dargestellten Beitrag zur neueren Diskussion um generationsübergreifende und naturnahe Spielbereiche praxisorientiert leisten. Bewusst wurde auf eine ausführliche spieltheoretische Auseinandersetzung verzichtet, wenngleich da und dort Querverbindungen zu Fragen der kindlichen Entwicklung hergestellt werden. Hierzu gibt es ausreichend Fachliteratur. Der Schwerpunkt des Inhalts will Hilfen zur Selbsthilfe geben, Denkanstöße vermitteln und den Blick auf ein Konzept richten, das sich seit vielen Jahren bundes- und inzwischen auch europaweit in Hunderten von Einzelprojekten bewährt hat.

Planungsbeispiele und daraus erarbeitete Detailplanungen, die allesamt im Rahmen von Bürgeraktionen nach einem entsprechend organisierten Konzept realisiert wurden, geben diese Erfahrungen weiter. Sie wurden als Modellvorhaben für dieses Buch so ausgesucht, dass neben der Sensibilisierung für das Thema auch Planungs-, Argumentations- und Entscheidungshilfen gegeben werden. Zudem gibt es Auskunft über besonders kostengünstige Spielraumkonzepte. Außerdem wird berichtet, wie durch die Verwendung von natürlichen Materialien und der aktiven Beteiligung von BürgerInnen, insbesondere auch durch die Mithilfe von Kindern und Jugendlichen, diese Ziele erreicht werden können. Zudem wird immer wieder und an vielen Stellen des Handbuches darauf hingewiesen, dass Bürgeraktionen im Gesamtergebnis mehr sind als nur eine regionale Aktion einzelner Personen. In den Textbeiträgen werden auch Verbindungen zum derzeit stattfindenden gesellschaftlichen Wandel und seinen Folgen für junge Menschen hergestellt.

Das betrifft den Postmaterialismus gleichermaßen wie den Umbau des Sozialstaates oder die beispiellose Informationsflut, die uns täglich erfasst und die wir bis zu 97 Prozent nicht mehr nutzen, geschweige denn verarbeiten können. Alleine das Informationsvolumen einer einzigen Sonntagsausgabe der New York Times ist etwa identisch mit dem, was ein Mensch im Mittelalter in seinem ganzen Leben verarbeitet hat (Prof. Dr. Ursula Funke).

Auch von diesen gesellschaftsbedeutsamen Grundansätzen wurde und wird immer noch die „Naturnahe Spiel- und Freiraumkonzeption" getragen, die in ihrer Gesamtstruktur auch die Zielsetzungen der Agenda 21 einschließt und sich somit bewusst gegen das zunehmende Wertevakuum und den Cocooning-Trend wendet, denen unsere heutige Gesellschaft unterworfen ist.

Das Team der FFS

Spiel- und Freiraumplanung im urbanen Raum

Alle in diesem Handbuch getroffenen Aussagen und Planungsbeispiele sind aus einer offenen Einstellung zur Natur entstanden. Wir sehen die Menschen, Groß und Klein, Jung und Alt als Gemeinschaft, die tiefgreifende Bedürfnisse hat und prinzipiell friedlich miteinander leben will. Wenn auch zwischenzeitlich zunehmend der Eindruck vorherrscht, dass es heute in unserer Gesellschaft ganz offensichtlich häufig in der idealistischen Form so nicht mehr funktioniert, sehen wir in der Planung und dem Bau von naturnahen Freiräumen aus Erfahrung eine große Chance, wieder „Mehr Miteinander, Toleranz und Respekt voreinander" erlebbar zu machen und dadurch neu einüben zu können.

Das setzt jedoch voraus, dass sich auch und insbesondere der deutsche Kinderspielplatz in seiner Grundkonzeption verändern sollte. Wir wünschen uns, dass dort nicht nur überwiegend Spielgeräte aufgestellt werden, sondern auch Naturräume entstehen, die zum Verweilen einladen, wo unsere Sinne ganzheitlich angeregt werden und alle Generationsgruppen gleichermaßen einen Aufenthalt im Freien vorfinden, der ihren Bedürfnissen tatsächlich entspricht und wo man sozial, sensomotorisch, aber auch emotional angesprochen und angeregt wird. Das betrifft in hohem Maße auch die älteren Menschen, für die in solchen Freianlagen bisher kaum anregungsreiche Milieus, außer Bänken und Bankreihen angeboten wurden.

Ist diese Zielsetzung gewünscht und auch umgesetzt werden soll, so wird nicht nur ein sozialer Beitrag in unserer Gesellschaft geleistet. Neue, abwechslungsreiche Grünräume entstehen und hiermit wieder vermehrt ökologische Nischen für Lebenswelten der heimischen Flora und Fauna. Das ist aktiver Umweltschutz im urbanen Raum und Achtung vor dem Schöpfungsgedanken, der verloren gegangene Werte wieder ins Bewusstsein rückt. Ein Ziel, das nachhaltige Konsequenzen im öffentlichen Raum haben wird und dabei das Verhalten der Menschen maßgeblich prägt. Wichtig dabei ist jedoch, dass man die Menschen schon bei den Entscheidungsprozessen aktiv beteiligt und deren Kompetenzen zulässt und bündelt. So könnte aus jedem konventionellen Kinderspielplatz im Rahmen der Sanierung ein Ort der Begegnung entstehen, vergleichbar dem früheren Dorfplatz. Aufgrund der urbanen Veränderung unserer Städte und Gemeinden könnten somit Kinderspielplätze, vernetzt betrachtet, im jeweiligen Einzugsgebiet künftig diese Aufgabe übernehmen.

Konkret handelt es sich um das „naturnahe Spiel- und Freiraumkonzept", das vermehrt natürliche Gestaltungselemente für kreatives Spielen in und mit der Natur in seine Planung aufnimmt. Es entstand durch jahrelange praktische Erfahrung und dem Austausch mit Fachleuten aus den verschiedensten wissenschaftlichen Fakultäten. Die Ergebnisse sind keine Zufallsprodukte, orientiert an der Produktvielfalt der Spielgerätekataloge. Bei allen Überlegungen war die Natur der Lehrmeister. Dabei mussten wir aufgrund verschiedener Sachzwänge viele Vorstellungen und Ideen verwerfen, da sie sich in der Praxis nicht bewährt hatten oder das gemeinsame Spielen nur unzureichend berücksichtigt war. Geprüft hat man jede Idee an konkreten Pilotprojekten, die ausnahmslos in „naturnahen Spielbereichen" erprobt wurden. So kommt es auch, dass viele im Markt bekannten Spielgeräteprodukte in dieser Konzeption nicht mehr auftauchen. Darin sehen wir eine konstruktive Aussage zu Gunsten einer innovativen Stadt- und Gemeindeplanung, die sich an den tatsächlichen Bedürfnissen der dort lebenden Menschen und dem Schutz der Natur stärker als bisher orientiert. Es handelt sich dabei um eine Art Aufbruch. Ganz im Sinne der Agenda 21.

Vom Grundsatz her sind Naturspielräume keine neue Erfindung. Welcher Erwachsene hat, als er selbst noch ein Kind war, nicht in Spielhecken, am Bach oder in Bäumen gespielt? Doch wo findet man heute noch im urbanen Raum solche Streifräume, in denen der Aufenthalt zu einem Abenteuer werden kann? Sind es die Vorgärten, überwiegend mit Friedhofsgehölzen, also exotischen Pflanzen bestückt, oder die Kinderspielplätze mit ihren bunten Katalogspielgeräten, verteilt nach Sicherheitsbestimmungen, bzw. die Parkanlagen, in denen das Betreten des Rasens überwiegend verboten ist, und sich der Aufenthalt und die Verweildauer eher auf Bankreihen mit daneben positionierten Mülleimern reduziert? Bei der Einrichtung von Kinderspielplätzen und ruhebetonten Freianlagen haben wir die für unsere Kinder so wichtigen Sinneserfahrungen für deren gesunde Entwicklung in einer besonders prägenden Lebensphase ganz offensichtlich unterbewertet und nicht daran gedacht, dass auch Erwachsene anregungsreiche Freiräume benötigen, die generationsübergreifendes Kommunizieren ermöglichen. Deutlich wird diese problematisierte Auseinandersetzung heute am Verhalten unserer Kinder und Jugendlichen. Zunehmend beginnt diese Generationsgruppe sich zu wehren. Dieser Prozess findet nicht bewusst und auf der intellektuellen Ebene statt. Vandalismus ist ein Ausdruck von Machtlosigkeit und mangelnder Funktionalität von Spiel- und Freiräumen, was alle Entscheidungsträger, PlanerInnen, aber auch Eltern wach rütteln sollte. Im Handbuch werden wir die Zusammenhänge immer wieder in Wort sowie auf der CD-ROM in Bildern dokumentieren.

Für eine intensive Auseinandersetzung mit dem Thema bieten wir auf der CD-ROM einen Text an, der sich auch für einen Vortrag über das bedeutsame gesellschaftliche Thema eignet.
Siehe dazu: Kapitel 1, 1. Textbaustein: „Kinder zeigen Machtlosigkeit durch Vandalismus"

Spiel als zentrale Lebensäußerung des Menschen

Es ist in allen Wissenschaften, die sich mit dem Menschenbild beschäftigen, unbestritten, dass es sich beim „Homo sapiens" immer auch um den „Homo ludens" handelt. Alle Menschen spielen ihr Leben lang. Das war früher so und gilt auch heute noch.

Das Schaubild macht deutlich, welche Aspekte bei der Planung von naturnahen Spielbereichen beachtet werden sollten. Der Ansatz geht von fakultätsübergreifenden Fragestellungen aus und betrachtet den Menschen als Ganzheit. Dabei werden die konzeptionellen Überlegungen vernetzt entwickelt und Wahlfreiheiten im Spiel organisiert.

Spiel ist eine zentrale Lebensäußerung mit prophylaktischer, heilender und sozialer Auswirkung. Anhand von drei theoretischen Ansätzen, die genauer in der Diplomarbeit von Almut Franke (a.a.O.) beschrieben und modifiziert wurden, soll darauf näher eingegangen werden. Es handelt sich dabei um das Menschenbild von Renate Zimmer, Maria Montessori und vor allem das von Hugo Kükelhaus. Allen drei theoretischen Ansätzen liegt ein humanistisches Menschenbild zugrunde. Es beinhaltet die Auffassung, dass der Mensch nur als Ganzheit zu begreifen ist. Handeln setzt immer auch Denken und Fühlen, Wahrnehmen und Bewegung voraus.

Welche Struktur auch immer gerade dominiert, alles ist untrennbar miteinander verbunden, beeinflusst sich gegenseitig und kann im Lebensalltag nicht voneinander isoliert betrachtet werden. Im Spiel wird das besonders sichtbar. Emotionen, Bewegungen, Kognitionen, Wahrnehmung und Psyche sind ganzheitlich beteiligt und werden ausgelebt. Die Handlungen im Spiel betreffen somit den ganzen Menschen. Deutlich herausgearbeitet wurde dieser Sachverhalt von Rudolf zur Lippe (a.a.O.). Er behauptet, „dass der Mensch sich im Ganzen als Ganzer erfährt, denn: Nicht das Auge sieht, sondern der Mensch, der ‚ganz Auge' ist, ist es, der sieht. Nicht das Ohr hört, sondern der ganz Ohr seiende Mensch ist es, der hört. Nicht der Körper, sondern der sich bewegende und bewegte Mensch ist es, der sich bewegt".

Funktionsweise des Menschen nach Hugo Kükelhaus. Einheit von Körper und Geist sind untrennbare Instrumente zur Bewertung der sozialen und gebauten Umwelten. – Erfahrungen aus 1. Hand –

Hugo Kükelhaus, dessen Arbeiten auf denen von Rudolf zur Lippe basieren, erläutert seine Auffassung vom Wesen des Menschen genauer. Der Mensch wird von ihm nicht in der Dominanz entweder des Körperlichen oder Geistigen gesehen, sondern als „Wesen, dessen Körperlichkeit eng mit seinem Erleben, Empfinden, Fühlen und Denken verknüpft ist". Nach Kükelhaus stellt die Haut eines Menschen die Grenze und Verbindung zwischen dem Inneren und der Außenwelt dar. Die Sinnesorgane werden als Ausformung der Haut bezeichnet, über welche der Mensch Informationen aus der Umwelt aufnehmen kann. Diese Informationsgewinnung muss, laut Kükelhaus, durch eigenes Erleben stattfinden. Für ihn ist es nicht möglich, sich Informationen aus so genannter ‚Zweiter Hand' einzuverleiben und diese dauerhaft zu speichern. Erst aus dem praktischen Eigenerleben kann Erfahrung und Erkenntnis resultieren. Erkenntnis wiederum ist ein Prozess aus Erleben, Vergleichen und Einordnen in schon vorhandene Erfahrungen. Dabei gehört zu jedem Prozess auch ein Wagnis der Unsicherheit, das Eingehen von Risiko mit ungewissem Ausgang. Ausschließlich durch solche Unsicherheitsfaktoren kann der Mensch neue Eindrücke gewinnen. Kann man demnach keine kalkulierbaren Restrisiken eingehen, wurde alles für einen bereits vorgedacht und geordnet, wird der Mensch bei seiner Weiterentwicklung der Erfahrungs- und Erkenntnisgewinnung stagnieren. Wie könnten diese Prozesse besser vermittelt werden als über das Spiel?

Soll nun die Umwelt durch eigene Erfahrungen erlebt werden, muss sich mit ihr auch aktiv und ganzheitlich auseinander gesetzt werden dürfen. Da unsere Sinnesorgane nicht dafür geschaffen wurden, zu irgendeinem Zeitpunkt oder zu ganz bestimmten Zwecken zu reagieren, müssen sie kontinuierlich in Anspruch genommen werden, damit sie ihrer Aufgabe entsprechend funktionieren können. Ist das nicht gewährleistet, werden sie verkümmern. Dann wird Erleben,

Erfahren, Erkennen, Begreifen, Schützen und Tolerieren nicht mehr denkbar. Alternative Verhaltensmuster beginnen zu dominieren. Langeweile, Fresssucht, gewaltvolle Handlungen, verstärkt noch durch eine besondere Gruppendynamik, sind nur einige der Folgen, mit denen wir uns heute auseinander setzen müssen. Wie sehr sich solche Mangelerscheinungen auswirken, kann man während den Pausezeiten auf bundesdeutschen Schulhöfen beobachten. Von einer anderen Mangelerscheinung berichtet aber auch der Dachverband der Unfallversicherungsverbände. Zunehmend wird dort registriert, dass Kinder nicht mehr richtig fallen können. Sie fallen zunehmend auf das Gesicht, schlagen sich dabei Zähne und Nase ein, da der angeborene Reflex, beim Fallen die Arme auszustrecken zu spät kommt, da nicht mehr ausreichend eingeübt. Gleiches gilt beim Zuwerfen von Bällen. Der Reflex kommt zu spät und sie können nicht mehr rechtzeitig ausweichen, da das Auge den ankommenden Ball zu spät erkannt und in die Gehirnzentrale weitergemeldet hat.

Auch **Maria Montessori** geht in ihren Ausführungen auf die gesamte Lebensspanne des Menschen ein. Sie hat aber speziell das Wesen des Kindes betrachtet und dargestellt. Von ihr wird das Kind als ein aktives, neugieriges Wesen beschrieben, das seine Umwelt durch die aktive Auseinandersetzung kennen lernen will. Dabei hat es das vorrangige Bedürfnis, selbstständig handeln zu können. Montessori bezeichnet das Kind als ‚Baumeister seiner eigenen Entwicklung' welches ‚schöpferische Kräfte' besitzt. Demnach sind Bedingungen nötig, die Eigenaktivitäten ermöglichen. Das gilt insbesondere für das freie Spielen, mit der Konsequenz, Kinder auch bei ihren Entdeckungsreisen loslassen zu können. Ein Mangel, der sich in übertriebenem Sicherheitsdenken und Vertrauensverlusten der Eltern heute ausdrückt und die kindlichen Erfahrungswelten erheblich einschränkt; somit dringend notwendige Entwicklungsmöglichkeiten blockiert, anstelle diese zu fördern. Gerätespielplätze sind ein sichtbares Beispiel, wie wir in der Vergangenheit unbewusst dafür gesorgt haben, dass unsere Kinder in einem eingeschränkten Raum eher verkümmern, als dass wir sie sich ganzheitlich entwickeln ließen. Entsprechend sehen übrigens immer noch mehrheitlich auch die Kinderzimmer aus. Und Gleiches gilt neben den öffentlichen Kinderspielplätzen auch für die Schulpausenhöfe oder die Freiräume im Kindergarten.

Aus dieser Sichtweise wird verstehbar, warum es jungen Familien heute so schwer fällt, ihre eigenen Kinder Risiken auszusetzen. Sie durften als Kinder wohl noch zum Teil ihre eigenen Baumeister sein, bildeten sich zu der Zeit medialen „Mangels" selbst aus. Aber der Veränderungsprozess hatte bereits begonnen. Schon die Eltern der jetzigen Generation von Kindern wurden bereits eher mit theoretischem Wissen gefüllt und können daher bei ihrer nun anstehenden Erziehungsarbeit an den eigenen Kindern kaum begreifen, dass es im Menschen angelegte Bedürfnisse, Wünsche und Fantasien gibt, von denen sie selbst als Kinder schon ausgeschlossen waren, da sie bereits in ihrer Kindheit im damaligen Wohnumfeld nicht mehr ausreichend eigenaktiv sein konnten. Es fehlt am selbsterlebten Lernprozess, was nun verhindert, dass Kindern auch Eigenverantwortung zugetraut, zugestanden und die Findung von Selbsterkenntnis ermöglicht werden. Kinder kommen nur durch Erfahrung zu einer dauerhaften und nachhaltigen Erkenntnis. Fallen lernen sie nur durch Fallen und nicht durch Erklärungsmodelle. Dabei können sie sich auch verletzen. Erstaunlicherweise steht diesem Sachverhalt die Erfahrung entgegen, dass bei vielen Tausend befragten Erwachsenen kein einziger jemals geäußert hat, sich als Kind nicht irgendwann einmal weh getan zu haben. Trotzdem wird noch immer versucht, Kinder in Schonräumen aufwachsen zu lassen und diese auch einzufordern.

Auch **Renate Zimmer** hat sich intensiv mit der ganzheitlichen Entwicklung durch handelnde Auseinandersetzung, Spiel als zentrale Lebensäußerung eingeschlossen, beschäftigt. Ihr Ansatz kommt dem hier beschriebenen naturnahen Spiel- und Freiraumkonzept besonders nahe, da bei dieser ganzheitlichen Betrachtung der kindlichen Entwicklung Bereiche wie Motorik, Sensomotorik, Sprache, Emotion, Kognition,

Identitätsbildung und Sozialverhalten in Einklang gebracht werden. Grundlage ist auch bei Zimmer der untrennbare Zusammenhang zwischen den einzelnen Bereichen und das daraus resultierende Verhalten.

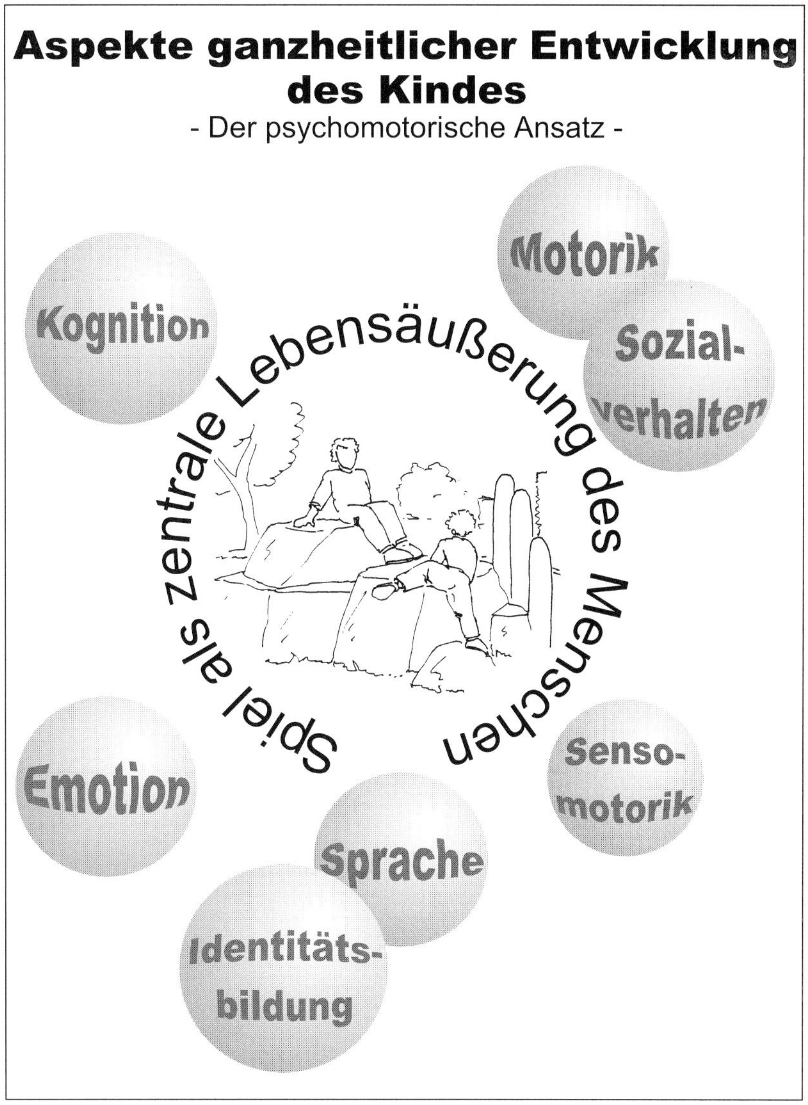

Ganzheitliche Betrachtungsweise von Renate Zimmer. Interpretation der FFS.

Der Mensch wird als Ganzheit anerkannt. Das bedeutet, dass die genannten Aspekte nicht isoliert, sondern im gegenseitigen Zusammenspiel betrachtet werden. Im aktiven Spielen, Bewegung und der handelnden Auseinandersetzung mit der Umwelt findet das Fortschreiten jeder Entwicklung statt. Innerhalb dieser Aktivitäten geschehen natürlich Kommunikation und Interaktion mit der sozialen Umwelt. Es ist ein ständiger Austauschprozess in personaler, sozialer und materieller Hinsicht, der kontinuierlich anregt und zu neuen, erweiterten Erkenntnissen führt.

Das Kind ist ausgestattet mit allen Merkmalen einer individuellen Persönlichkeit. Diese haben maßgeblichen Einfluss auf die Weiterentwicklung und das daraus resultierende Verhalten. Das betrifft das Geschlecht, die Herkunft, das Aussehen, die Fähigkeiten und Fertigkeiten, welche bisher erlernt wurden, und alle Schwächen, die es noch auszugleichen und zu korrigieren gilt. Zudem gibt es emotional bewertete Merkmale wie zum Beispiel das Selbstwertgefühl und die Beurteilungsfähigkeit des jeweiligen eigenen Verhaltens. Die stehen wiederum in Abhängigkeit zu den gezeigten Verhaltensmustern im sozialen Verbund, indem sie dort zugeordnet und eingeschätzt werden. Es ist daher nicht verwunderlich, wenn sich innerhalb dieser Merkmale anerkannte gesellschaftsbedeutsame Auffälligkeiten zeigen, die nicht konform mit dem Bekannten und Erwünschten gehen. Auch im Spiel und anderswo bauen sich Außenseiterrollen auf, weil man Ablehnung erfahren hat. Dramatisch zeigt sich das und nahezu unumkehrbar, wenn das Aussehen oder die Herkunft als dominantes Ablehnungsmerkmal auch im Umfeld mehrheitlich registriert wird. Das hat nach diesem ganzheitlichen Ansatz zur Folge, dass zwangsläufig nun auch das Selbstwertgefühl Einbußen erfährt und in der Folge antikonformes Verhalten Anerkennung bringen soll. Wir erleben das überall dort, wo ausländische Mitbürger, sozial Schwache oder behinderte Menschen Ablehnung erfahren.

Demnach ist festzustellen, dass der Mangel an Integration weniger vom Willen dieser Mitbürger gesteuert wird, als vielmehr von der Unfähigkeit unserer Gesellschaft, individuelle Persönlichkeiten aus anderen uns fremden Kulturen wertfrei annehmen zu können. Unsere diesbezügliche ausgrenzende Haltung und Fremdenfeindlichkeit setzt also nicht an der Basis an, die wir mehrheitlich zu keiner Zeit hinterfragt und geändert haben, sondern am Endergebnis der auffälligen Verhaltensstrukturen, die wir von nun an als offen zur Schau getragene Ablehnung auch öffentlich verteidigen. Durch ein solches Verhalten motivieren und verführen wir junge Menschen unbemerkt, sich ebenso unreflektiert der Ausgrenzung und Ablehnung nicht gesellschaftskonformer Menschen und Verhaltensweisen anzuschließen. Es handelt sich dabei um einen wiederkehrenden und sich verstärkenden Teufelskreis, denn die abgelehnte Seite bleibt bei dieser Struktur nicht untätig. Sie sucht Schutz und Anerkennung bei ihresgleichen und schottet sich entsprechend ab. Im Jugendalter bilden sich Banden. Der zugewiesene gesellschaftliche Status wird jetzt angenommen und ein Verhalten gezeigt, das den Negativ-Erwartungen entspricht. Augenfällig findet man diesen Prozess in so genannten „Sozialen Brennpunktgebieten", wo man Menschen und nicht nur Ausländer aus unserer anerkannten, wenngleich sehr fragwürdigen Gesellschaftsordnung ausgegrenzt und isoliert hat.

Anders verhält es sich im Spiel. Hier gelten freiere Regeln. Es geht jetzt weniger um Hautfarbe oder Herkunftsland, sondern um das gemeinschaftliche Erfüllen selbst gesteckter Spielregeln. Man kann dort besser auf seine soziale Umwelt einwirken und diese auch verändern. Durch Geschick und Können erfährt man positive Rückmeldungen und es wird die Erfahrung gemacht, dass eigene, konstruktive Handlungsweisen zu Anerkennung führen. Das wiederum stärkt das Selbstwertgefühl. Wertfrei betrachtet, könnte Spiel als zentrale Lebensäußerung des Menschen den Weg aufzeigen, wie es uns künftig besser gelingen könnte, mit Zuwanderern, die unser Land dringend benötigt, und anderen Randgruppen besser umzugehen.

Spiel als generationsübergreifender Ansatz

Wer kennt nicht die Alltagssituationen und Medienberichte, die sich über Generationskonflikte auslassen. Der Wert eines Menschen wird heute an seiner Jugendlichkeit gemessen. Der Körper muss muskulös, die Haut braun gebrannt und faltenfrei und der Mensch insgesamt sportlich, dynamisch und leistungsfähig wirken. In diese Werbewelt passen nicht die Kranken, Schwachen, Armen und Greise. Sie werden nur dann umworben, wenn es wieder einmal eine Wahl zu gewinnen gilt oder ein neu entwickeltes Produkt an die Frau oder den Mann gebracht werden soll. Umfragen und Untersuchungen haben ergeben, dass gerade die Generationsgruppe der ganz Alten zunehmend vereinsamt, sich nicht nur ausgegrenzt fühlt, sondern es tatsächlich auch ist. Der Grund für diese Missachtung ist weniger ein Generationenproblem. Es muss inzwischen auch mit Werteverlusten und egoistischen Einstellungen der noch „jungen Alten" in Verbindung gebracht werden, die derzeit über das höchste frei verfügbare Haushaltseinkommen in der industriellen Welt verfügen. Sie sind heute fitter und unternehmungslustiger als die 50-Jährigen vor zwanzig Jahren. Sie bilden inzwischen einen riesigen Wachstumsmarkt für viele Dienstleister. Entsprechend werden sie hofiert. Verlierer sind die jüngeren erwerbstätigen Generationsgruppen, denen der Sozialstaat immer mehr an Steuerbelastungen aufbürdet, um den Wohlstand der Senioren zu sichern.

Generationskonflikte begründen sich aber auch in der Tatsache, dass wir mangels Möglichkeiten und Gemeinsamkeiten verlernt haben, einander zu verstehen. Das gilt für die Wohnungsplanung einerseits wie für die Freiraumangebote andererseits. Wohnraum ist heute in der Regel so angelegt, dass es nur noch Platz für die eigene, enger definierte Familie aus Eltern und Kindern gibt. Hinzu kommt, dass die elterlichen Anhängsel überwiegend nicht am gleichen Ort wohnen, wo die eigene berufliche Existenz aufgebaut wurde. Was zu einer Zeit stattfand, als die eigenen Eltern noch nicht als alt galten und z.T. noch selbst im Berufsleben integriert waren. Also gibt es auch keinen plausiblen Grund dafür, in eine Zukunft zu planen bzw. zu bauen, die irgendwann einmal eine Großfamilie berücksichtigen kann. Viel zu weit weg sind solche Fragestellungen, die natürlich auch mit hohen Investitionen verbunden wären, die man im Regelfall sowieso nicht einkalkuliert hat. Also wachsen Kinder überwiegend ohne Großeltern auf. Man trifft sich nur zu ganz bestimmten Anlässen. Weihnachten und Geburtstage sind solche Termine. Werden diese Besuche zu Zwangsterminen, stellt man sich emotional und oftmals auch verbal mit den Kindern darauf ein. Die Einbeziehung der „Alten" in das eigene Familien- und Freizeitleben ist dann lästig und das vermittelt man auch so. Großeltern versuchen die zunehmende Entfremdung durch Geschenküberhäufungen aufzufangen, die in steigendem Maße auch eingefordert werden. Tatsache und Folge bleibt, dass es in unserer Gesellschaft zu wenig Möglichkeiten gibt, Kindern und älteren Menschen die Chance zu geben, offen und emotional miteinander kommunizieren zu können – von Identifikationsmöglichkeiten ganz zu schweigen. Aus diesen Gründen bauen sich bei beiden Altersgruppen defizitäre Mangelerscheinungen auf, die dann verheerende Folgen haben.

So kommt es, dass ältere Menschen für die lärmenden und Hand aufhaltenden Jungen kaum noch Verständnis zeigen. Sie verhärten in sich und haben vergessen, dass sie selbst einmal jung und bewegungshungrig waren. Ihr Egoismus wird so stark, dass alle Kinder verstärkt Ablehnung erfahren, die nicht zur eigenen Familie gehören. Kinder wiederum lernen dabei auch etwas. Für sie wird der alte Mensch zum Störenfried und Spielverderber, taugt auch nicht als Spielkamerad, meckert, verscheucht, fordert Ruhe, Sauberkeit, Ordnung.
Je älter das Kind wird, umso intensiver hat es den Generationskonflikt erfahren. Entsprechend gering wird der alte Mensch eingeschätzt. Die Eskalation findet dann im Jugendalter statt. Nahezu unüberwindlich

sind jetzt die Meinungsverschiedenheiten. Angst macht sich bei den Alten vor den Jungen breit, die sich gegen Maßregelungen der Alten immer heftiger und aggressiver zur Wehr setzen. Das negative Meinungsbild, geprägt von Intoleranz und Verallgemeinerung, hat sich längst zementiert. Festzuhalten ist jedoch, dass dieser Werteverlust ein Produkt unseres eigenen Verhaltens darstellt und wir bisher kaum erkannt haben, wie hier gegengesteuert werden könnte. Festzuhalten ist aber auch, dass Kinder den Umgang mit anderen Generationsgruppen zuerst einmal einüben müssen, wenn wir von ihnen Toleranz und Rücksichtnahme einfordern wollen, und dass der alte Mensch dringend Kontaktmöglichkeiten zu Kindern braucht, damit er seine eigene Kindheit nicht vergisst bzw. sich wieder an sie erinnert.

Der geeignetste Ort, respektvoll miteinander umgehen zu lernen, liegt im Spielraum, den so viele alte Menschen als Lärmbelästigung bekämpfen. Dabei müsste er nur anders möbliert und strukturiert sein. Naturnahe Spiel- und Freiraumkonzeptionen, generationsübergreifend geplant, bieten hier spannende Lösungsmöglichkeiten. Dort findet die Wiederentdeckung der eigenen Kindheit bei den Alten statt. Andererseits verhalten sich Kinder in diesen Freiräumen anders, als wir es bisher gewohnt waren. Ihr Spielverhalten ist auf Abenteuer und Entdeckungen ausgerichtet. Das Spielen ist ruhiger und von ständigem Neugierverhalten geprägt. Durch die Strukturierung des Raumes kann sich zudem das Spiel entzerren und wird für die anderen Generationsgruppen sozial verträglicher. Innerhalb dieser geheimen Spielorte, zwischen Heckengehölzen und Hügellandschaften, im Trockenfluss, in dem man auch einmal etwas verändern kann, gibt es ausreichend Rückzugsraum. Demnach bieten Naturnahe Spiel- und Freiraumkonzeptionen ausreichend Möglichkeiten für alle BewohnerInnen im Einzugsgebiet, sich auch einmal ausweichen und Toleranz einüben zu können.

Der Mensch als „soziales Wesen"

Menschen brauchen Mitmenschen. Wer das verleugnet, missachtet ganz elementares Menschsein. Wir müssen dabei anerkennen, dass sich Mitmenschlichkeit und die Akzeptanz anderer jedoch nicht von selbst entwickeln. Wir sprechen hier von Sozialkompetenz, angelehnt an Kiphard. Gemeint ist die Fähigkeit zu lernen, sich an andere Personen anpassen zu können und in echter Kommunikation auch eigene Bedürfnisse durchzusetzen. Zimmer (1999) spricht vom Erlernen einer Grundqualifikation sozialen Handelns im Sinne einer „sozialen Sensibilität, dem Erlernen der Kontakt- und Kooperationsfähigkeit, der Frustrationstoleranz, dem Regelverständnis sowie der Toleranz und Rücksichtnahme".

Diese bedeutsamen Fähigkeiten, die das ungestörte Funktionieren einer Gesellschaft ausmachen, erlernt das Kind bereits in einer frühen Lebensphase im Kindergartenalter. Bedeutsam ist jedoch bei diesem Lernprozess, dass er sich weniger auf verbale Erziehungsmethoden begrenzen lässt, sondern sich hauptsächlich durch den ständigen Umgang mit anderen Kindern und Erwachsenen ausbildet. Dabei findet die handelnde Auseinandersetzung vorrangig im Spiel statt, da sich hier die Beteiligten untereinander bezüglich Spielinhalten, der Form des Spiels, der Regeln, bei der Materialwahl usw. absprechen müssen. Nur auf diesen Grundlagen wird es gelingen, kooperativ miteinander den Vereinbarungen gerecht zu werden, ohne dass jeder für sich alleine handelt. Hier findet das erste Einüben von Teamarbeit statt. Man kann dabei seine eigenen Meinungen und Einstellungen vertreten, wird aber auch lernen müssen, andere Meinungen zu akzeptieren. Das gilt auch für das Erlernen der Kritik-, Kompromiss- und Kooperationsfähigkeit.

Erlernen von Grundqualifikationen sozialen Handelns geht nur durch Erfahrungen mit anderen Personen.

Anpassung
Interaktion
Kommunikation
Regelverständnis
Überwindung von Egozentrismus
Verarbeitung von Enttäuschungen
Kontakt- und Kooperationsfähigkeit
Kritik- und Kompromissfähigkeit
Durchsetzung eigener Interessen
Frustrationstoleranz
Rücksichtnahme
Teamarbeit

Es handelt sich somit um bedeutsame Werte, die das gesamte nachfolgende Menschenleben maßgeblich mitbeeinflussen werden und berufliche Erfolge mitbestimmen können. Durch die Interaktion mit anderen Menschen wird den Kindern auch bald deutlich, dass sie nicht ununterbrochen im Mittelpunkt stehen und dass Wünsche und Bedürfnisse anderer von gleicher Bedeutung wie die eigenen sein können. Ein wichtiger Schritt zur Überwindung des kindlichen Egozentrismus, von dem Piaget schon berichtet hat, und zudem die Lernerfahrung, mit Enttäuschungen besser umgehen zu können. Erlernt wird dabei auch Frustrationstoleranz, die beim Bestehen des künftigen Lebensalltags für Jugendliche und Erwachsene von großer Bedeutung sein wird.

Ab dem Kindergartenalter erlangt das Rollenspiel bei der Auseinandersetzung mit der Lebenswelt eine zunehmende Bedeutung. In diesen Spielen nehmen die Kinder die verschiedensten Rollen an und werden zu ernsthaften Akteuren unserer Erwachsenenwelt. Beobachten wir die „Zwerge" mit Abstand, wird man oftmals zum Schmunzeln verführt, da uns so mancher Spiegel dabei vorgehalten wird. Ich erinnere mich an ein Rollenspiel, das ich als Außenstehender leider nicht beobachten konnte, mir aber ausführlich mit allen Konsequenzen darüber berichtet wurde. Es ist symptomatisch für die Ernsthaftigkeit von Rollenspielen, zu denen immer auch PartnerInnen gehören und wo zuvor die Regeln festgelegt werden.

Lara, ein dreijähriges Kind, war mit Oma A., Mama S. und ihrem sechsjährigen Bruder Lukas in einem Bekleidungsgeschäft einkaufen. Dort gab es in einer Nische auch eine Kinderecke. Dorthin wurden die Kinder zum Spielen gebracht, da sich die Erwachsenen einmal umsehen wollten. Nach einiger Zeit kam Lukas ganz aufgeregt zu seiner Mutter gerannt. „Mama, Mama, Lara räumt alle Regale aus!" Bei näherer Betrachtung war Lara aktiv dabei Verkäuferin zu spielen. Sie hatte eine kleine Kinderschar in der Kinderecke um sich herum positioniert und brachte immer neue Kleidungsstücke. „Wollen Sie das kaufen? Sie können es gerne anprobieren. Es gefällt Ihnen nicht?" Schon war Lara wieder für kurze Zeit verschwunden, um ein anderes Kleidungsstück aus einem der vielen Regale zu holen, um danach den Verkaufsvorgang zu wiederholen. Wie das eben so ist, die Mutter und Oma waren entsetzt, denn um Lara herum lagen inzwischen eine Menge Kleidungsstücke, die allesamt wieder in die Regale eingeordnet werden mussten.
Anzumerken ist noch, dass alle beteiligten Kinder ausnahmslos und ernsthaft mitgespielt hatten.

Ganz offensichtlich war Lara durch die vielen Eindrücke des Einkaufens aufgewühlt. Möglicherweise begann das bereits zu Hause, als sie erfuhr, dass sie mit Mama und Oma einkaufen gehen würde. Ein für das Kind spannendes Erlebnis in fremder Umgebung. Durch das Rollenspiel hat Lara vermutlich ihr positiv besetztes Problem ausgedrückt und durch diese Handlungsalternative abgeschwächt. Es kann aber auch sein, dass Lara in die Rolle von Mama oder Oma geschlüpft ist, um so im Rollenspiel die Welt aus einer anderen Perspektive wahrzunehmen und um Verhaltensweisen Erwachsener besser nachvollziehen und verstehen zu können. Wie man an diesem kleinen Beispiel sieht, brauchen Kinder vielfältige Erfahrungen und Kontakt zu Erwachsenen, damit sie in unsere Welt ungestört und in kleinen Schritten hinein wachsen können.

Kind und Spiel im Lebensalltag

Spielraum ist auch heute noch überall. Demnach findet in jedem Falle auch überall eine Aneignung dieser Orte statt. Inwieweit diese jedoch mehrheitlich geeignet sind, freie, mündige, weltoffene und kritische Bürger entwickeln zu lassen, muss inzwischen in Frage gestellt werden. Erneut wird auf den bedeutsamen Aspekt des Spiels als zentrale Lebensäußerung des Menschen verwiesen. Zudem auf den anerkannten Sachverhalt, dass Kinder im Spiel ihre gebaute und soziale Umgebung erfahren, dabei lernen und sich Verhaltens- und Denkstrukturen entwickeln sowie einprägen, die das künftige Leben ganz maßgeblich mitbestimmen werden. Wir sollten daher nicht nur begreifen, welche Qualitäten das Spiel der Kinder in sich birgt, sondern auch erkennen, wie Spielangebote und Spielorte im Lebensalltag der Kinder prägenden Einfluss auf das künftige Verhalten hinterlassen. Hierzu gibt es beachtenswerte Untersuchungen über pädagogisch wertvolles Spielzeug für das Kleinkindalter. Weniger untersucht wurde das Angebot für die Spielplatzmöblierung. Es gibt wohl reichlich Aussagen in der Mehrzahl der Spielgerätekataloge, zu welchem Spielzweck das jeweilige Spielgerät und für welches Alter geeignet ist. Jedoch nicht benannt wird in der Regel der tatsächliche Nutzwert im Zusammenhang übergreifender Spielqualitäten im Sinne der einzelnen Kompetenzentwicklungen. Der ganzheitliche Ansatz beschränkt sich dabei auf den Begriff „hoher Spielwert", auf den jedoch nicht näher eingegangen wird. Nahezu alle angebotenen Spielgeräte werden dabei mit diesem Zertifikat versehen und so der Kunde, aber auch die Kinder eher getäuscht.

Wenngleich sich das Handbuch mit Frei- und Spielraumplanung und Gestaltungskriterien auseinander setzt, soll doch an dieser Stelle auch auf andere Bereiche des Lebensalltags kurz eingegangen werden, da nur eine differenziertere Betrachtungsweise den Gesamtmangel aufdecken kann. Zudem wird erst dadurch deutlich, wie wichtig naturnahe Frei- und Spielraumkonzeptionen in der heutigen Zeit als Spielangebot für unsere Kinder und Jugendlichen geworden sind.

Lebensalltag beginnt zu Hause in der Wohnung. Es geht also um Innenräume. Diese sind gekennzeichnet durch rechte Winkel und Sandwichmöbel, am Geschmack der Eltern orientiert. Überwiegend fehlt das sinnlich anregende wechselnde Material auf dem Boden, an den Wänden und der Decke. Beleuchtung dient zur Erhellung der Räume und weniger, um auch Licht- und Schatteneffekte zu erzeugen, was unsere Sinne und die Fantasie anregen würde. Die Kinder leben in einer Welt von eher musealem Charakter zusammengesammelter Einzelstücke, in der Farben eine untergeordnete Rolle spielen. Alle Räume sind ganz bestimmten Funktionen zugeordnet. Dort gibt es Tabus und Verbote. Entsprechend reduziert sich die Gesamtfläche der Wohnung auf wenige Teilbereiche, in denen freies Spielen stattfinden kann: in käfigartigen Kinderzimmern. Fasst man diese Aspekte zusammen, scheinen sich unsere Innenräume, in denen wir wohnen, wenig für die freie Entfaltung von Kindern zu eignen. Langeweile tritt durch den Mangel an Spielmöglichkeiten und Reglementierung ein. Was bleibt, ist oftmals das Fernsehen mit seinen immer häufiger zwischengeschalteten Werbespots, die sich verstärkt und geschickt verpackt um die Kinderkaufkraft bemühen. Zur Langeweile kommt die Manipulation, die inzwischen zu Milliardenumsätzen führt. Zuletzt erlebt beim Pokémon-Fieber, früher bei der Dinosaurierwelle, die kaum ein Kinderzimmer verschonte. Man darf gespannt sein, was als Nächstes erfunden wird, um Bedarf bei Kindern zu wecken, die dann ihre Eltern und Großeltern damit terrorisieren werden. Dieser Konsumterror wird übrigens noch verstärkt durch andere Kinder, die im konsumorientierten Wettbewerb zueinander stehen. Diejenigen Kinder, die dabei nicht mithalten können, werden ausgegrenzt.

Zwei Beispiele, welche den gleichen Spielzweck meinen. Der Unterschied liegt nicht nur in den Anschaffungskosten, sondern auch in der sinnlichen Anregung und Förderung der Fantasie. Das Gerätespielhaus als Rollenspielbereich kostet inkl. Einbau weit über 2.500 Euro...

Im Schulkind- und Jugendalter kann es dann dazu kommen, dass die Ausgegrenzten Verhaltensstrukturen annehmen, die sich aggressiv und offensiv gegen die wenden, die zuvor ausgegrenzt haben. Meist trifft es dabei Jüngere, Schwächere.

Lebensalltag ist aber auch das äußere Wohnumfeld mit den „gepflegten" Hausgärten, die sich ebenfalls kaum als Spielorte eignen. Dazu gehört auch der Straßenraum und die Hinterhöfe, welche überwiegend dem Fetisch Auto zugeordnet wurden. Da zudem der Straßenraum von den Eltern nicht ganz ohne Grund als gefährlich eingestuft wird, zu viele Kinder verunglücken dort jährlich, werden mit eben diesem Fortbewegungsmittel die Kinder in den Kindergarten bzw. zur Schule transportiert. Positiv stimulierende sinnliche Wahrnehmungen, sofern diese überhaupt vorhanden sind, können bei diesen Auto- oder Busfahrten nicht gemacht werden. Während der verbleibenden, eher unorganisierten Freizeit ist es natürlich verboten, auf der Straße zu spielen. Was bleibt, sind nur noch Resträume wie der Kinderspielplatz als Ersatzplatz für verbaute Wohnumwelten, sinnesarmes Abstandsgrün oder verbotene Winkel. Glück haben diejenigen Kinder, die in ihrem Erkundungsbereich noch eine Baulücke vorfinden, die man der Natur auf Zeit überlassen hat. So braucht es nicht zu verwundern, wenn Kinder im Spiel aus ihrer Sicht an Hauswänden, in Fluren und Treppenhäusern kreativ werden. Mangels anregungsreicher Spielorte verweigern sie sich dem Freiraumspiel und halten sich eher zu Hause am Fernseher bzw. vor den Hauseingängen auf. Dort wirken sie wiederum störend, werden von Nachbarn weggeschickt, und der Kreislauf beginnt, der insbesondere im Kapitel „Spiel als generationsübergreifender Ansatz" problematisiert wurde. Das Ergebnis ist das so genannte Cocooning, das sich einspinnen in den eigenen vier Wänden.

...während das Naturhaus mit weniger als 500 Euro, je nach Region, angesetzt werden kann. Außerdem zeigt die Grafik, wie beim Naturhaus die Umgebung automatisch ins Spiel integriert wird.

Funktionen des Spiels aus sozialer, pädagogischer und psychologischer Sicht

Es wird immer wieder gefragt, was denn Spiel von anderen menschlichen Tätigkeiten unterscheidet und wie die sozialen, pädagogischen und psychologischen Merkmale erklärt werden können. Den Einstieg in die jeweiligen Spielqualitäten haben wir in den Vorkapiteln gegeben. Um jedoch Spiel und Kinderspiel in seiner ganzen Tragweite zu begreifen, bedarf es zuerst einmal einer Interpretation dessen, was wir als Spiel bezeichnen. Wenngleich der Versuch ansatzweise unternommen werden soll, darf man auch hier im Handbuch keine abschließende Erklärung erwarten. Zu umfassend und teilweise kontrovers verläuft bis heute die Begriffsbestimmung des Kinderspiels.

Immer noch fällt es der Spielforschung schwer, eine universelle Begriffsbestimmung hierzu anzubieten. Der Grund liegt in der Vielfalt von Aktivitäten und Phänomenen, die unter dem Begriff „Spiel" subsumiert werden. Von daher erscheint es sinnvoll, in Anlehnung an Einsiedler (1994), auch hier auf die universelle Interpretation und Begriffsbestimmung von Spiel zu verzichten, da ein solcher Abstraktionsgrad in der Tat nur wenig Erkenntnisgewinn mit sich bringen wird. Dieser Aussage lässt sich dann besser folgen, wenn zu Grunde gelegt wird, dass es sich beim Kinderspiel um eine Handlung oder eine Geschehniskette handelt, die von Empfindungen bestimmt wird. Diese sind intrinsisch motiviert, kommen durch freie, eigene Wahl zustande, sie sind stark auf den Spielprozess und weniger auf ein Spielergebnis fokussiert und werden von positiven Emotionen begleitet (nach Einsiedler, 1994). Auslöser ist dabei eine spontane Aktivitätsbereitschaft des Kindes, das zu einer Spieltätigkeit drängt, die wiederum um ihrer selbst Willen ausgeführt wird. Spiel ist also eine vom Kind meist selbst gewählte Aktivität. Kinder können zwar zum Spielen angeregt und aufgefordert werden, doch kein Kind lässt sich zum Spielen zwingen. Das ist auch der Grund, warum Kinder sich ihre Spielgegenstände selbst auswählen und die Spieltätigkeit selbst organisiert wird. Da Kinder nicht nur selbst bestimmen, ob sie spielen wollen, bestimmen sie immer auch, was sie spielen, wie, wie lange und mit wem sie spielen. Diese Aspekte wirken sich positiv auf ihre Spielmotivation aus. Dadurch sind sie die Akteure, sie bestimmen diese Handlung komplett und gewähren sich eigenverantwortlich diese Handlungsfreiheit. Ein Entscheidungsprozess, wie er sonst im Alltag kaum vorgenommen werden kann. In der Regel ist dieser Alltag fremdbestimmt.

◆ Soziale Funktionen des Spiels

Kinder brauchen Partner zum Spielen. Begründungen hierfür wurden bereits im Kapitel „Der Mensch als soziales Wesen" geliefert. Im Spiel mit anderen lassen sich vielfältige Kommunikationsmuster erproben. Erfahrungen können durch Gemeinsamkeiten eingeübt werden. Nicht ohne Grund ist festzustellen, dass Einzelkinder, die in einer der prägendsten Lebensphasen nicht im Kindergarten waren, oftmals erhebliche Defizite zum Beispiel in der Konfliktbewältigung zeigen und eher egozentrisch angelegt sind. Ihnen fehlt die Erfahrung, sich immer wieder und anhaltend mit anderen erprobt zu haben, auch mit Misserfolgen zurecht zu kommen und sich in eine Gemeinschaft einfügen zu können. Im Rahmen der kindlichen Entwicklung entstanden so Mängel in der sozialen Auseinandersetzung zwischen den eigenen Bedürfnissen und denen der anderen. Das kann durchaus in einem späteren Lebensabschnitt zu menschenverachtenden Handlungen führen, die sich in Intoleranz und Rücksichtslosigkeit gegenüber anderen Mitmenschen zeigt. Noch nicht eindeutig untersucht ist das Verhalten derjenigen Menschen, die keine Bereitschaft mitbringen, sich partnerschaftlich zu binden. Wenngleich es dafür viele andere und auch nachvollziehbare

Gründe gibt, könnte möglicherweise auch der Mangel an sozialer Kompetenz eine Rolle spielen.

Spielräume sind geeignete Orte, sofern sie den ganzheitlichen Ansatz erkennen lassen, soziale Kompetenzen selbstverantwortlich einüben zu können, da die Kinder dort autonom handeln können. Findet man dort neben den anderen Generationsgruppen auch noch eine multikulturelle Zusammensetzung, so werden sich Einstellungen prägen und Interaktionen stattfinden, die später eine größere Toleranzbereitschaft mit sich bringen werden. Dieser Ansatz ist nicht nur aktuell bedeutsam.

Wie wichtig soziales Lernen für die kindliche Entwicklung ist, was mit anderen zusammen erlernt werden kann und welche Fähigkeiten, Fertigkeiten und Einstellungen für das spätere Erwachsenenleben eingeübt werden können, soll in der folgenden Aufzählung noch einmal dokumentiert werden:

- Aktivität,
- Kreativität,
- Selbstbewusstsein,
- Selbstständigkeit,
- Konzentration auf bestimmte Sachverhalte,
- Zielgerichtetheit,
- Interesse an realitätsgerechtem und kooperativem Handeln,
- soziale Aufgeschlossenheit und Kompetenzentwicklung.

◆ Pädagogische Funktionen des Spiels

Spielende Kinder sind immer aktiv. Das muss sich nicht in ständiger Bewegung ausdrücken. Auch für das ruhebetonte Spiel gilt diese Aussage. Im Spiel wird erprobt und mit dem bereits Gelernten verglichen. Fragen werden gestellt. Handelnd werden Gesetzmäßigkeiten der sie umgebenden Welt ganzheitlich „begriffen". Durch Spiel werden die Wahrnehmungs- und Konzentrationsfähigkeit gesteigert. Spiel fördert zudem die Flexibilität, da im Spiel die Fantasie und Kreativität angeregt werden. Das gilt auch für das planende und logische Denken. Das wiederum fördert die Lernbereitschaft und Lernfähigkeit. Das Spiel ist also viel mehr als eine kindliche Tätigkeit, als Zeitvertreib. Es ist harte Arbeit und tätige, ernsthafte Auseinandersetzung mit sich selbst, anderen und der Lebenswelt. Da man Spiel nicht anordnen kann, denn es setzt Freiwilligkeit voraus, kann man Spiel auch nicht funktionalisieren und zu Lernzwecken missbrauchen. Schafft man aber Bedingungen, die motivationsanregendes Spielen fördern, beginnt diese kindliche Tätigkeit zeitlos zu werden. Wir erleben das Jahr für Jahr an Kinderbaustellen anlässlich von Bürgerbeteiligungsmodellen und erfahren es durch Berichte von ErzieherInnen, die alle deckungsgleich darüber erzählen. Es ist das Anregungsmilieu naturnaher Spielräume, das solche ganzheitlichen Bedingungen anbietet.

Mit zunehmendem Alter wächst das Bedürfnis des Kindes nach noch selbstständigerer und intensiverer Auseinandersetzung mit Sachen und Menschen. Nun beginnt es zu experimentieren, will seine Kräfte mit anderen messen und sich dabei handelnd selbst erproben. Zunehmend erkennt es, dass seine Neugier und der Entdeckungsdrang zunehmen. Die Mobilität wird ausgeweitet. Das ist nun auch die Zeit, wo Kinder erkennen, dass es Jüngere gibt, die Unterstützung benötigen. Erste Muster zur Übernahme von Verantwortung werden gelegt. Das gilt auch für behinderte Kinder, die in barrierefreien Kindereinrichtungen aufwachsen können. Sie sind automatisch integraler Bestandteil im Kinderspiel mit großer Rücksichtnahme der anderen.

Diesen bedeutsamen Spielinhalten werden in der heutigen Zeit jedoch erhebliche Grenzen auferlegt, obwohl das Kinder- und Jugendhilfegesetz (KJHG, 1991) und unter anderem das Grundgesetz solche Rechte der Kinder unverrückbar einfordern. So hat jedes Kind, auch die Kinder sozial Schwacher, Behinderte und die Kinder der ausländischen Mitbürger, ein Recht auf optimale körperliche, geistige, seelische und soziale Entwicklung und Erziehung. Das Recht steht dabei auf der Seite der Kinder. Es wird jedoch

nicht eingehalten und bedauerlicher Weise von den Bezugspersonen der Kinder auch nicht in dem notwendigen Maße eingefordert, vielleicht aber auch einfach nicht in seiner gesamten Tragweite erkannt. Tatsache ist, dass in unserer komplexen Gesellschaft den Kindern zunehmend Lebens- und Erfahrungsräume entzogen bzw. nicht mehr ausreichend zugänglich gemacht werden. Es gibt somit kaum noch anregungsreiche Orte, wo Kinder die Umwelt entsprechend ihrer jeweiligen Altersstufe entdecken, erforschen und direkte Erfahrungen machen können. Eine Grundvoraussetzung, die bereits mehrfach im Handbuch erwähnt wurde. Das Gegenteil ist der Fall. Wir drängen unsere Kinder und Jugendlichen in die Passivität. Wir lassen zu, dass Umwelterfahrungen eher theoretisch und über technische Medien sowie Frontalunterricht erlernt werden sollen. Somit verhindern wir eigene Erfahrungen in der Alltagswelt, Erfahrungen im generationsübergreifenden Zusammenleben und den Umgang mit Situationen und Dingen. Wir überlassen dadurch unsere Kinder sich selbst. Nur so ist erklärbar, dass sie Verhaltensmuster und Strukturen zeigen, die sie selbst als „Null Bock" bezeichnen und kaum Interesse mehr erkennbar ist, sich mit gesellschaftlichen Fragen, mit Umweltproblemen oder mit dem Gemeinwohl identifizieren zu wollen. Gelernt haben diese Wohlstandskinder, wie wir Erwachsenen diese Generationsgruppe gerne bezeichnen, jedoch etwas anderes. Sie sind Perfektionisten im Umgang mit dem Computer, sie kennen jeden neuen Modetrend, sind Dauergast in Discos, wünschen sich Karriere, sind bereits Aktionäre und wissen genau was sie kommerziell einfordern wollen. Lesen Sie doch einmal die Pisa-Studie unter diesem Aspekt etwas genauer. Out sind: Kirche, Politiker, Mitmenschlichkeit und Respekt vor anderen. Was sie nicht wissen ist, dass dieser technische Fortschritt, vermeintliche Wohlstand und Wertewandel seinen Preis hat. Es ist auch nicht anzunehmen, dass sie wissen, in welcher wirklichen Lebenssituation sie sich befinden, mal abgesehen von der erkennbaren Langeweile, die sie häufig formulieren. Sie wissen sicherlich auch nicht, dass wir Erwachsenen das alles zulassen und tatenlos zusehen, wie unsere Kinder und Jugendlichen zu gesellschaftskonformen, kritiklosen und angepassten Individuen verstümmelt werden. Diese Aussage wurde bereits in mehreren Vorkapiteln untermauert, möchte keinesfalls verletzen, aber zum Nachdenken und Handeln bei den Erwachsenen anregen.

Die pädagogischen Funktionen des Spiels fördern vor allem:

- die Wahrnehmungs-, Konzentrations- und Kritikfähigkeit,
- das Erkennen von Gesetzmäßigkeiten,
- das Erlernen von Flexibilität und Einüben von kreativem Handeln,
- planendes und logisches Denken,
- die Lernbereitschaft und Lernfähigkeit,
- eine Auseinandersetzung mit Sachen und Menschen,
- die Neugierde, den Entdeckungsdrang und die Experimentierfreudigkeit.

Spielen schafft Voraussetzungen zur Übernahme von Verantwortung und Rücksichtnahme und sorgt unter anderem für mehr Selbstständigkeit.

◆ Psychologische Funktionen des Spiels

Im Spiel bewegen sich Kinder auch in einer Fantasiewelt. Sie verbessern und verändern ihre Lebenssituation, weil sich dort ihre Wünsche einfügen lassen. Zudem werden Erfahrungen verarbeitet und Spannungen besser sozial verträglich abgebaut. Unangenehme, teils schmerzhafte Erlebnisse und Erfahrungen werden im Fantasiespiel verarbeitet, indem so lange Wiederholungsspiele stattfinden, bis das Problem verarbeitet ist. Dabei bringen sich die Kinder im Spiel in eine aktive und starke Position. Bei den Fantasiewelten der Kinder handelt es sich für uns Erwachsene um Welten, die uns nahezu immer verborgen bleiben. Sie liegen im Unbewussten und werden kaum wahrgenommen. Ist das doch einmal der Fall, bezeichnen wir die Kinder als Träumer, sprechen vielleicht auch von Retardierung und besetzen ein solches Spielverhalten eher negativ. Wir begreifen einfach die elementare Bedeutung von Fantasiespielen im Rahmen der kindlichen Entwicklung nicht. Die durch die Psychoanalyse gewonnenen Einsichten in seelische Entwicklungsprozesse und deren Auswirkungen sind jedoch gerade heute aktueller denn je. Das hat mit zunehmend schmerzhaften Erfahrungen zu tun, die durch den vorbeschriebenen Mangel an Spielmöglichkeiten einerseits und durch unbewältigte Reizüberflutungen andererseits in der Seele der Kinder eskalieren. Wir registrieren daher immer mehr Erziehungs- und Entwicklungsprobleme bei unseren Kindern. Auslöser hierfür sind oftmals ein enormer Anpassungs- und auf theoretisches Lernen ausgerichteter Leistungsdruck, der als Kampf zwischen Triebimpulsen (Eigenentscheidung zu Gunsten von freiem Spiel) und Realitätsanforderungen (Lernen durch Zwang und Vorgaben) verstanden werden kann. Auch die Ausgrenzung und Zuordnung in ganz bestimmte Subgruppen, kann zu non-konformem Verhalten führen, was heilend in der Fantasiewelt des Spiels verarbeitet werden kann. Das gilt auch für die Angst, die sich zum Teil durch aggressives und destruktives Verhalten Luft macht, sofern sie nicht verarbeitet wurde.

Naturnahe Frei- und Spielraumkonzepte bieten nun ideale Möglichkeiten an, Kinder in Fantasiewelten zu entführen. Dort lassen sich eine Menge Erfahrungen mit der Umgebung, der Natur, den verschiedensten Materialien und Menschen machen. Jahreszeiten werden erlebt. Es entsteht Kontakt zu den vier Urelementen, die Kinder lernen eine Materialvielfalt ken-

Kinder verändern beim Spielen ihre Umgebung.
Überall gibt es viel zu entdecken und begreifen.
Alle Sinne werden dabei angeregt.
Das hat konkret mit Lernen zu tun.
Eine Erkenntnis, die man in der Vergangenheit
zu wenig beachtet und angeboten hat.

nen mit den verschiedensten physikalischen Eigenschaften, sammeln optische und akustische Eindrücke und werden dabei mit allen Sinnen angeregt. Das alles zusammen braucht keine Spielanregungen durch Erwachsene. Sie tauchen ein in eine Welt voller Abenteuer, wo man riecht, tastet, fühlt, hört, schmeckt und sieht. Viele Dinge sehen sie dabei nur alleine. Andere Kinder sehen das gleiche anders. Alle Sinneszellen sind angeregt. Die verbindenden Synapsen werden in Schwingung versetzt. Der ganze Geist befindet sich in Aufruhr. Intelligenz durch praktisches und „begreifendes" Handeln wird dabei ausgeformt. Umweltaneignung in seiner ganz ursprünglichen Form findet statt und man kehrt dabei an die Wurzeln des Menschseins zurück.

Werden die hauptsächlichen psychologischen Funktionen des Spiels zusammengefasst, wird eine Wechselwirkung mit den sozialen und pädagogischen Funktionen erkennbar.

Doch ein Aspekt steht dabei immer wieder im Zentrum der Betrachtung:

Es ist die **Fantasie**, mit der sich die Welt so gestalten lässt, wie sie den aktuellen Bedürfnissen entspricht.

Kapitel 2

Wir widmen dieses Kapitel den vielen Erzieherinnen im Kindergarten und Kindertagesstättenbereich, die sich auf einen neuen Weg im Rahmen ihrer pädagogischen Arbeit begeben haben. Das Kapitel versteht sich aber auch als Danksagung, da wir von diesen engagierten Frauen selbst viel lernen durften. Wir wünschen uns, dass deren Wirken in unserer Gesellschaft künftig besser anerkannt und beachtet wird.

Naturnahe Spielraumgestaltung für Kindergarten/ Kindertagesstätte

Erziehung und Bildung im Freien – Wege der kindlichen Entwicklung

Zuerst sollten die Erwachsenen akzeptieren, dass Kinder ohne ihr Zutun ein angeborenes Neugierverhalten besitzen. Sie haben Lust zu lernen und sind dabei hochmotiviert. Die Lerninhalte, die sie sich aneignen wollen, um auf die Erwachseneninsel zu gelangen, sind zu Beginn selbstbestimmt. Sie werden Schritt für Schritt vollzogen und immer wieder überprüft und mit neuen, erweiterten Inhalten ergänzt. Bei diesen Lernvorgängen werden die geistigen Fähigkeiten, zugleich aber auch die Sinne in Anspruch genommen. Das geschieht über Tätigkeiten mit dem eigenen Körper als Medium. Durch diese ganzheitlichen Kombinationen von geistigen Fähigkeiten, sinnlichen Wahrnehmungen und Bewegung als erfahrbare Überprüfungsinstanz erlangen Kinder Kontakt zur Umwelt und verbinden so ihre Innenwelt mit der Außenwelt. Dominant ist bei diesem ganzheitlichen Vorgang weniger die Kopfarbeit, die sich erst entwickeln muss, als vielmehr die Handlungen selbst, durch die Wirkungszusammenhänge und Ursachen erkannt und begriffen werden. Wird diese Dreieinheit zusammengefasst, so ist die Basis der kindlichen Entwicklung erfasst. Es wurde der Einklang zwischen körperlich-motorischen und geistig-seelischen Verbindungen hergestellt. Pestalozzi nannte den Einklang Kopf, Herz und Hand.

Bereits eine solch ganzheitliche Betrachtung wird in der Regel im Erziehungsbegriff von Erwachsenen vernachlässigt, da unsere Maßstäbe kindlicher Förderung falsch angesetzt werden und unerkannt bleibt, dass Kinder den Weg zu unseren Lernstrukturen erst noch gehen müssen. Sie sind nicht wie wir. Sie können nun einmal unsere isolierten Erwartungen nicht erfüllen, da wir etwas voraussetzen, das in diesem Lebensabschnitt noch nicht gelernt wurde. Wir missachten den Einklang von geistigen Fähigkeiten, sinnlichen Wahrnehmungen und körperlichen Handlungen, indem wir nur Teile davon anbieten und abverlangen, jedoch ein optimales Ergebnis erwarten. Kinder brauchen auf ihrem Weg zu uns erst einmal Grundstrukturen. Diese müssen zunächst aufgebaut werden, damit sie überhaupt verstehen, was wir von ihnen erwarten. Um das leisten zu können, ist es erforderlich, sich erst einmal selbst zu finden und zu begreifen. Hierzu sind Erfahrungen aus erster Hand notwendig. Dies geschieht in der Tat durch eigenständige Tätigkeiten. In diesen

Psychomotorische Einheit im Rahmen der kindlichen Entwicklung. Alles steht in Interdependenz zueinander.

selbsttätigen Handlungen, die auch Fehler erlauben, forschen Kinder in sich und um sich herum. Dazu brauchen sie Freiheit und Gelegenheiten. Es braucht vor allem Räume, welche diese ganzheitlichen Bedingungen erst möglich machen, um sich mit einer Sache auseinander setzen zu können, damit zu experimentieren und diese auszuprobieren.

Ganz am Anfang müssen Kinder lernen dürfen, ihren Körper und die damit verbundenen Fähigkeiten zu entdecken. Sie lernen dabei die Körpersignale zu beachten und einzuschätzen. Das geschieht durch Bewegungserfahrungen mit der Umwelt. Dort lernt man sich, also den eigenen Körper und seine Möglichkeiten kennen. Im Kleinkindalter lassen wir diese Vorgänge noch zu. Ab dem Kindergartenalter scheint man den Bruch mit diesem Grundgesetz der kindlichen Entwicklung zu vernachlässigen. Wir erkennen ganz offensichtlich nicht, dass die Ausformung der Identität in diesem jungen Alter noch immer instabil ist. Kinder kennen inzwischen wohl ihren eigenen Körper, können laufen und sprechen, haben bedeutsame Raumerfahrungen gemacht und damit begonnen, auch in der eher behüteten Außenwelt ihre Ich-Identität zu hinterlassen. Doch das alles ist erst ein schemenhaftes Bild dessen, was Kinder noch auf ihrem Weg zu uns erwartet.

Ist der erste bedeutsame Entwicklungsschritt vom Grundsatz her erreicht, den eigenen Körper und damit verbunden die jeweiligen Fähigkeiten und Fertigkeiten besser einschätzen zu können, wird der Entwicklungsweg des Kindes immer komplexer und aufregender. Um sich dort ungestört bewegen zu können, brauchen Kinder Selbstvertrauen und ein stabiles Selbstwertgefühl, um diesen ausgeweiteten Ansprüchen gerecht zu werden. Eine solche Grundsicherheit wurde durch eigene Körpererfahrungen zuvor eingeübt, indem sie auch gelernt haben, dass gemachte Fehler Misserfolge erzeugen, die durch neue und anders angelegte, frei gewählte Versuche korrigiert werden können. Hatten Kinder dazu jedoch keine Chance, wurden durch Erwachsene oder kinderfeindliche Einflüsse von außen zu sehr beeinträchtigt, können sich bereits in dieser frühen prägenden Lebensphase Verhaltensauffälligkeiten einstellen. Nicht selten stellt sich dann auch Resignation ein, welche den weiteren Entwicklungsprozess einschränken bzw. blockieren kann. Diese Kinder haben in einem solchen Falle nicht gelernt die Sicherheit zu entwickeln, dass sie selbst in der Lage sind, etwas leisten zu können. Anstelle von Selbstvertrauen und Selbstwertgefühl wurde Resignation geprägt. Ein solcher Mangel, hält er für längere Zeit an, ist nur noch schwer zu beheben und es kann durchaus sein, dass die endlich Erwachsenen am Ende des Weges mit diesen Defiziten leben müssen.

Nun gibt es auf dem Weg zu uns aber nicht nur das Ich, wenngleich Kinder zu Beginn des Kindergartenalters noch stark egozentrisch angelegt sind. Sie sehen sich in diesem Lebensabschnitt als Mittelpunkt der Welt. Zu aufregend haben sie sich selbst und ihr Leistungsvermögen erlebt. Das ist ein durchaus normales Verhalten. Es ist eine Schutzfunktion, damit die Reize von außen besser verarbeitet werden können. Doch es gibt keinen Stillstand. Irgendwann sucht das Kind neue Herausforderungen. Es genügt nicht mehr, sich nur mit sich selbst zu beschäftigen. Das Kind sucht Spielpartner, an denen es sich reiben und messen kann. Vergleiche mit anderen werden gesucht und neugierig beobachtet, inwieweit das eigene Verhalten und Wissen in das jetzt erfahrene soziale Umfeld passt. Hinzu kommt noch, dass das Ausprobieren neuer Spielmaterialien und Spielideen die Erfahrung bringt, auf andere angewiesen zu sein. Ist dieser Standort des Weges erreicht, beginnt nun auch das soziale Lernen. Das bedeutet jedoch nicht, dass die bisherigen Lernprozesse damit abgeschlossen sind. Ganz im Gegenteil. Alles entwickelt sich kontinuierlich weiter. Lernen wird nur noch komplexer. Durch Erfahrungen mit anderen Kindern, natürlich auch mit anderen Generationsgruppen, erfährt das Kind, dass es nicht mehr Mittelpunkt der Welt ist. Dieser Sozialisationsprozess verlangt, dass es lernt, Absprachen zu treffen. Es muss sich nun mit anderen verständigen und arrangieren, was zu Beginn nicht ganz einfach sein wird. Da in der Regel soziale PartnerInnen den gleichen Handlungsbedarf einüben müssen, sind Konflikte vorprogrammiert, die es auszuhalten gilt. An dieser Stelle soll erwähnt werden, dass die Konflikte heute weniger durch angemessene partnerschaftliche Rücksichtnahme gelöst, sondern eher durch körperliche Auseinandersetzungen ausgetragen werden. Halten diese Verhaltensmuster an, kann es bald zu einer Ausgrenzung aus der Spielgruppe kommen, was die Entwicklung sozialer Kompetenzen noch zusätzlich erschweren wird. Wie man sieht, baut sich dadurch defizitäres Verhalten weiter auf, was als Folge die ungestörte Entwicklung noch mehr erschwert und auch stark von emotionalen Einflüssen geprägt sein kann, da das Kind gefühlsmäßige Bindungen zu wenig erlebt und nicht ausreichend einüben konnte.

Auf dem Exkurs der Bedingungen für eine gesunde und möglichst störungsfreie kindliche Entwicklung lässt sich sicher erkennen, dass es sich dabei um einen komplexen Weg des Kindes handelt, den jedes für sich gehen muss. Wir dürfen es dabei nicht alleine lassen. Wir müssen uns, wenn uns unsere Kinder tatsächlich als Zukunftsgeneration wichtig sind, auf sie und ihre angeborenen Instrumente besser einlassen. Dabei sollten wir natürlich wissen, um welche Instrumente es sich handelt, mit denen Kinder befähigt sind zu spielen. Das scheint, aus aktueller Sicht betrachtet, eher unbekannt zu sein. Nur so ist erklärbar, dass wir alle zusammen zugelassen haben, dass Kindern ihre Grundfreiheiten genommen werden, sie lediglich nach lerntheoretischen Aspekten punktuell gefördert und dadurch überfordert werden und dass wir in Stadt und Land erlaubt haben, dass ihnen Jahr für Jahr immer mehr sinnliche Anregungsfelder zerstört und zubetoniert werden. Die Einheit von Körper und Geist ist im verdichteten Wohnumfeld aus Beton und Stahl in unserer Erwachsenenwelt verloren gegangen. Für Kinder hat das zur Konsequenz, dass es einen Bruch zwischen ihrer Innenwelt und der Außenwelt gibt, den sie oftmals nicht störungsfrei durchstehen können, da maßgebliche Primärerfahrungen fehlen. Dagegen nehmen die Sekundärerfahrungen ständig zu. Immer mehr Kinder und Jugendliche zeigen dadurch ein Verhalten, das vermehrt auch zu Eskalationen und emotionalen Ausbrüchen führt und sich gegen andere richtet. Aber nicht die Kinder und Jugendlichen haben Schuld an dem Dilemma. Wir sind es selbst, die eine solche gestörte Entwicklung kollektiv in Gang gebracht haben. Erwachsene sind es, die hier Handlungsbedarf haben, da sie letztendlich die maßgeblichen Entscheidungen treffen. Es wird Zeit, darüber nachzudenken und zu handeln, damit der Weg dieser missgebildeten Entwicklung endlich begradigt werden kann. Freiraumkonzepte im Kindergarten, naturnah gestaltet und somit sinnlich anregungsreich, können dabei eine bedeutsame Hilfe sein, die angeborenen Instrumente unserer Kinder neu zu stimmen und sie in einer harmonischeren Umgebung auf ihrem Weg zu uns zu begleiten. Dort finden sie Bedingungen vor, welche den ganzheitlichen Ansatz der kindlichen Entwicklung am ehesten treffen und wo sie eigenverantwortlich motorische, geistige, sensorische Erfahrungen machen und Fähigkeiten entwickeln, aber auch soziale und emotionale Verhaltensmuster aufbauen können. Ganz nebenbei wird dabei auch noch im Freien das Herz-Kreislauf-System angeregt, Wachstumsreize unterstützt und jede Menge Übungssituationen angeboten, die die Koordinationsfähigkeiten und die motorischen Anpassungsreaktionen maßgeblich unterstützen. Demnach ist es der Naturkindergarten, der in diesem Lebensabschnitt dafür sorgen könnte, den steigenden Zahlen verhaltensauffälliger Kinder zumindest teilweise Einhalt zu gebieten.

- Wenn Sie sich auch für die historische Entwicklung der Spielplatzgestaltung interessieren, so finden Sie auf der CD-ROM einen Textbaustein, der sich ausführlich mit diesem Thema befasst:
Kapitel 2, 1. Textbaustein: Geschichtliche Entwicklung der Institution Kindergarten...
- Zum Thema „Was versteht man unter ‚Naturnahen Spielräumen'?" finden Sie eine Gegenüberstellung des „Gerätespielplatzkonzeptes" und der „Naturnahen Spielraumplanung":
Kapitel 2, 2. Textbaustein: Was versteht man unter „Naturnahen Spielräumen"?

Der Naturkindergarten als Chance

Fällt die Entscheidung zu Gunsten eines naturnahen Kindergartens, steht damit automatisch auch eine andere Freiraumplanung im Vordergrund. Favorisiert wird weniger das Gerätespielplatzkonzept. Ökologische Akzente und Zielsetzungen stehen im Vordergrund, welche zwischenzeitlich auch in der Agenda 21 festgeschrieben wurden. Man entscheidet sich aber auch für mehr Partizipation und Öffnung nach außen. Umfassende und fakultätsübergreifende Kompetenzbündelung kann dadurch besser genutzt werden. Der Kindergarten wird so auch zu einem Ort der Begegnung. Die Wege zum Ziel der Einrichtung werden praxisorientiert aufgezeigt und transparent gemacht. Das schafft eine verbesserte Akzeptanz bei den Eltern der Kinder, die dadurch den Erziehungsauftrag besser unterstützen und zu Hause im Einklang mit den Zielen des Kindergartens fortsetzen werden. Für die Kinder bedeutet das Orientierung ohne einschneidende Erziehungsbrüche.

Das naturnahe Freiraumkonzept ist mittelfristig angelegt. Zuerst müssen die notwendigen Grundstrukturen geschaffen werden. Dadurch kann sich die pädagogische Arbeit besser an die ausgeweiteten Zielsetzungen anpassen. Das Team im Kindergarten findet ausreichend Zeit, sich Schritt für Schritt in die neuen Themen einarbeiten zu können. Man arbeitet und lernt gemeinsam mit den Kindern. Wichtig ist jedoch, dass am Anfang aller Bemühungen festgelegt wird, wie der fertige Naturspielraum einmal aussehen soll. Benötigt wird also eine Gesamtkonzeption (Vorentwurf), die selbstverständlich in den Details modifizierbar bleibt. Man will ja nicht auf Sand und unabgesichert bauen. Solche Fehler werden häufig gemacht. Dieser bedeutsame Hinweis sollte unbedingt beachtet werden.

Naturnahe Spielräume sind kleinstrukturiert angelegt. Man findet dort dynamisch ineinander verlaufende Spielzonen mit Spielverläufen und Spielabfolgen. Die Angebote haben multifunktionalen Charakter, da nahezu jedes Detail einer Mehrfachnutzung unterliegt. Das setzt voraus, dass am Anfang bekannt sein muss, mit was und an welcher Stelle begonnen werden soll und wie man auch künftig noch mit Baumaschinen in das Gelände kommt.

Da ein naturnaher Spielraum im Naturkindergarten, wie bereits erwähnt, weniger Industriespielgeräte benötigt, stellt sich automatisch die Frage, welchen Spielangeboten dann der Vorrang gegeben wird und warum. Wissenschaftliche Erkenntnisse belegen, dass eine gesunde kindliche Entwicklung maßgeblich von ganzheitlichen Sinnes-, Umwelt- und Körpererfahrungen abhängig ist (psychomotorischer und ökologischer Aspekt). Damit diese Ziele in der Freiraumkonzeption erreicht werden können, sollte immer realistisch und auch an den ökonomischen Aspekt gedacht werden. Er ist für den Entscheidungsträger von großer Bedeutung, da ihm keine unbegrenzten Haushaltsmittel zur Verfügung stehen. Nachfolgend sollen einige der Aspekte kurz betrachtet werden.

◆ Ökonomischer Aspekt

Seit mehreren Jahren ist belegt, dass naturnahe Spielräume kostengünstiger sind als Gerätespielplatzkonzeptionen. Demnach handelt es sich bei diesen Konzeptionen um ein Qualitätsmerkmal aus wirtschaftlicher Sicht. Abhängig von der Haushaltssituation der Träger, die zunehmend Einsparungen in Kauf nehmen müssen, setzt sich die Erkenntnis durch, dass durch das methodische Vorgehen über Bürgerbeteiligungsmodelle zudem noch erhebliche Haushaltsmittel eingespart werden können. Die eigentlichen Einsparungen ergeben sich jedoch durch das verwendete Baumaterial, da naturnahe Konzepte als Raum bildende Maßnahmen zu verstehen sind. Favorisiert werden Geländemodellierungen, die immer auch Spielzwecken dienen. Dazu benötigt man kostengünstig zu beschaffendes Bodenmaterial. Die Einbauten bestehen überwiegend aus Natursteinen und Naturhölzern. Auch diese kann man oftmals aus der Region günstig beziehen. Hinzu kommen artgerechte, spielfreundliche und heimische Gehölze, die ideale Rückzugsräume für die Kinder darstellen und ebenfalls das Budget weniger belasten als Katalogspielgeräte. Nach zehn bis fünfzehn Jahren, wenn man den Gerätespielplatz wieder neu möblieren müsste, ist aus dem naturnahen Spielraum längst ein Naturspielraum entstanden, der nicht neu hergerichtet werden muss. Auch dieser Sachverhalt hat mit ökonomischem Denken und Handeln zu tun.

◆ Sozialer Aspekt

Spiel ist eine zentrale Lebensäußerung des Menschen. Auf diesen bedeutsamen Sachverhalt wollen wir immer wieder hinweisen, damit sich diese Aussage auch in das Bewusstsein einprägt. Spiel als etwas den Menschen Begleitendes ist ein Grundbedürfnis. Wir nutzen es von der Geburt bis an unser Lebensende. Spiel kann vorbeugend und ausgleichend, also auch heilend wirken und ist Teil unseres Lebens. Potenziell wirkt es gesundheitsfördernd. Fehlgeleitet kann es aber auch ein verheerendes Werkzeug sein im Rahmen der kindlichen Entwicklung wie auch bei allen anderen Generationsgruppen. Für Kinder ist es das entscheidende Medium, sich in der Welt und mit sich selbst zurecht zu finden. Akzeptieren wir diesen Ansatz – er ist in allen anerkannten und neueren Spieltheorien enthalten – sollten wir das historisch überlieferte Konzept „Kinderspielplatz" von Grund auf auch im Kindergarten überdenken und uns bemühen, den „naturnahen Spiel- und Begegnungsraum für alle Generationen" zu favorisieren.

◆ Urbaner Aspekt

Nach nunmehr 50 Jahren Kinderspielplatzgeschichte in Deutschland rächt sich, was wir ungewollt in der Vergangenheit in eine falsche Richtung gelenkt haben. Die Konsequenz daraus ist, dass heute im Freien Renaturierungsmaßnahmen eingeleitet werden müssen, die enorme Haushaltsmittel binden, obwohl diese nicht mehr im Überfluss vorhanden sind. Belässt man jedoch den „Status quo", die einseitig betrachteten Gerätespielplatzkonzepte, und verdrängt weiterhin die dringliche Notwendigkeit der urbanen Veränderung auch im Spielraum, sollte man erkennen, dass die Folgekosten für soziale, psychische und medizinisch-physische Rehabilitationsmaßnahmen um ein Vielfaches höher sein werden als kindgerechte und auf die Entwicklung der Kinder eingehende Spielräume. Es wird nur ein anderer Haushaltsetat sein, der dann das Geld verschlingt.

Beim urbanen Aspekt geht es jedoch weniger um pädagogische Fragen. Im Vordergrund steht die Qualitätsdebatte. Gesucht wird nach Lösungen zu Gunsten einer menschenwerteren Stadtlandschaft mit mehr Freizeit- und Erholungscharakter. Wenngleich es sich bei Naturspielräumen in Kindergärten lediglich um ökologisch ausgerichtete Inseln handeln kann, darf man deren Bedeutung nicht unterschätzen. Von dort aus wird sich die Akzeptanz zu Gunsten ökologisch ausgerichteter Stadtplanung entwickeln, die vielerorts noch mehr Widerstand als Unterstützung erfährt. Die Beteiligten werden die Eltern der Kinder sein und mittelfristig die Kinder selbst, wenn man sie dann als junge Erwachsene zu kommunalpolitischen Entscheidungen zulässt, da sie über den naturnahen Spielraum ganzheitlich lernen konnten, welche Vorteile diese urbanen Räume mit sich bringen.

◆ Psychomotorischer Aspekt

Das bisherige planerische Vorgehen von Gerätespielplätzen ist bekannt. Diese Freianlagen zeichnen sich durch eine räumliche Minimalgestaltung aus. Nahezu jedes Spielgerät wird einer ganz bestimmten Fläche zugeordnet. Oftmals überschneiden sich die jeweiligen Spielfunktionen. Das hat zur Folge, dass sich unbewusst Spielverläufe und Spielabfolgen gegenseitig aufheben und dadurch den Spielwert der Anlage mindern. Vorrangig orientierten sich die Verantwortlichen in der Vergangenheit laut DIN 7926, aktuell an der DIN 1176, 1177 an Sicherheitsabständen und Fallschutzvorschriften.
Die verinselte Konzeption der Spielgeräte erbrachte als Ergebnis eine Kompensierung von Standardspielen, die schnell an Attraktivität verlieren, da die Kinder nach kurzer Zeit keine neuen Spielerfahrungen mehr erleben können. Eine Veränderbarkeit durch neue, eigenverantwortliche Regelfindungen mit anderen zusammen ist kaum möglich. Hinzu kommt, dass die Geräteangebote, bedingt durch die einseitige Betrachtungsweise der einengenden Normen, das Spielen miteinander eher begrenzen, oftmals unmöglich machen und somit auch nicht fördern können. So bietet zum Beispiel eine Doppelschaukel nur zwei Menschen Gelegenheit zum Schaukeln, während eine ***Hängemattenschaukel*** für bis zu 10 Personen konzipiert ist und neben dem sozialen Aspekt ganz nebenbei auch noch emotionale Erfahrungen und Körperkoordination im Spiel erlebt werden kann. Gleiches gilt für die ***Holm-Breit-Rutsche*** als Hangrutsche geplant. Hier können die Kinder motivationsanregend miteinander spielen und das Spielobjekt auch gefahrlos von unten nach oben erproben. Der Spielzweck ist nicht nur auf einen Bewegungsvorgang eingeschränkt und sie können so auch gemeinsame Spielregeln besser arrangieren. Nicht möglich ist das bei den bekannten Bockrutschen mit Metall- oder Holzaufstieg und den erforderlichen Fallschutzmaßnahmen um das gesamte Gerät. An diesen Bockrutschen kann ein Kind nur alleine spielen, da das Gerät mit einer Rutschbreite von 50 cm keine anderen Spielstrukturen ermöglicht.

Fasst man die hier vorgetragenen Sachverhalte kritisch zusammen, bewertet dabei die Aussagen aus „Erziehung und Bildung im Freien" (S. 31 ff.) müsste eigentlich deutlich werden, dass Kinderspielplätze dringend reformiert werden müssen. Leider werden bis heute aus dem Landschafts- und Architekturbereich noch immer diese entwicklungshemmenden „Geräteverteilungskonzepte" vorgelegt bzw. vom Spielgeräteherstellermarkt angeboten.

Fassen wir die bisherigen Ergebnisse zusammen, wird unschwer erkennbar, dass der naturnahe Kindergarten als Zukunftschance verstanden werden darf. Das Gesamtkonzept in der heute vorliegenden Version entstand jedoch nicht durch eine Aneinanderreihung verschieden ausgeführter Projekte. Grundlage für die Weiterentwicklung der Erfahrungsberichte aus den Kindergärten waren praxisorientierte Forschungsvorhaben, welche sich mit der kindlichen Entwicklung auseinander gesetzt haben. Richtungsweisende Impulse zu naturnahen Spielraumkonzepten mit den begleitenden Bürgerbeteiligungsmodellen konnten bereits Mitte der 80er Jahre in Deutschland von der Forschungsstelle für Frei- und Spielraumplanung (FFS) vorgestellt werden. Das interdisziplinär arbeitende FFS-Team hat erkannt, dass eine gesunde kindliche Entwicklung abhängig ist von einem ganzheitlichen, sinnesanregenden, bewegungsorientierten, also psychomotorischen Spielangebot, welches das Spielalter der Kindergartenkinder auch berücksichtigt.

Beispiel für einen naturnahen Spiel- und Begegnungsraum im Kindergarten

Wichtig bei naturnahen Planungen ist, dass es kein Konzept geben wird, das deckungsgleich von einem Projekt zum anderen übertragen werden kann. Kein Grundstück gleicht dem anderen. Jedes Gebäude hat seine eigene Infrastruktur. Jede Planerrunde kommt zu anderen Ergebnissen. Trotzdem gibt es Grundbausteine, die sich inhaltlich ähnlich sind. Einige davon sollen nachfolgend dargestellt und beispielhaft ein Gesamtkonzept aus einem Kinderhaus vorgestellt werden, das eine Vielzahl von Möglichkeiten beschreibt, die als Diskussionsgrundlage für eigene Projekte dienen können. Das vorgestellte Konzept wird noch durch weitere Planungsbausteine ergänzt.

Die Projektbausteine

Näheres zu diesem Konzept finden Sie unter: Kapitel 2, 4. Textbaustein, A) Gesamt-Objektbeschreibung

Der Freiraum des Kinderhauses wurde nach den Zielvorgaben der Gemeindevertreter, des Teams und der Elternvertreter gemeinsam geplant. Aktiv beteiligt hat man dabei auch die Leiterin und die Erzieherinnen aus dem angrenzenden Gemeindekindergarten. Demnach waren die Weichen dafür gestellt, dass der Freiraum über ein Bürgeraktivierungsmodell entwickelt werden konnte. Als Methode wählte man eine Planerrunde vor Ort unter fachlicher Anleitung. Die gemeinsam erarbeitete Planung wurde vom Gemeinderat einstimmig angenommen und später auch umgesetzt.
Der beste Weg zum Ziel führt über Bürgerbeteiligungsmodelle!

Das vorgestellte Konzept wurde im Rahmen einer Wochenendaktion an nur zwei Tagen unter fachlicher Anleitung der Eltern und der aktiven Mithilfe der Kinder nach der FFS-Methode umgebaut.

**Zur Gesamtplanung siehe:
Kapitel 2, 4. Pläne,
B) Übersichtsplan und Detailpläne,
Übersichtsplan 24**

Das Beispiel zeigt eine Grundsanierung.
Zuvor verteilten sich auf dem Gelände diverse Spielgeräte, welche weitestgehend abgespielt waren und zudem in Teilen auch nicht mehr den rechtlichen Bestimmungen entsprachen. Grünbereiche im Innenbereich der Fläche waren nicht vorhanden. Das ruhebetonte und experimentelle Spielen fand in zwei quadratisch eingefassten Sandkisten statt. Nach Berichten des Kindergartenteams zeigten sich die Kinder sozial auffällig. Streit untereinander war an der Tagesordnung. Das Spiel der Kinder wurde als eher unkoordiniert dargestellt. Anhaltendes Spielen mit anderen fand praktisch nicht statt.

Ganz anders nach der Umgestaltung. Die Kinder gehen jetzt auf Entdeckungsreise. Der Lärmpegel zeigt sich deutlich reduziert. Gestritten wird nun kaum noch und das Neugierverhalten hat sich erheblich gesteigert. Spielraum gibt es jetzt praktisch überall. Das führte zur Entzerrung der Kindergruppen, die ständig neue Spielvarianten erfinden. Interessant ist dabei, dass sich nun auch die Eltern der Kinder mit der Einrichtung stärker identifizieren und sich aktiver einbringen, als das früher der Fall war. Der Grund dafür dürfte am Beteiligungsmodell während der gemeinsamen Planung und dem Umbau liegen, der wie ein großes Fest der Begegnung erlebt wurde.

Ziel der naturnahen Planung war, dass die Kinder künftig einen Freiraum vorfinden, der als anregungsreiches Milieu verstanden werden soll und dem Team des Kindergartens als überdimensionaler Raum im Rahmen ihrer pädagogischen Arbeit dienen kann. Gelöst wurden diese Vorstellungen durch vielfältige Angebote, die weich ineinander übergehen und die Vernetzung der jeweiligen Spielzonen miteinander. Dadurch konnten unzählige Spielverläufe und Spielabfolgen eingeplant werden, die durch die Angebotsbreite unbegrenzte Wahlfreiheiten für die Kinder ermöglichen. Die rechten Winkel der Festbeläge am Gebäude wurden aufgelöst und teilweise durch Erlebnisflächen ersetzt. Zudem konnte das Freigelände vergrößert werden, indem die vorhandenen Abstandsflächen, die bisher den spielenden Kindern nicht zur Verfügung standen, in das Gesamtkonzept integriert wurden. Dadurch wurde erreicht, dass die Kinder nun um das Gebäude spielen können, das jetzt im Zentrum der Freifläche steht.

Die nachfolgend beschriebenen Bausteine, als Detailplanungen vorgestellt, möchten anregen, sich naturnahen Konzepten und deren Qualitätsstandards noch intensiver zu nähern. Die jeweiligen Plangrundlagen dienen zudem als Hilfe für Argumentationsgrundlagen für den Träger, damit man sich fachlich noch besser mit Baufachleuten verständigen kann.

◆ Baustein „Garten für Kinder"

Entgegen der üblichen Praxis, einen Teil der Freifläche als Garten zu gestalten, wurden Hochbeete als Beetflächen angelegt. Dadurch werden die zu bearbeitenden Bereiche für die Kinder überschaubarer und Missgeschicke, wie ungewollt in die Beetflächen zu gelangen, vermieden. Pädagogisch angeleitet gärtnern die Kinder im Stehen. Dadurch sind sie viel näher am Geschehen und können besser beobachten und staunen. Durch die überschaubaren Einzelbeete hat das Team eine bessere Möglichkeit, sich themenbezogen dem Garten zu widmen. Weniger gefragt bei der Bepflanzung ist ein Gemüse- oder Blumengarten. Gewählt werden Gartenthemen, die erlebnisreich auch noch andere pädagogische Aspekte abdecken können und darauf Rücksicht nehmen, dass die Einrichtung im Sommer auch einmal für längere Zeit keine Gartenbetreuung gewährleisten kann. Beispiele hierzu finden sich im Unterkapitel „Pädagogisches Konzept" (S. 48).

Das Planungsbeispiel zeigt vier Hochbeete. Jedes Hochbeet wurde einer Kindergartengruppe zugeordnet. Zwischen den Hochbeeten findet man Trittplatten aus Natursteinen. Dazwischen wurde Rasen eingesät. Ein Pflasterkreis bietet Gelegenheit zum Aufstellen eines mobilen Tisches. Da es sich bei der Nutzung der Gartenanlage immer um ein eher ruhebetontes Spielen und Erleben handelt, wurde dieser Teil der Freifläche zu dem eigentlichen bewegungsaktiveren Spielraum durch Holzstaketenzäune abgegrenzt und mit Schlingern berankt. Beidseitige Abschlüsse bilden Heckengehölze in Gruppen. In diesem Beispiel hat man sich sowohl für Schmetterlingssträucher als auch für Duftgehölze entschieden, die den Naturzusammenhang der Kindergartenanlage verstärken sollen. Als Eingang in den Gartenbereich wählte man einen Rankbogen. Er wurde dem Gebäude so vorgesetzt, dass sich parallel auch die Eingangssituation in das Gebäude aufwerten ließ und der Garten an dieser Stelle wie eine „grüne Oase" wirkt. Gießwasser kann aus einer in unmittelbarer Nähe stehenden Regentonne entnommen werden.

Siehe dazu: Kapitel 2, 4. Pläne,
B) Übersichtsplan und Detailpläne,
Garten Plan 17

◆ Baustein „Gestaltete Wegeführung und Festbelagsflächen"

Überwiegend finden sich bei Freiraumplanungen Einheitsmaterial bei der Herstellung von Wegen und Flächen. Dabei dominiert der rechte Winkel. Spiel- und fantasieanregend ist das Angebot nicht.

Ganz anders bei Wegekonzepten, die eine Vielzahl von Materialien und deren Wechsel untereinander favorisieren. Kükelhaus hatte bereits auf die Notwendigkeit von Sinneswegen hingewiesen. Bekannt wurden die Wege und Flächen von Hundertwasser, der den Menschen auch mit den Füßen spielerische Erfahrungen machen lässt.

Das vorgestellte Wegekonzept zeigt ein Beispiel, wie bereits beim Betreten der Einrichtung angeregt und empfangen wird. Erwachsene erleben den Materialwechsel dabei nicht nur mit den Füßen. Sie werden mit allen Sinnen angeregt, da auch das direkte Umfeld in das Wegekonzept eingebunden wurde und den Kindern bereits beim Betreten des Kinderhauses Spielmöglichkeiten bereit stehen. Dadurch wird signalisiert, dass sie in dieser Einrichtung willkommen sind. Spielerisch erreicht man so das Kindergartengebäude:
Zuerst ist eine Brücke zu überqueren, die über einen Sandfluss führt. Er ist Teil einer Sandseen- und Flusslandschaft. Erste Erlebnisflächen, gebaut aus verschiedenen Natursteinpflastern, tauchen nach der Brücke auf. Kinder nutzen diese Kleinflächen als Spielbereiche, während die Erwachsenen anderweitig angeregt werden. Nun öffnet sich der Weg. Man durchquert ein Atrium, das inmitten eines Baumrondells liegt und für ausreichend Schatten sorgt. Das Atrium besteht aus Natursteinen und Holzmaterial. Es dient neben spielrelevanten Inhalten auch den Eltern als Kommunikationsort, wenn sie ihre Kinder in die Einrichtung bringen bzw. abholen. Dadurch kann die Kommunikation auch unter den Eltern verstärkt und eine noch intensivere Identifikation mit der Einrichtung hergestellt werden. Nachfolgend führt nun der Sinnesweg weiter zum Kindergartengebäude durch ein Bambuswäldchen, das auch im Spätherbst und Winter durch sein Immergrün stark anregend wirkt.

Siehe dazu: Kapitel 2, 4. Pläne,
B) Übersichtsplan und Detailpläne,
Sinneswege Plan 16

◆ Baustein „Sandseen- und Flusslandschaft"

Entgegen herkömmlicher Sandspielkonzepte (Sandkisten), wurde eine Sandseenlandschaft mit integriertem Sandfluss geplant. Dadurch können sich die spielenden Kinder besser verteilen und ihren individuellen Wünschen und Vorstellungen beim Bauen nachkommen. In dieser Konzeption finden sie nun mehrere Nischen als Rückzugsräume und somit Kleinflächen, die ungestörtes Experimentieren mit Sand und Wasser erlauben. Schatten bietet eine Naturpergola, die den Sandsee überspannt. Sandablageflächen lassen sich durch abgeflachte Natursteine in den jeweiligen Spielzentren finden. Für Rollenspiele wurde ein Naturhaus angeboten. Es liegt am Rande des Sandflusses und in der Nähe der Baumstammbrücke, die gleich mehrere Spielverläufe markiert. Die Randeinfassung besteht aus natürlichen Böschungen in Kombination mit senkrecht eingebauten Naturstämmen und Natursteinen.

Bedeutsam bei Sandbereichskonzepten ist, dass den Kindern auch Wasser zum Spielen angeboten wird. Wo immer rechtlich möglich, sollte man dafür Regenwasser nutzen, was leider im Moment nur im Bundesland Rheinland-Pfalz möglich ist. Der hier vorgestellte planerische Ansatz geht davon aus, dass Kinder für ihr Spielwasser arbeiten müssen und lediglich eine begrenzte Menge zur Verfügung gestellt wird. Damit soll im Rahmen der pädagogischen Arbeit von den Kindern erkannt werden, dass es sich bei Wasser um ein bedeutsames Lebensmittel handelt, das uns nur begrenzt zur Verfügung steht. Eine Schwengelpumpe auf einem Podest, darunter angeordnet eine kleine Zisterne, kann diese Zielsetzungen unterstützen.

Siehe dazu: Kapitel 2, 4. Pläne,
B) Übersichtsplan und Detailpläne,
Sand und Wasser Plan 35

◆ Baustein „Spielhügellandschaft"

Räumlich getrennt vom ruhebetonten Spielen zeigt die Konzeption einen in sich mehrfach strukturierten Spielhügel. Er dient als überdimensionales gestaltetes Kletterobjekt. Vom obersten Plateau führt eine Holm-Breit-Rutsche ins Tal. Für Schatten sorgt eine Urwaldpergola. Beidseitig findet man Kletteraufstiege aus quer eingebauten Naturhölzern aus Hartholz (zum Beispiel Eiche). Der Rutschenauslauf mündet in eine Fallschutzfläche. Diese nimmt gleichzeitig die eingeplante Hängemattenschaukel auf. Dadurch kann sich Kommunikation unter den Kindern zwischen den beiden Spielangeboten aufbauen. Klettern kann man praktisch überall im Spielhügel. Kletterhilfen bieten Naturhölzer und Natursteine an. Dazwischen finden sich kleine Spielhecken und Baumgruppen. Dadurch konnten Licht- und Schattenwege gebaut werden. Eine Bergsteigerwand, die seitlich den Spielhügel begrenzt und aus Natursteinen gebaut wurde, soll insbesondere den älteren Kindergartenkindern Möglichkeiten geben, einmal bis an die Grenze ihrer Risikokompetenzen zu gelangen.

Spielverläufe aus dem bewegungsaktiven Bereich sind durch das angebundene Sitzatrium umgesetzt, das weich in eine weitere Spielzone führt bzw. durch die Höhle, die in den vorbeschriebenen Sandfluss mündet und gleichzeitig als Rückzugsraum dient, aus dem die Spielaktivitäten an der Hängemattenschaukel und Breit-Holm-Rutsche beobachten werden können.

Spielhügellandschaft
siehe dazu: Kapitel 2, 4. Pläne,
B) Übersichtsplan und Detailpläne,
Übersichtsplan 24 (Ausschnitt 28)

◆ Baustein „Gestaltete Fahrwege“

Viele Kindereinrichtungen haben sich in der Vergangenheit mit Kinderfahrzeugen ausgestattet. Leider fehlte es oftmals an geeigneten und motivationsanregenden Fahrflächen und Wegen. Das Beispiel zeigt einen Ausschnitt aus der Gesamtplanung, wie solche Bereiche für die Kinder stimulierender und fantasieanregender gestaltet werden können. Rund um das Kindergartengebäude wurde ein Weg aus wassergebundener Decke angelegt. Innerhalb des Fahrweges, der auch als Sinnesweg genutzt werden kann, wurden Halbschalen aus Hartholz eingebaut. Sie wirken wie eine Verkehrsberuhigung, da man an dieser Stelle seine Geschwindigkeit automatisch verlangsamen muss. Auch Trittplatten aus Natursteinen kamen bei diesem Detail zum Einsatz. Ein Laubengang wirkt wie ein Tunnel und an den Randbereichen werden die Kinder durch Beerenbüsche als „Naschgarten“ geführt. Der Gesamtplan zeigt, dass das Wegekonzept eine weitere Vielfalt an Anregungen bietet und eingebunden wurde in weitere Erfahrungswelten, die naturnahen Konzeptionen in vollem Umfang entsprechen.

Gestaltete Fahrwege
siehe: Kapitel 2, 4. Pläne,
B) Übersichtsplan und Detailpläne,
Übersichtsplan 24 (Ausschnitt 29)

◆ Baustein „Spielwiese“

Kinder brauchen auch unstrukturierte Flächen zum freien Bewegungsspiel. Demnach sollten auch Wiesenflächen angeboten werden. Diese sollten jedoch nicht nur rechtwinklig angelegt sein. Weitere Spielanregungen an den Randbereichen sind zudem erwünscht, damit im Rahmen der pädagogischen Arbeit auch auf diese Teilfläche zurückgegriffen werden kann. Geplant wurde nach diesen Prinzipien. Angebunden an den vorbeschriebenen Spielhügel, der gleichzeitig auch als Ballfangzaun fungiert, befindet sich das Sitzatrium, das als Beobachtungspunkt dient. Gegenüber liegt eine Holzbühne, welche den gleichen Zweck verfolgt. Andererseits dienen beide Details als Aufenthaltsorte für Vorführungen und spontane Gruppenspiele. In der Nähe nimmt das Gerätehaus mit Dachbegrünung die Utensilien auf, welche an diesem Ort zum Einsatz kommen sollen.

Spielwiese
siehe: Kapitel 2, 4. Pläne,
B) Übersichtsplan und Detailpläne,
Übersichtsplan 24 (Ausschnitt 30)

◆ Integration vorhandener Spielgeräte

Häufig werden PlanerInnen vor die Aufgabe gestellt, bei Sanierungskonzeptionen diverse Spielgeräte wieder verwenden zu müssen. Entspricht das Spielgerät noch den geltenden technischen Voraussetzungen nach DIN und handelt es sich um Angebote, die das soziale Spielen fördern helfen, so können diese Objekte in das neue Konzept integriert werden. Auch das hat mit Nachhaltigkeit im Sinne der Agenda 21 zu tun. Das Planungsbeispiel möchte aufzeigen, dass selbst bei größeren Spielgeräten, wie hier einer Spiellandschaft, Möglichkeiten einer sinnvollen Nutzung gegeben sind. Wichtig ist jedoch darauf zu achten, dass die wieder verwendeten Teile auch den gesetzlichen Vorgaben innerhalb der naturnah ausgerichteten Planung entsprechen.

Vorgefunden wurde ein Kombinationsspielgerät als Spiellandschaft, das in zufrieden stellendem Zustand war und somit wiederverwendet werden konnte. Aufgrund des erforderlichen Flächenbedarfs und weitergehender Zielvorgaben, die sich durch das naturnah ausgerichtete Konzept ergaben, entschloss man sich, die Spiellandschaft in Einzelteile zu zerlegen und die jeweiligen Anbauten anderweitig zu integrieren.

So bekam die Sandbaustelle ihren Platz im naturnah gestalteten Buddelsandbereich. Die Rampen wurden als Podeste, Brücken oder Kletteraufstiege verwandt.

Ein Spielturm bekam seinen neuen Platz auf einem Plateau. Rundum eingegrünt entstand so ein Baumhaus. Gleiches erfolgte planerisch mit dem zweiten Turm nebst Rampe als Aufstieg. Die Röhre wurde als Höhlengang im Spielhügel positioniert und mit Erde überschüttet. Auf die schmale Rutsche wurde verzichtet, da hier lediglich das isolierte Einzelspiel stattfinden kann. Interessant bei dieser Sanierungskonzeption war, dass der Träger nahezu keine neuen Spielgeräte mehr zukaufen musste und dadurch die Umbaumaßnahme besonders kostengünstig ablaufen konnte.

Integration vorhandener Spielgeräte siehe dazu: Kapitel 2, 4. Pläne, B) Übersichtsplan und Detailpläne, Plan 38

◆ Weitere Planungsbausteine

Siehe dazu: Kapitel 2, 4. Pläne,
B) Übersichtsplan und Detailpläne,
- **Zugangsbereich Plan 32**
- **Terrassen Plan 33**
- **Buddelsand Plan 34**
- **Rollenspiel Plan 36**
- **Bauspiel Plan 37**

Das Projektbeispiel: Das „Haus des Kindes"

Der Zugangsbereich – Sinnes- und Spielanregungen um das Gebäude

Geplant ist am Zugangsbereich, dass bereits an dieser Stelle und auch von außen erkennbar wird, dass es sich hier um ein ökologisch orientiertes und besonderes Haus handelt. Dementsprechend beginnt das Freiraumkonzept auch an dieser Stelle.
Man findet unmittelbar nach dem Eintreten einen naturnah gestalteten kleinen Platz zum Verweilen. Spielerisch findet der Eintritt in das Kinderhaus auf lebendigem Bodenbelag und seitlich angebundenen Naturmaterialien statt. Heimische Gehölzpflanzungen in Vielfalt, die auch den jahreszeitlichen Verlauf erlebbar machen, ein Vogelhaus, ein gestalteter Briefkasten etc. ergänzen diesen Ansatz. Eingebunden in eine Naturstein- und Trockenmauer befindet sich eine Sitzgruppe, welche für die Bezugspersonen der Kinder die Verweildauer erhöht und mit pädagogischen Inhalten als Kommunikationsort vom Haus des Kindes mitgenutzt werden kann. Selbst die Begrenzung des Freibereiches wurde technisch aufgelöst und mit naturnahen, wenngleich ausgesprochen stabilen Zaunelementen versehen, die eingegrünt wurden.

Für behinderte Menschen sind zwei Parkplätze vorgesehen, die mit wassergebundener Decke den Anforderungen an entsiegelte Böden erhöhen. Daneben liegt die Versorgungszufahrt, über die wesentliche Teile des Freigeländes bequem zu erreichen sind.

Rund um das Haus des Kindes führt eine gestaltete Wegeverbindung. Sie ist mit Kleinfahrzeugen befahrbar. Spielanregungen wurden in den Belag integriert (Erlebnisflächen aus verschiedenen Baustoffmaterialien, Halbschalen aus Eiche, Randmodellierungen und Gehölzpflanzungen etc.). Entstanden ist planerisch ein Licht- und Schattenweg, welcher eine Vielzahl von sinnlichen Wahrnehmungsmöglichkeiten erlaubt.

In Richtung Gebäudezugang durchschreitet man einen Laubengang, seitlich vorbei an einer weiteren Trockenmauer als eigenständiges Biotop mit den entsprechenden Erfahrungsmöglichkeiten für die Nutzer. Ein Bambus- und Gräsergarten grenzt diesen Teilraum zum Gebäude ab. Am Zugang selbst gabelt sich der Fußweg, vorbei an einem großen Kommunikationsort, der aus terrassiert angeordneten Sitzstämmen und einer integrierten Feuerstelle besteht und in das eigentliche naturnahe Freigelände führt. Sinnliche Anregungen findet man auf diesem Weg nach hinten noch durch einen dem Gebäude zugewandten Schmetterlingsgarten und eine Alleenpflanzung, welche den Terrassenbereich einfasst. Dort können künftig Feste jeglicher Art stattfinden, ohne das bewegungsaktive Spielen der Kinder zu tangieren.

Aus architektonischer Sicht wurde im Süden und Zentrum des Geländes eine Kommunikationsfläche angedacht. Dieser Ansatz wurde in die Freiraumplanung aufgenommen.
Geplant wurde eine „Dorfmitte" für das Haus des Kindes mit Sitzrondell aus Holz und Natursteinen. Beachtet wurde dabei auch die Nottreppe, welche aus planerischer Sicht ganztags spielerisch von den Kindern in wesentlichen Teilen mitgenutzt werden kann.

Sitzrondell: s. a. Kapitel 4, Spielgeräte und Naturmaterial, S. 140

Dem Gebäude zugewandt gibt es erneut einen Bambusgarten. So wird das Haus des Kindes im Laufe der Jahre auch zu einem Bambuszentrum, das sicherlich viele interessierte Menschen anziehen wird.

Folgt man der vorbeschriebenen Wegeführung um das Gebäude, kommt man im Nordosten zu einem eher bewegungsorientierten Spielbereich. Zudem befindet sich dort auch der Erlebnisweg zum modifizierten Gerätehaus mit Grasdach und der Zugang zum öffentlichen Spielbereich, der neben einer kleinkindorientierten Aufenthaltsnische eher dem Ballspiel zugeordnet wurde.

Weiter findet sich an dieser Stelle eine sechseckige Tischtennisplatte mit naturnahen Sitzgelegenheiten für die passiven MitspielerInnen und eine Stehwippe, welche insbesondere das soziale Spielen, das Spielen miteinander favorisiert und ermöglicht.

„Stehwippe" und „Sechseckige Tischtennisplatte": s. a. Kapitel 4, Spielgeräte und Naturmaterial, S. 136 und S. 138

◆ Spielhügellandschaft

Im Zentrum der Freifläche plante man eine in sich mehrfach strukturierte Spielhügellandschaft ein. Sie dient als überdimensionales Kletterobjekt. Natursteine, senkrecht und waagrecht eingebaute Naturhölzer (Hartholz, z. B. Eiche) und ein hochmotivierender Stelzenparcours bieten dabei zwischen Gehölzpflanzungen Gelegenheiten zum Klettern und Balancieren. Im Nordwesten dieser Spielhügellandschaft wurde eine Natursteinwand zum „Freeclimbing" integriert. Zwei Kletterseile dienen den kleineren Bergsteigern als Hilfe. Fallschutz ist über eine ausreichende Rindenmulchfläche gewährleistet.

Im Zentrum wurde der Spielhügel so dimensioniert, dass man einen Höhlengang aus Betonschachtringen an dieser Stelle durch den Hügel geführt hat. Er bildet zudem den Spielverlauf von der geplanten Matschfläche zum eher ruhebetonten Bereich der Sandseen- und Flusslandschaft. Für Absturzsicherungen wurde in der Konzeption gesorgt.
Den höchsten Punkt bildet ein Plateau. Dort findet man eine Steinkruste zum Verweilen und ein Podest, an das eine lange, breite Noppen-Rutsche angebaut wurde. Sie führt nach unten ins Tal. Eine Urwaldüberdachung sollte mitbedacht werden. Diese sorgt dafür, dass sich die Noppen-Breit-Rutsche an heißen Sommertagen nicht erhitzen kann. Durch die besondere Konstruktion dieser Urwaldüberdachung konnten beidseitig der Rutsche noch zwei „grüne Tunnels" integriert werden. Erreicht wird dieser Ansatz durch heimische Gehölzpflanzungen.

Spielhügellandschaft, Höhlen aus Betonringen, Urwaldpergola, Holm-Breit-Rutsche oder Noppenrutsche: s. a. Kapitel 4, Spielgeräte und Naturmaterial, S. 133

◆ Gestalteter Sandbereich und Wasser-Matsch-Bereich

Diese Konzeption findet ihren Standort in unmittelbarer Nähe des Gebäudes für die eher kleineren Kinder mit Naturpergola als Schattenraum und setzt sich über eine Flusslandschaft in Richtung Süden fort. Die vorerwähnte „Höhle" ist integraler Bestandteil und endet an der Begrenzung beim Gemeindekindergarten als weiterer Wasser-Matsch-Bereich. Bewusst wurde in dieser Detailplanung die Verbindung zum Freiraum des Gemeindekindergartens hergestellt.

Der Wasser-Matsch-Bereich verfolgt eine besondere pädagogische Zielsetzung. Das Konzept geht davon aus, dass den Kindern in einer frühen Phase ihres Lebens vermittelt wird, dass es sich bei Wasser um ein „bedeutsames Lebensmittel" handelt, das uns nicht unbegrenzt zur Verfügung steht. Geplant ist daher ein im Boden eingebautes Wasserreservoir. Es ist unter einem Holzpodest montiert. Auf dem Podest befindet sich eine Schwengelpumpe. Den Kindern steht so zum einen nur eine begrenzte Menge Wasser zur Verfügung, das sie sich für ihr Spiel einteilen müssen, zum anderen müssen sie arbeiten, d.h. das Wasser zu ihrer Spielstelle pumpen.
Das Wasser-Matsch-Konzept sieht neben diesen pädagogischen Fragestellungen aber auch noch vor, dass Kinder im experimentellen Spielen Wasser in seiner Urkraft und als Fließgewässer erleben können. Aus diesem Grunde wurde mit abgestuften Natursteinen vor dem Podest noch ein kleiner Wasserfall

gebaut. Dieser führt direkt in den Sandfluss. Wie erläutert, findet man diesen Ansatz in der Nähe des kleinkindorientierten Sandsees und nahe gelegen am Wasseranschluss des Gebäudes.

Sandseen und Flusslandschaft, Wasser-Matsch-Bereich s. Kapitel 4, S. 131

◆ Das Spielwäldchen als Streifraum für die Kinder

Der gesamte westliche Bereich des Spielgeländes wurde nahezu unberührt belassen. Hier gibt die Natur bereits Spielerfahrungsmöglichkeiten für die Kinder vor. Abseits der Beobachtung von Erwachsenenaugen und deren pädagogischen Eingriffen, findet das Spielen in Spielorten statt, an die sich manche Erwachsene noch erinnern und die für sie als Kinder am aufregendsten waren. Absprachegemäß mit der Leitung des Hauses darf man sicher sein, dass diese Impulse zudem noch aus pädagogischer Sicht intensiv begleitet werden.

Wichtig ist nur, dass man das Gelände teilweise rodet und mit heimischen Gehölzpflanzungen an gewissen Stellen verdichtet. Zudem ist geplant, dass an diesen geheimen Orten noch Naturmaterial so eingebracht wird, dass über das entdeckende und experimentelle Spielen die Verweildauer inmitten von Naturzusammenhängen erhöht wird.

Soziales Spielen

Der Standort für eine Hängemattenschaukel wurde bewusst an einem der Zugangsbereiche in das vorhandene Wäldchen zwischen Baumkronen gelegt.
Sie entspricht den gleichen Zielsetzungen wie die bei Holm-Breit-Rutschen, Noppenrutschen oder so genannten Stehwippen. Robust gebaut, können dort 15 bis 20 Kinder, durchaus aber auch Jugendliche und Erwachsene, damit spielen. Man hat während Beobachtungen an solchen Spielobjekten festgestellt, dass hier neben einem positiven Sozialverhalten auch das experimentelle Spielen favorisiert wird.

Auf der CD-ROM finden Sie Erfahrungsberichte von ErzieherInnen mit Umgestaltungsprojekten an ihren Einrichtungen, einschließlich einer kleinen Video-Einheit.
Kapitel 2, 3. Textbaustein, Der Naturkindergarten als Chance, Erfahrungsberichte aus der Praxis

Das „Pädagogische Konzept" und der Umgang mit naturnahen Spielräumen

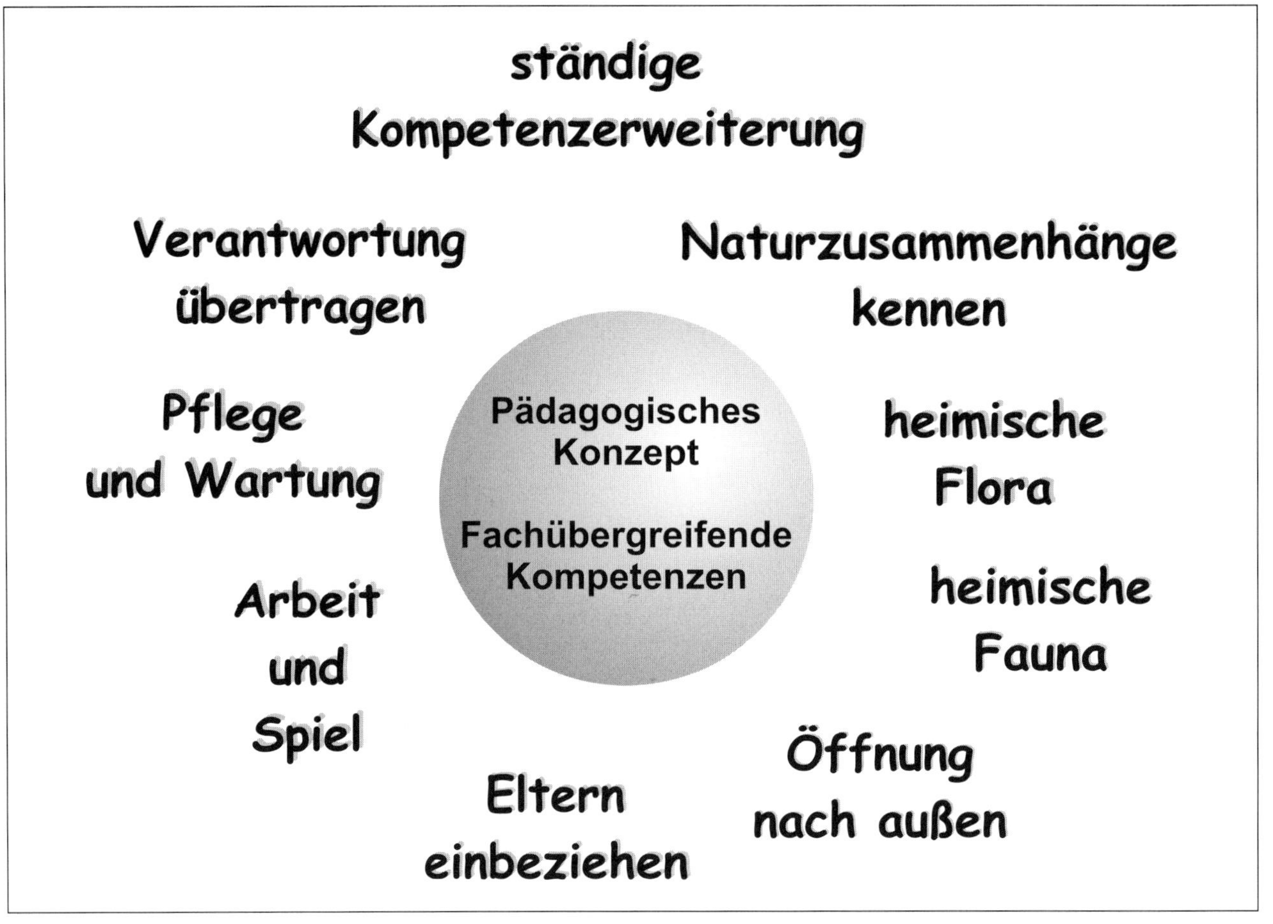

Anforderungen des Kindergartenteams an eine „Pädagogische Konzeption"

Inzwischen gibt es viele Kindereinrichtungen, die ihren Außenspielbereich nach naturnahen Ansätzen umgebaut oder in Teilbereichen umgestaltet haben. Es ist längst bekannt und in Fachkreisen auch anerkannt, dass innerhalb dieser Naturgärten eine weitaus bedeutsamere pädagogische Arbeit geleistet werden kann als in herkömmlichen Freiraumkonzeptionen.

Das betrifft einerseits den Erziehungsauftrag und andererseits die Chance, Kindern spielerisch Wissen vermitteln zu können, welches die vernetzten Zusammenhänge der sie umgebenden Natur wieder ins Bewusstsein rücken kann und über das Staunenkönnen das Neugierverhalten stillt.

Das setzt jedoch eine erweiterte und fachübergreifende Kompetenz des Teams in Kindereinrichtungen voraus. Die jeweiligen Curricula sind auf diesen Sachverhalt im Rahmen der Aus- und Weiterbildung bisher nur unzureichend eingegangen. Das vorliegende Pädagogische Konzept dient daher als Grundlage für interessierte Einrichtungen, sich auf die neuen Gegebenheiten und Herausforderungen besser einstellen zu können. Beispielhaft werden Möglichkeiten aufgezeigt, wie man künftig seine pädagogische Arbeit darauf ein- und umstellen kann.

◆ Am Anfang steht der Konsens des Teams

Naturnahe Spielraumkonzepte ergeben keinen Sinn, wenn das Team sich im Rahmen der künftigen pädagogischen Arbeit nicht darauf einlassen kann oder will. Das Spiel der Kinder wird als zentrale Lebensäußerung verstanden und betrifft nicht nur die motorische Entwicklung. Auch soziale, emotionale, ökologische, sensomotorische, sprachbeeinflussende und generationsübergreifende Aspekte finden dabei Eingang bei der Förderung der kindlichen Entwicklung. Der junge Mensch wird als soziales Wesen mit einem in ihm angelegten Neugierverhalten anerkannt, das es auch im Freiraum zu fördern gilt. Um diesen ganzheitlichen Ansatz konsequent anbieten zu können, bedarf es einer Konsensfindung des Teams im Kinderhaus. Nur so ist für die Kinder eine Orientierung möglich, welche sich nachhaltig positiv im Rahmen ihrer kindlichen Entwicklung bemerkbar machen wird.

Zu diesen Fragestellungen braucht das Kindergartenteam Einigkeit. Ohne Konsensfindung wird ein naturnahes Konzept dauerhaft scheitern.

Demnach sollte das Team wissen, was überhaupt einen naturnahen Spiel- und Freiraum ausmacht und wo die Unterschiede zum klassischen Gerätespielplatz liegen. Hierzu gibt es in der Zwischenzeit ausreichend Literatur mit beispielhaften Konzepten.

Grundsätzliche pädagogische Fragestellungen müssen zu Beginn geklärt werden. Das betrifft sowohl die räumlichen und materiellen Rahmenbedingungen des Freiraumes, den Stellenwert, den man der sinnlich erfahrbaren Außenwelt beimisst, die uneingeschränkten Bewegungsmöglichkeiten mit Restrisiko, damit sich selbstbestimmtes Spiel entfalten kann, aber auch das Wecken und Aufrechterhalten von Neugierverhalten durch zielgerichtete Hinführung an die heimische Natur mit ihren unzähligen Wundern und Geheimnissen.

Aus diesen Gründen sieht eine naturnahe Konzeption eine Strukturierung des Freigeländes vor. Es handelt sich dabei um eine bedürfnisorientierte Geländestrukturierung, die den Kindern als Akteure auch eigenverantwortliche Veränderungen mit anderen Kindern erlaubt.

Naturnahe Konzepte im Freien bieten eine Vielzahl von eher kleinräumigen Spiel- und Aufenthaltszonen an. Man findet dort neben einer Spielhügellandschaft auch Täler, Hohlwege, Spielhecken aus heimischen Gehölzen, reißende Flüsse und Sandseen (in der Fantasie der Kinder) sowie Kommunikationsbereiche, die gleichfalls multifunktional genutzt werden können.

◆ Konsensfindung mit dem Träger

Hat das Team einen Konsens für die künftige pädagogische Arbeit im Grundsatz hergestellt, gilt es nun den Träger darüber zu informieren, damit die vorbenannten Voraussetzungen geschaffen werden können.

◆ Konsensfindung mit den Eltern der Kinder

Auch hierzu besteht in der Regel ein Handlungsbedarf, da sich auch die Eltern auf die andere pädagogische Arbeit umstellen müssen. Empfehlenswert ist hierzu als Einstieg ein Informationsabend, der beispielhaft die Unterschiede von Gerätespielplatzkonzepten und naturnahen Spielraumplanungen aufzeigt. Neben einer verbalen Darstellung der Unterschiede und Chancen im Rahmen der pädagogischen Arbeit, die sich insbesondere fakultätsübergreifend mit der kindlichen Entwicklung beschäftigen sollte, dienen Bildbeiträge an Hand von Dias, einer Powerpoint-Präsentation oder einem Video als besonders geeignete Verstärker. Wichtig bei einer solchen Veranstaltung sind auch Hinweise, welche die erweiterte Form der gewohnten Aufsichtspflicht betreffen. Gleiches gilt für die erforderliche „Arbeitskleidung" der Kinder und den Umgang mit vermeintlichen Risiken beim Spielen in einem Naturgelände. Hierzu besteht bei den Eltern in der Regel ein großer Informationsbedarf.

◆ Curricula-Impulse für die künftige pädagogische Arbeit

Besteht im Team die grundsätzliche Bereitschaft und die Erkenntnis, dass naturnahe Spielräume im Rahmen der kindlichen Entwicklung Gerätespielplatzkonzepten weit überlegen sind, ist die prinzipielle Konsensfindung mit dem Träger und den Eltern abgeschlossen, beginnt die eigentliche Arbeit am pädagogischen Konzept für die Einrichtung. Am Anfang steht eine ungeordnete Sammlung von Wünschen und Zielen, die gemeinsam mit den Eltern bzw. Elternvertretern erarbeitet werden kann. Danach werden nach Fachaspekten die gefundenen Vorstellungen geordnet und dann inhaltlich mit Themen aufgefüllt.

Dieser Prozess ist und kann nicht abschließend formuliert werden. Zu viele offene, noch unbekannte Antworten werden sich zeigen. Demnach handelt es sich bei dieser Aufgabenstellung um einen Lernvorgang, der sich innerhalb der täglichen Arbeit mit den Kindern vollzieht. Aus diesem Grunde ist es bedeutsam, innerhalb des Teams, je nach Interessenslage, am Anfang Schwerpunkte zu verteilen, mit denen sich jede Einzelperson beschäftigt.

Die nachfolgende Auflistung zeigt beispielhaft auf, welche Fachinhalte sich zu Beginn als Verteiler eignen:

- Die Wiese als Lern- und Experimentierfeld in der Kindereinrichtung
- Flora und Fauna der heimischen Region
- Kochen und Basteln mit Wildkräutern
- Spielhecken als Entdeckungsraum
- Sand, Kies und Wasser zum Bauen und Experimentieren
- Themengärten
- Erde als Behausung vieler Lebewesen
- Der Kinder-Garten
- Umweltspiele und Schärfung der sinnlichen Wahrnehmungen
- Fein- und grobmotorische Förderung im Naturspielraum

Wenngleich sich diese Themenauswahl mit den bisherigen Arbeiten im Innenraum überschneiden, dürfte doch erkannt werden, dass überwiegend Neuland betreten wird. Geht es doch um Aufgaben, die vielen Erwachsenen in der Zwischenzeit eher fremd erscheinen und als schwer zu bewältigen eingestuft werden. Noch einmal soll der Hinweis deutlich vorgetragen werden, dass es sich dabei um einen anhaltenden Lernprozess handelt, der in lauter kleinen Schritten gemeinsam mit den Kindern vollzogen wird. Die nachfolgenden Beispiele, geordnet nach den beispielhaften Schwerpunkten, werden aufzeigen, wie spannend und auch für das ErzieherInnenteam anregend diese andere Form der Arbeit mit Kindern sein kann. Ergänzend hierzu sollte man das Thema „Wartung und Pflege als Teil des „Pädagogischen Konzeptes" nicht vergessen. Es gibt dort bedeutsame Handlungsfelder für die Kinder, die man gleichfalls mit ihnen bearbeiten sollte. Bei den nachfolgenden Unterkapiteln werden wir uns gesondert damit befassen.

Die Wiese als Lern- und Experimentierfeld in Kindereinrichtungen

Flora und Fauna der heimischen Region

Wiesen- und Rasenflächen in Kindereinrichtungen gibt es nahezu überall. Oft halten sich diese Bodendecker nicht über einen längeren Zeitraum, da sich zu viele Kinder auf den eher kleinen Flächen aufhalten. Wenig oder nicht genutzt wurden diese Flächen bisher als Lern- und Experimentierfeld zum Kennenlernen der heimischen Flora und Fauna. Der Grund dürfte darin liegen, dass die Pflanzen und Tiere nicht gekannt und somit auch nicht wertgeschätzt werden.

Erkennt man aber Rasen- und insbesondere Wiesenflächen als Ort von Naturwundern, kann ein solches Lernfeld zur Leidenschaft werden. Interessant dabei ist, dass beim Untersuchen der Wiese mit Kindern nicht nur Einzelphänomene zu einer ganz bestimmten Zeit zu entdecken sind.

◆ Kennenlernen der heimischen Fauna und Flora – Beispiel: „Der Löwenzahn"

Über den ganzen jahreszeitlichen Verlauf können die Kinder allein an einer Pflanzenart immer neue Erfahrungen sammeln. Sie brauchen dazu keine botanische Ausbildung. Gebraucht wird lediglich Offenheit gegenüber der Natur und ein waches Auge.

Nehmen wir zum Beispiel den Löwenzahn.

◆ *Der Name*

Lateinisch nennt man den Löwenzahn „Taraxacum officinale". Alleine dieser Name muss erst einmal gelernt und ausgesprochen werden. – Hier könnte eine Geschichte ansetzen, die darüber berichtet, zu welcher Zeit und an welchen Orten lateinisch gesprochen wurde. Man könnte das Thema nun ausdehnen und erklären, warum das türkische, afrikanische oder asiatische Kind neben der deutschen Sprache auch noch eine andere Muttersprache hat und welche sprachübergreifende Bedeutung das Lateinische besitzt.
Nun hat der Löwenzahn bis heute aber auch noch viele andere Namen. An den verschiedensten geografischen Orten tauchen Eigennamen auf.
Zum Beispiel: Kuhblume, Pusteblume, Sonnenwirbel, Bettseicher, Butterblume, Bitterblume, Kettenblume, Gänseblume, Hundsblume, Kettenröhrlein, Sommerwurzel, Wiesenlattich, Dotterblume, Saublume, Hundszahn, Mönchskopf, Pfaffenkraut oder Eierblume.
Die Franzosen sagen zum Löwenzahn „Pissenlit" und die Menschen in England „Dendelion".

Auch diese im Volksmund gebräuchlichen Namen für den Löwenzahn können für die Kinder durch Geschichten eingeführt werden.

Der Begriff **„Pusteblume"** dürfte selbst für die Kinder sofort erklärbar sein. Vermutlich kennen alle den Löwenzahn, wenn er seine fallschirmartigen Samen durch den Wind verteilen lässt. Es ist übrigens nachgewiesen, dass diese Samen über drei Kilometer weit fliegen können und nach der Landung vielleicht eine neue Löwenzahnpflanze entsteht.
Durch eine Exkursion außerhalb der Einrichtung könnten die Kinder nebenbei beim Suchen und Sammeln von Pflanzen Entfernungen bestimmen lernen. Drei Kilometer sind nämlich für die Kinder eine abstrakte Größe. Bewusst gelaufen wird dieser Begriff erfahrbar und im Vergleich zu anderen Längenbegriffen bald auch übertragbar.

Auch die beiden Begriffe **„Bitterblume"** oder **„Hundszahn"** können schnell von den Kindern erfasst werden. Sie brauchen nur einmal vom Blatt des Löwenzahns zu kosten oder einen Löwenzahnsalat herstellen. Der bittere Geschmack erklärt den Namen Bitterblume von selbst. Betrachten die Kinder einmal aufmerksam die Blätter der Pflanze, so dürfte seine typisch gezahnte Form schnell als Erklärung für den Namen Hundszahn dienen.

Bei dieser Gelegenheit könnte man ja auch noch auf die bekannte Namensfindung **„Löwenzahn"** selbst zu sprechen kommen. Ganz konkret wird so eine Verbindung zum „Hundszahn" hergestellt. Die nachfolgende Geschichte kann den Kindern inmitten des Naturgartens und vor einer Löwenzahnpflanze beispielhaft erzählt werden.

Bei den anderen volkstümlichen Bezeichnungen braucht es schon etwas mehr Fachwissen. Vielleicht ist es der Name **„Bettseicher"** oder der bei den Franzosen als **„Pissenlit"** gängige Begriff für den Löwenzahn, der die Kinder zum Nachdenken anregt, wenn ihnen die Hintergründe und Möglichkeiten der Pflanze erklärt werden. Der Löwenzahn wurde in der Volksmedizin zu früheren Zeiten als wassertreibendes Kraut eingesetzt!

Die gelbe Blume und der Löwe

In eine kleine Stadt, die malerisch in einem Tal zwischen grünen Hügeln lag, kam einmal ein Zirkus. Es war ein großer, kein bekannter Zirkus mit berühmten Artisten aus fernen Ländern, sondern ein Familienbetrieb. Die Attraktion war der wilde Löwe Leopold, und diesen Löwen bändigte die kleine Anastasia mit ihrem strohblonden, wuscheligen Haarschopf.

Ein wunderschöner Frühlingstag brach in dieser Stadt an. Hinter den grünen Hügeln zog die Sonne herauf. Die Fädchenwolken, die am Morgen noch das Land verhüllten, lösten sich auf. Als der Löwe Leopold in seinem Käfig vom Schlaf erwachte und behäbig erst das erste, dann das zweite Auge öffnete, sah er durch sein Gitter den blauen Himmel über dem Zirkuszelt.

Leopold strich am Gitter entlang. Hin und her, her und hin. Er blickte zu Boden. Da entdeckte er im Asphalt vor seinem Käfig eine knallgelbe Blume mit kräftigen grünen Blättern. „Wo kommst du denn her?", fragte er sie. „Der Frühling hat mich gelockt!", lachte sie. „Und da wächst du hier, mitten im Asphalt vor diesem schrecklichen, engen Käfig?" „Wir Blumen sind manchmal stärker als der Asphalt", antwortete ihm die gelbe Blume. Dass diese winzige Blume so stark war, beeindruckte den Löwen. „Gibt es noch mehr von deinen Schwestern?", fragte er sie. „Oh ja", nickte sie, „dort drüben, auf dem grünen Hügel, findest du Hunderte von uns – willst du sie nicht besuchen? Sei so stark wie ich – durchbreche dieses Gitter. Was ich schaffe, schaffst du schon längst!"

Da bekam der Löwe Leopold zu seiner Stärke auch noch Mut. Er nahm all seine Kraft zusammen, drückte mit seinem Körper gegen die Stäbe. Sie gaben nach – und er war frei! „Der Löwe ist los! Der Löwe ist los!" Wie ein Lauffeuer verbreitete sich die Schreckensnachricht in der Stadt. Der Marktplatz, auf dem gerade noch die Gemüsefrauen ihre Ware feilboten, war wie leergefegt. Die Mütter ließen ihre Kinder nicht aus dem Haus. Die Schulen schlossen ihre Pforten. In den Schaufenstern fielen krachend die Rollläden herunter. Die Autofahrer fuhren bei Rot über die Ampeln, nur um nicht anhalten zu müssen. Alles hatte Angst vor dem wilden, wilden Löwen mit seinen scharfen Zähnen.

Nur Anastasia machte sich unerschrocken auf, ihren Löwen einzufangen. Wo mochte er nur sein? Hatte er beim Metzger das Fleisch gerochen und war bei ihm eingebrochen? Versteckte er sich hinter den Büschen des Stadtparks und erschreckte arglose Spaziergänger? Oder lief er gar hinter Kindern her, die Fangen spielten? Solch schlimme Dinge hatte Leopold jedoch nicht im Sinn. Als er fortlief, dachte er nur an seine gelbe Blume, die ihm an Stärke ein Vorbild war. Wo fand er nur den grünen Hügel mit den vielen gelben, starken Blumen? Leopold eilte zur Stadt hinaus. Je weiter er draußen war, desto kräftiger, desto süßer wurde der Duft.

Als er an einen breiten, plätschernden Bach kam, fragte er sich: „Kann ich's?" Und mit einem kühnen, weiten Sprung setzte er über das Wasser. Auf einem Felsen, der von der Sonne beschienen war, rastete er und nickte ein wenig ein. Er machte sich weiter auf den Weg und da tat sich plötzlich vor ihm die grüne Wiese auf. Über und über stand sie voll dieser leuchtend gelber Blumen.

Der Löwe legte sich behutsam ins Gras. Dann lachte er und streichelte mit seiner Pfote einer Blume über den Kopf. „Wie heißt du denn?", fragte er sie. Da sagte die Blume: „Rate mal! Sieh dir meine Blätter an! Kommt dir etwas bekannt vor?" „Die Blätter sehen ja aus wie meine Zähne!", rief er. „Erkannt! Und darum heißen wir Löwenzahn! Aber so gut beißen wie du können wir nicht!" Leopold verbrachte den Frühlingstag zwischen seinen „Schwestern". Und es dauerte bis zum Abend, bis Anastasia ihn endlich gefunden hatte.

(aus: Sonntagszeitung vom 20. April 1997, S. 29)

◆ *Unkraut oder nicht?*

Noch spannender wird es für die Kinder, wenn aus dem Geschichtenerzählen heraus auch noch ganz praktische Arbeiten mit dem Löwenzahn angeboten werden. Zum Beispiel einmal die ganze Löwenzahnpflanze ernten und verdeutlichen, dass es sich hierbei keinesfalls um ein Unkraut handelt, was es übrigens überhaupt nicht gibt.

Kaum eine andere Pflanze wird von Gartenbesitzern so verachtet und bekämpft wie der Löwenzahn. Die psychologischen Hintergründe für die Vernichtungskampagne kann man kaum nachvollziehen, wenn man diese „Küchen- und Heilpflanze" näher kennt. Unsere Vorfahren haben durch Beobachtung und praktische Erfahrungen genau gewusst, welches Kraut für was geeignet war und wie es bei welchen Leiden hilft.

Jede Pflanze, die bei uns wächst, hat ihren speziellen Sinn. Geht sie uns durch Unachtsamkeit verloren, verlieren wir automatisch noch viele andere Dinge. Kinder im Kindergartenalter verstehen sehr wohl die Zusammenhänge, sofern in der kindlichen Sprache und deren Verständigungsmöglichkeiten erklärt und gehandelt wird. Warum sollen Kinder nicht in einer frühen prägenden Lebensphase erfahren, was es mit den „Roten Listen" auf sich hat? Solche Listen können durchaus in diesem Lebensabschnitt besprochen werden und man darf sich wundern, mit welch großen und entsetzten Augen die Kinder dieses Wissen aufnehmen und verarbeiten. Wichtig dabei ist nur, dass man gut vorbereitet ist und die inzwischen ausgestorbenen und gefährdeten Tiere und Pflanzen auch einmal auf einem Foto zeigen kann.

Beim Ernten gehört neben dem sichtbaren Kraut auch das Ernten der Pfahlwurzel mit ihren vielen Ausläufern dazu. Den Kinder wird als Demonstrationsobjekt ein vorbereitetes Pulver gezeigt, das durch das Sammeln, Zerkleinern, Trocknen, Mahlen und Rösten einiger Pfahlwurzeln entstanden ist. An einem kleinen Holzfeuer im Garten wird Wasser zum Kochen gebracht. – Dabei erleben die Kinder auch die Urelemente.

Nun das Löwenzahnwurzelpulver mit heißem Wasser übergießen, alles kurz ziehen lassen und fertig ist ein Löwenzahnkaffee, den die Kinder einmal probieren dürfen.

Danach kommt die eigentliche Aufgabe. Wir fordern die Eltern über die Kinder auf, einmal am Wochenende gemeinsam mit den Kindern Löwenzahnwurzeln zu sammeln und diese in die Kindereinrichtung zu bringen. Damit die Eltern auch wissen, was das mit den Wurzeln auf sich hat, geben wir den Kindern eine gestaltete Information mit nach Hause, die wir als didaktisches Material zusammengestellt haben (siehe Steckbrief, S. 55).

Nun bearbeiten wir das Thema ausführlicher, lassen die Kinder Löwenzahnkaffeepulver herstellen und laden nach Fertigstellung die Eltern zu einem Kaffeenachmittag in die Einrichtung ein. Als Beilage gibt es selbstgebackenes Brot mit Löwenzahnhonig als Aufstrich. Gesüßt wird der Kaffee mit Löwenzahnsirup. (Rezepte s. S. 56 ff.)

Alleine dieses eine Thema zeigt auf, wie sich die Kindereinrichtung nach außen öffnen lässt und die Eltern in die pädagogische Arbeit integriert werden können. Als Nebeneffekt erreichen wir die Eltern als Multiplikatoren zur weiteren Sensibilisierung zugunsten anderer Themen oder bekommen Informationen, die wir bisher noch nicht kannten.

Gemeiner Löwenzahn

Taraxacum officinale

Auch: Kuhblume, Pusteblume, Sonnenwirbel, Bettseicher, Butterblume, Bitterblume, Kettenblume, Gänseblume, Hundsblume, Kettenröhrlein, Sommerwurzel, Wiesenlattich, Dotterblume, Saublume, Hundszahn, Mönchskopf, Pfaffenkraut, Eierblume, Pissenlit (franz.), Dendelion (engl.) u. a.

Reich an Carotin und den Vitaminen C, D + B, Inulin*), Gerbstoffe, Bitterstoff (Taraxin), ätherisches Öl, Kalium, Calcium, Mangan, Natrium, Schwefel, Kieselsäure, Xanthophyll, Cholin, Phlobaphene, Mineralstoffe und weitere Wirkstoffe.

*) Bitte verwechseln Sie Inulin nicht mit Insulin. Insulin ist ein höchst kompliziert gebautes Enzym, das von Tieren und Menschen in der Bauchspeicheldrüse erzeugt wird. Insulin reguliert mit dem Glucosestoffwechsel den Energiehaushalt des Körpers. Es kommt im Pflanzenreich nicht vor.

◆ *Bilder vom Löwenzahn*

Ein Bild vom Löwenzahn kann einmal farblich gestaltet werden. Eine Musterpflanze steht dabei auf jedem Maltisch in einem Wasserglas als Vorlage. Dadurch ist schon manches kleine Kunstwerk entstanden, das als Bild eingerahmt zu Hause noch nach Jahren an die Kindergartenzeit erinnert. Möglicherweise ziert so ein Bild auch das kleine Kochbuch, das die Herstellung von Löwenzahnkapernpizza, gebackene Löwenzahnknospen, Löwenzahngemüse aus Wurzeln, Löwenzahnsalat oder gar Löwenzahnlikör oder Löwenzahnwein beschreibt... Dort stehen später dann natürlich noch viele andere Rezepte aus Omas Zeiten, die mit Bildern von Brennnessel, Spitzwegerich, Hirtentäschelkraut oder Gänseblümchen gestaltet wurden.

➜ Wo gibt's den Löwenzahn?

Vorkommen

Stickstoffreiche Böden, Wiesen, Garten, Laubwälder, praktisch überall, wo ein Stückchen freie Erde zu finden ist.

Sammeln und Ernten

Grundsätzlich nicht an und direkt in der Nähe von Straßen sammeln. Diese Pflanzen haben die Giftstoffe der Abgase aufgenommen (Schwermetalle!), die wir über diesen Kreislauf wieder aufnehmen und uns gleichfalls vergiften würden. Gleiches gilt für überdüngte und mit Kunstdüngern und Pflanzenschutzmitteln behandelte Böden. Kunstdünger enthalten Kalkstickstoffe, Phosphate und andere für uns schädliche Bestandteile. Die Pflanzen müssen sie erst für sich und den Menschen verträglich umwandeln. Dabei keinerlei Kompromisse eingehen, wenn tatsächlich eine gesunde Ernährung mit Wildpflanzen angestrebt werden soll.

Sammeln und Fitness

Immer mehr Menschen gehen heute ins Fitness-Studio und plagen sich an technischen Geräten ab, damit ihre Figur den heute geltenden Normen von Schönheit, Sportlichkeit und Leistungsfähigkeit entspricht. Viel Geld wird dafür ausgegeben. Probieren Sie doch einmal das Sammeln von Wildkräutern aus. Sie erleben diese Tätigkeit als entspannend. Ständig sind Sie in Bewegung. Sie müssen sich bücken, drehen und wenden. Alle Ihre Sinne werden dabei angeregt. Sie werden ein aktiver Teil der Natur als Jäger und Sammler, einem in uns schlummernden Urtrieb. Sie bringen Ihre Beute nach Hause, die natürlich verarbeitet werden sollte und Ihnen eine gesunde, nährstoffreiche Mahlzeit beschert. Dadurch wird sich Ihr Bewusstsein verändern und Achtung vor der Natur und ihren ganzheitlichen Zusammenhängen entstehen. Gemeinsam mit Kindern erlebt, leisten Sie einen unschätzbaren Beitrag im Rahmen der kindlichen Entwicklung, die Ihrem Erziehungs- und Bildungsauftrag praxisorientiert und stressfrei entspricht. Auch Hundebesitzern kann das Sammeln von Wildkräutern beim Spazieren gehen in der freien Natur empfohlen werden. Ihr Vierbeiner wird begeistert sein, wenn Frauchen und Herrchen gemeinsam mit ihm auf die Jagd gehen.

◆ *GIFTIG oder NICHT GIFTIG?*

Löwenzahn ist **nicht giftig!** Kinder können bedenkenlos Löwenzahn sammeln, verarbeiten, Kränze binden, Flöten aus den Stängeln herstellen oder sich mit den Blütenkörbchen gelb einpudern. Letzteres sollten allergisch reagierende Kinder unterlassen.

Der weiße Milchsaft des Löwenzahns verursacht auf der Haut und Kleidung braune bis schwarze Flecken. Vielleicht entstammt daher diese häufig verbreitete Unwahrheit, dass Löwenzahn giftig sei, damit zu früheren Zeiten die Kinder stets ihre Sonntagskleider sauber hielten. Trotzdem ist Vorsicht geboten. Der Milchsaft sollte keineswegs in die Augen gelangen.

◆ *Rezepte*

Die zarten Blätter des Löwenzahns dienen als würzende Zutat bei Salaten, Frühlingssuppen, Kräutersaucen und bei Gegrilltem. Auch Löwenzahngemüse ist schmackhaft und wird ähnlich wie Spinat zubereitet. Aus der Wurzel kann Tee, Saft und Kaffee herstellt werden. Die Blüten eignen sich für einen leckeren Brotaufstrich, den Löwenzahnhonig, der auch ein bewährtes Hustenmittel ist.

Hinweis: Bewusst wurde bei der Beschreibung der Rezepte in der Regel auf eine Zusammenstellung der Zutaten in einer Übersicht verzichtet. Jeder sollte seine eigene Geschmacksrichtung selbst ausprobieren. Wer mit Wildgemüse und Wildkräutern experimentiert, braucht Zeit und innere Ruhe. Beides findet man im Umgang damit. Es geht schon los beim neugierigen Lesen und danach beim Sammeln in freier Natur. Die Angaben entsprechen eigenen Versuchen, die über mehrere Jahre ausprobiert und natürlich auch weiter verfeinert werden können.

Löwenzahnkur mit Löwenzahnsaft

Bei einer verschleppten Grippe oder chronischem Husten, kann eine Löwenzahnkur die Drüsen der Luftwege anregen. Der zähe Schleim löst sich bald und der Husten verschwindet. Mit Hustensirup aus Löwenzahn lässt sich die Heilung noch beschleunigen.

- Im Frühling viel frischen Löwenzahnsalat essen und nebenbei **Löwenzahnsaft** trinken, der im Entsafter hergestellt werden kann.
- Esslöffelweise wird der Saft eingenommen.
- Für den Winter trocknet man Löwenzahnblätter (vor der Blüte ernten) und die Wurzeln. Die Wurzeln in ca. 1/2 cm dicke Scheiben schneiden und gesondert von den Blättern trocknen. Nach dem Trocknen wird beides gemischt in einer Blechdose als **Teemischung** aufbewahrt.
  Kur: 4 bis 6 Wochen.

Löwenzahntee

1 Esslöffel getrocknete Löwenzahn-Teemischung (s.o.) auf 1 Tasse Wasser geben. Kurz aufkochen (ca. 2 Minuten). 15 Minuten ziehen lassen und abseihen.
Morgens und abends eine Tasse warm trinken.
Gleicher Erfolg wie frischer Saft.

Löwenzahnsalat

Verwendet werden die zarten Blätter der Pflanze, die mit einer Salatsoße nach Belieben angemacht werden.
Verfeinert wird der Löwenzahnsalat mit ausgelassenen Speckwürfeln (ohne das Fett in der Pfanne!). Ergänzt mit einem hartgekochten Ei, gedünsteten Champignons, in Ringen geschnittenen Lauchzwiebeln und mit einem Vollkornbutterbrot wird dieser Salat zu einer vollständigen und gesunden Mahlzeit.
Zerkleinerte Löwenzahnblätter passen aber auch als Ergänzung zu vielen anderen Gartensalaten. Im Badischen wird dem Kartoffelsalat kleingehackter Löwenzahn beigemischt.

Hinweise:
- Die Pflanze ernten, wenn sie noch nicht blüht und die Knospe noch in der Blattrosette steckt. Dazu ein scharfes Messer benutzen und die krautigen Teile über dem Boden abschneiden.
- Damit der bittere Geschmack verschwindet, die Blätter direkt vor dem Anrichten kurze Zeit in lauwarmes Wasser legen oder aber den Löwenzahnsalat bereits 1/2 Stunde vor dem Servieren anmachen, der Salat sieht dann aber nicht mehr so frisch aus.

Frischhalte-Tipp:
Löwenzahnblätter können in einem geschlossenen Gefäß im Kühlschrank bis zu einer Woche frisch gehalten und so auch für mehrere Tage und Gerichte gesammelt werden.

Löwenzahnhonig

Ein leckerer und süßer Brotaufstrich.
Gebraucht werden zwei große Hände voll aufgegangene Löwenzahnblüten mit Körbchen.
- Die Löwenzahnblüten in 1 Liter Wasser ca. 15 Minuten lang kochen.
- Währenddessen in einer eisernen Pfanne 1 kg weißen – nicht braunen – Zucker rösten, bis er sich auflöst.
- Den Löwenzahnsud langsam in die flüssige Zuckermasse gießen.
  (**ACHTUNG:** Nicht am Dampf verbrennen!).
- Diese Flüssigkeit so lange aufkochen lassen, bis ein dickflüssiger Honig entsteht. Je schneller das geht, desto intensiver bleibt das Aroma enthalten. Bitte nicht zu lange kochen, da der Löwenzahnhonig beim Abkühlen noch etwas ausdickt und sonsten zu zäh wird. Man muss es selbst ausprobieren!
- Den Löwenzahnhonig in durchsichtige Gläser abfüllen.

Hinweise:
- Ist einem der Löwenzahnhonig zu süß, entsprechend weniger Zucker verwenden und mit einem Schuss Zitronensaft ausgleichen. Auch hier muss man experimentierfreudig sein. Zu viel Zitronensaft nimmt den Geschmack des Löwenzahnhonigs.
- Erfolgt die Herstellung der Tinktur mit frischen Pflanzenteilen, ist zu beachten, dass diese nicht so lange haltbar ist wie beim Ansetzen mit getrockneten Pflanzenteilen.

Löwenzahnkaffee

Natürlich gehört ein Kaffee nach einem guten Essen unbedingt dazu. Auch hier wird der Löwenzahn als Lieferant ausgesucht und zwar diesmal seine Wurzel. Wir ernten Löwenzahnwurzeln! Wir vernichten den Löwenzahn nicht mehr und werfen ihn achtlos als Unkraut weg, sondern nutzen ihn bewusst.
Vermutlich kennen viele ältere Menschen den Zichorienkaffee. Er wird aus der Wurzel der Wegwarte gewonnen. Manche kennen auch den Malzkaffee oder Muckefuck. Gerne werden diese Erfahrungen auch mit diesem Löwenzahnkaffee verbunden und möglicherweise bewerten ihn viele zunächst als billigen Ersatzkaffee.
Schmeckt Löwenzahnkaffee tatsächlich vergleichbar? Wir möchten den Geschmack nicht verraten. Probieren Sie es doch einfach selbst einmal aus. Das Herstellen und Trinken kann zur Leidenschaft werden!

Vorbereitung:

- Im Herbst und zeitigen Frühjahr die langen Pfahlwurzeln mit einem Spaten ausgraben. Zu dieser Zeit sind sie schön dick und saftig.
- Die Wurzeln gründlich mit einer Gemüsebürste von der anhaftenden Erde wie Möhren oder Kartoffeln säubern und in kleine Scheiben (etwa 1 1/2 cm Stücke) schneiden.
- Diese Stückchen auf ein Backblech legen und bei ca. 230 bis 250 Grad trocknen bzw. rösten, bis sie steinhart geworden sind. Im Umluftherd genügen etwa 180 Grad. Rösten sollte man immer nur frisch! Das Aroma wird so verstärkt.

Damit alle Seiten gleichmäßig kaffeebraun werden, die Löwenzahnscheiben zwischendurch einmal wenden. Ganz nebenbei entweicht beim Öffnen des Backofens die frei werdende Feuchtigkeit.
Der Röst- und Trockenvorgang dauert ungefähr 10 bis 15 Minuten – nicht länger.
Die ganze Küche duftet dabei wie eine Kaffeerösterei. Natürlich können die Wurzeln auch in der Luft trocknen. Das Rösten erfolgt dann in einer Eisenpfanne ohne Fett. Es lohnt sich, beide Verfahren einmal auszuprobieren.

Zubereitung:
Die Zubereitung des Löwenzahnkaffees funktioniert wie bei echtem Bohnenkaffee.

- Den Kaffee mahlen. Besonders umweltschonend geht das mit einer alten Kaffeemühle, natürlich aber auch mit einer elektrischen Mühle.
- Auf einen Teelöffel gemahlenes „Löwenzahnpulver" eine Tasse kochendes Wasser schütten und so den Löwenzahn-Kaffee aufbrühen. Es geht auch mit einer Kaffeemaschine.

Hinweis: 500 Gramm frische Löwenzahnwurzeln ergeben nach dem Trocknen nur noch 100 Gramm. Der Rest wird als Wasser verdunsten. Für 500 Gramm Löwenzahn Kaffeepulver benötigt man somit 2,5 kg frische Wurzeln.

◆ Kennenlernen der heimischen Fauna und Flora – Beispiel: „Brennnessel"

Brennnesseln wachsen auf der ganzen Welt. Es handelt sich um wehrhafte Pflanzen. Vielleicht ist das einer der Gründe, warum wir sie so sehr verfolgen. Kinder kennen das Kraut. Fassen wir diese Pflanzen ungeschickt an, verbrennen wir uns daran. Doch wer weiß schon genau, wie dieser Vorgang passiert und welche Wunderwaffen dahinter stecken. Das könnte zum Beispiel eine von vielen Kinderfragen sein, die wir dann beantworten müssen. Kennen wir uns aus, vermitteln wir den Kindern Informationen, die sie zu weiteren Fragen herausfordern und selbst noch Erwachsene zum Staunen bringen.
Mit dieser einen Ausgangsfrage kann gezeigt werden, dass Naturerfahrungen immer auch mit Wissensvermittlung zu tun haben, die weit über die erfahrbaren Grenzen von Kindergartenkindern hinaus gehen und selbst noch den Forscherdrang Jugendlicher anregen werden. Neugierig?
Fragen Sie doch einmal bei der Autorengruppe nach. Dort erfahren Sie mehr über die „Wunderpflanze Brennnessel", die von so vielen bunten Schmetterlingen dringend als Futterpflanze gebraucht wird.

Kochen und Basteln mit Wildkräutern

Wir sind heute gewohnt, nahezu alle exotischen Gerichte – aus den fernsten Ländern zu uns gebracht – zu kochen, essen und zu bestaunen. Wir essen chinesisch, indisch, koreanisch, japanisch, afrikanisch, längst italienisch, griechisch und türkisch. Es ist nichts dagegen einzuwenden. Warum soll man nicht fremdländische Esskulturen nutzen und kennen lernen?

Die tägliche Nahrung nehmen wir jedoch aus dem Supermarkt auf oder nutzen immer mehr Fast Food. Die Werbung suggeriert uns schmackhafte und gesunde Fertigprodukte. Aufwändige Verpackungen mit Spezialrezepten sollen das Kaufverhalten fördern. Ganz nebenbei türmen sich in den Wohlstandsgesellschaften dadurch auch noch die Müllberge.
Gemüse und Obst gibt es in allen Sorten, zu allen Jahreszeiten und aus großen Plantagen. Dort werden Kunstdünger und Pestizide in ungeheuren Mengen eingesetzt, damit die Ernte reichlich ausfällt und für das Auge schön aussieht. Wer kann sich bei diesem Überangebot da noch vorstellen, dass es vor unserer Haustür einen reich gedeckten Tisch gibt, der häufig nicht nur gesünder, sondern auch für den Menschen unschädlicher ist?
Gemeint sind Wildkräuter, die längst bei uns als wahrlich exotisch und unbekannt eingestuft werden. Wir kennen sie größtenteils einfach nicht mehr, lassen sie unbeachtet, ja bekämpfen sie sogar im Garten als Unkraut. Die ganze Lebenserfahrung und Kochkultur unserer Vorfahren sowie das Geschenk der Natur scheinen verloren gegangen zu sein.
Nehmen wir als Beispiel den Spinat. Er wird kaum noch frisch angeboten. Gekauft wird er als Gefrierware, fix und fertig gewürzt und zubereitet. Er braucht nur noch in der Mikrowelle aufgetaut und aufgewärmt zu werden. Niemand weiß genau, wo er herkommt, wie er behandelt wurde und was für Zusätze man beigemengt hat. Wir wissen auch, dass Spinat gesund sein soll. Er hat reichlich Vitamine, Mineralstoffe und vor allem einen hohen Eisenanteil. Das genügt uns für den Verzehr. Nach alternativen Möglichkeiten wird nicht gesucht. Die Brennnessel wäre dabei mehr als nur eine Alternative.

Die Einführung

Die Brennnessel wächst praktisch überall das ganze Jahr und eignet sich daher gut als Einstieg bei der pädagogischen Auseinandersetzung mit Kindern. Sie ist auch darum spannend, da jedes Kind weiß, dass die Brennnessel eine wehrhafte Pflanze ist, die man mit Vorsicht behandeln muss. Kinder könnten nun fragen, warum die Pflanze bei Berührung brennt und dabei teilweise schmerzhafte rote Pusteln entstehen. Geht man nur dieser einen Frage nach, werden sie erneut auf die Vollkommenheit der Natur stoßen. Sie erfahren dabei, warum der Feldhase und das Kaninchen die Brennnessel gleichfalls meiden und dass so manche Schmetterlingsraupe die Brennnessel zwingend als Futterpflanze braucht. Dazu gehört auch das wunderschöne Tagpfauenauge.

Kochen mit „Unkraut"

Beginnen wir nun mit dem Kochen. Lassen wir uns auf die alte Magie des Kochens ein. Stellen wir doch einfach einmal eine „Unkrautsuppe" mit den Kindern her und trinken dazu Brennnesseltee, gemischt mit Holundersaft und Fichtensprossenhonig. Die Kindermäuler werden schlecken und die wach gewordenen Gesichter kommen aus dem Staunen nicht heraus.
Wer hätte gedacht, dass der heimische Gabentisch das alles bereit hält?

Unkrautsuppe

Für die Unkrautsuppe stellen wir zuerst eine Basissuppe her.
Das könnte eine Kartoffelsuppe sein. Die Kartoffeln haben wir möglicherweise im eigenen Hochbeet ver-

mehrt und dabei gelernt, wie sich aus einer Knolle gleich viele bilden. Wir haben auch das Wachstum mitbekommen, das Kartoffelkraut und die blühende Pflanze einmal bewusst erlebt und dabei vielleicht einen Kartoffelkäfer gesichtet. Nur so können wir lernen, den Marienkäfer und den Kartoffelkäfer fachmännisch zu unterscheiden.

Jetzt sammeln wir im Naturgarten die verschiedensten Wildkräuter.
Dazu gehören neben der Brennnessel auch das Gänseblümchen, der Breit- und Spitzwegerich, Weiß- und Rotklee oder zum Beispiel die jungen Blätter der Himbeere, Brombeere oder Erdbeere.
Diese Wildkräuter werden nun mitgekocht, eventuell püriert oder kleingeschnitten und fertig ist eine leckere Unkrautsuppe für die kleinen Sammler und Köche.

◆ Über das Kochen die Pflanzen näher bringen – Beispiel: „Der Spitzwegerich"

Wichtig ist, dass wir den Kindern neben dem Kochen an Hand anderer Themeneinheiten und zeitnah die gesammelten Pflanzen auch näher bringen.
Wir zeigen, untersuchen und arbeiten mit der ganzen Pflanze. Nehmen wir beispielhaft den Spitzwegerich. Er ist praktisch überall zu finden.
Sein lateinischer Name „Plantago lanceolata" könnte über einem Ausmalbild zur Wiedererkennung stehen. Der Teilbegriff „lanceolata" weist dabei auf die lanzettförmige Blattform hin. Parallel kann man die Querverbindung zum Breitwegerich „Plantago media" herstellen, der ebenfalls im naturnahen Spielbereich verbreitet ist und breite ovale Blätter hat.
Unsere Vorfahren nutzten den Spitzwegerich als Heilpflanze und nannten die Pflanze auch Heilwegerich. Sie stellten daraus Hustensirup her, zerrieben die frischen Blätter und legten sie auf Wunden und tranken Spitzwegerichtee bei Darm- und Magenbeschwerden.
Hat sich ein Kind leicht verletzt oder wurde es von einer Mücke gestochen, kann die heilende Wirkung des Spitzwegerich direkt einmal ausprobiert werden. Kurz nach dem Auflegen des zerriebenen Spitzwegerichblattes auf den Mückenstich wird es aufhören zu jucken.
Interessant ist auch, dass unsere Wildtiere gerne Spitzwegerich fressen. Sie nutzen dadurch die heilende Wirkung, da sie keinen Tierarzt kennen. Es ist medizinisch nachgewiesen, dass der Spitzwegerich durch seine antibakteriellen Wirkstoffe Entzündungen hemmt.
Als Anregung für die pädagogische Arbeit mit den Kindern empfehlen wir die Gestaltung von Sammelkarten für die Wildkräuterküche.

◆ Basteleien mit Spitzwegerich

Natürlich ist mit dem Spitz- und Breitwegerich noch viel mehr mit Kindern zu erleben. Legen sie ein Blatt der Pflanze unter ein Papier und reiben sie es mit einer Wachsmalkreide oder einem weichen Stift ab, erkennen sie sofort die typische Form der Blattrippen. Ganz nebenbei entsteht so ein schönes Bild, wenn zuvor mehrere Blätter als Naturkomposition zusammengestellt wurden.

Die Blütenstängel der Pflanze eignen sich auch als Schnüre und somit als Verpackungsmaterial. Aus ihnen lassen sich auch Bänder und kleine Körbe flechten. Auch eine Halskette, geschmückt mit getrockneten Wildfrüchten – diese wurden im Vorjahr gesammelt und inventarisiert –, Samenständen und Blättern können Kinder problemlos herstellen. Schon wieder sind neue Themen entstanden.
Hat der Wegerich ausgeblüht und Samen gebildet, sammeln die Kinder diese und bieten sie im Winter den Vögeln an. Zahlreiche Vögel in der freien Natur brauchen die Samenstände als Nahrungsquelle im Winter. Ein typischer Vertreter ist das Rebhuhn, das ca. 65 Gramm Samen pro Tag zum Überleben braucht. Das ist schon eine ganze Menge zum Sammeln.

Beispiel einer Sammelkarte für die Wildkräuterküche

Spitzwegerich

Plantago lanceolata

Kaum beachtet wächst er nahezu überall: auf Wiesen, an Feld- und Wegrändern, in Äckern und selbst auf Schuttplätzen. – Was ist das für ein kraftvolles Kraut! Unseren Vorfahren diente der Spitzwegerich als Heilkraut. Daher wird er bei Kennern auch „Heilwegerich" genannt. Bei uns wird er in der Küche gerne verwendet. Er ist ein wohlschmeckendes Wildgemüse für Suppen und Salate. Probiert doch einmal den Apfel-Spitzwegerich-Salat. – Natürlich verraten wir das Rezept auf der Rückseite!

Spitzwegerich-Salat mit Äpfeln

Pro Person einen Apfel mit dem Gurkenhobel zerkleinern.
Eine Hand voll klein geschnittene Spitzwegerichblätter dazugeben und alles mit etwas Zitronensaft beträufeln.
Als Dressing je nach eigenem Geschmack eine Mischung aus Joghurt, Sauerrahm, Löwenzahnhonig und Salz verwenden.
Mit Walnussstücken bestreut schmeckt der Salat besonders lecker.
Werden noch die Blütenköpfe oder Samenstände des Spitzwegerichs dazugegeben, schmeckt der Salat ein bisschen wie rohe Wiesenchampignons.

Spitzwegerich-Essig

Bei schuppigem und fettigem Haar empfiehlt sich eine Spülung mit Spitzwegerich-Essig:
5 Teile Essig und 1 Teil frische Kräuter (ganzes Kraut) in ein durchsichtiges Schraubglas füllen und an einem sonnigen Platz etwa 3 Wochen durchziehen lassen. Anschließend abseihen.
Den Spitzwegerich-Essig nach dem Haarewaschen zur letzten Spülung geben und in die Haare und Kopfhaut einmassieren.
Übrigens: Wer von Mückenstichen geplagt wird, sollte an den Spitzwegerich denken!
Ein Blatt ernten, zerdrücken und damit den Mücken-, Bienen- oder Wespenstich einreiben – sofort lässt der Schmerz oder das Jucken nach!

Spielhecken als Entdeckungsraum

Legen wir naturnahe Spielräume an, sind heimische Heckengehölze in der Planung und Umsetzung ein wesentlicher Bestandteil der Konzeption. Überall wo Kinder Heckengehölze vorfinden, werden diese sofort in das Spiel einbezogen. Wichtig bei der Auswahl sind robuste, dornenfreie und standortgerechte Pflanzen. Durch die Vielzahl des Angebots lässt sich automatisch für die Kinder auch der jahreszeitliche Verlauf erleben. Die nachfolgende Aufzählung kann als erste Orientierung dienen.

- Hainbuche (Carpinus betulus)
- Feldahorn (Acer campestre)
- Kornelkirsche (Cornus mas)
- Schwarzer Holunder (Sambucus nigra)
- Weißer Hartriegel (Cornus alba)
- Roter Hartriegel (Cornus sanguinea)
- Waldhasel (Corylus avellana)
- Ranunkelstrauch (Kerria japonica)
- Kolkwitzie (Kolkwitzia amabilis)
- Kirschpflaume (Prunus cerasifera ‚Nigra')
- Traubenkirsche (Prunus padus)
- Steinweichsel (Prunus mahaleb)
- Weiden in Sorten (Salix)
- Schlehe / Schwarzdorn (Prunus spinosa)
- Wildflieder (Syringa vulgaris) und andere

Schon diese bescheidene Pflanzenauswahl macht deutlich, welchen Reichtum die Natur uns und den Kindern anbietet. Jede Pflanze hat eine andere Form und Farbenpracht. So wird zum Beispiel die Kupferfelsenbirne mit ihren Blättern im Herbst eine Farbenpracht entfalten, die kaum noch zu überbieten ist. Man muss Kinder nur an dieses Naturgemälde heranführen. Das gilt auch für das Baumaterial, welches viele Pflanzen uns kostenfrei liefern. Besonders bekannt sind Weidenstecklinge, mit denen gemeinsam mit den Kindern Naturhäuser, Grüne Höhlen oder Naturzäune entstehen können.

Aus toten Zweigen lässt sich kostenfrei ein interessantes Biotop herstellen. Totholzhaufen bieten vielen Tierarten Unterschlupf und Schutz. Zu finden sind dort Schnecken, Käfer, Spinnen, Tausendfüßler, Regenwürmer und unter anderem Asseln. Auch Spitzmäuse und Igel leben sehr gerne im Totholzhaufen. Manche Vogelarten bauen dort sogar ihre Nester. Mit viel Glück brütet dort das Rotkehlchen oder sogar ein Zaunkönig. Kröten, Eidechsen, Schmetterlinge und Molche überwintern im Totholzhaufen. Bedenken wir, dass es bei uns 5700 Käferarten gibt, davon 3700 in Wäldern leben und davon über 1000 auf Totholz angewiesen sind, wird die Bedeutsamkeit eines Totholzhaufens schnell deutlich. Bei einem der Käfer handelt es sich um den bekannten und geschützten Hirschkäfer, den vermutlich noch kein Kind in der freien Wildnis gesehen hat.

Auch zusammengerechtes Laub sollte nicht einfach aus dem Naturgarten entfernt werden, denn es gibt kaum einen anderen Lebensraum, der so viel heimisches Leben in sich birgt wie der Laubhaufen und der darunter liegende Boden. Auf einer Fläche, so groß wie ein Kinderbett (80 x 140 cm), tummeln sich nämlich etwa 250 Millionen Kleinlebewesen. Einige davon sind ohne Lupe zu beobachten.

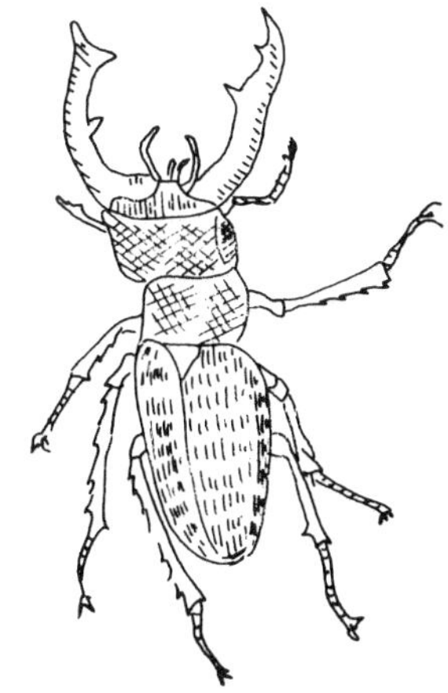

Hirschkäfermännchen mit seinen gewaltigen Zangen

Vergrößert erscheinen sie wie Tiere aus der Urzeit. Lauter Dinosaurier, nur geschrumpft. Damals waren Asseln nahezu 4 Meter lang. Das entspricht einer Länge von vier Kindergartenkindern, die hintereinander auf dem Boden liegen. Interessant ist vielleicht auch für die Kinder, dass es heute noch Regenwürmer in Australien gibt, die über 3 Meter lang sind. Es handelt sich dabei um die so genannten Tropischen Riesenregenwürmer mit dem lateinischen Namen „Megaloscole cidae". Das Kennenlernen des Regenwurms und eines seiner Feinde, des Maulwurfs, dürfte bei Kindern die Fantasie in hohem Maße anregen und einen ganzen Kindergartentag im Naturgarten ausfüllen.

Hier eine Aufzählung, was im Laubhaufen und dem darunter liegenden Boden alles zu entdecken ist:

- 120 Millionen Fadenwürmer (Nematoden)
- 120 Tausend Milben
- 40 Tausend Springschwänze
- 15 Tausend Enchyträen
- 8 Tausend Schnecken
- 2,5 Tausend Regenwürmer
- 1,5 Tausend Tausendfüßer
- 1 Tausend Käfer und Käferlarven
- 1 Tausend Spinnen
- 7 Hundert Asseln

sowie Milliarden von Bakterien, Strahlenpilzen und andere Kleinlebewesen.

Damit die Kinder ein wirkliches Erfolgserlebnis haben, legt man neben dem Laubhaufen ein weißes Tuch aus und entnimmt eine Schaufel voll Laubstreu. Nun können sie die flüchtenden Tiere gut auf dem weißen Untergrund erkennen. In einer Becherlupe beobachten sie die Schönheit der Tiere genauer. Es braucht wohl nicht weiter erwähnt werden, dass sie die Tiere danach wieder im Laubhaufen aussetzen und nicht in Gefangenschaft halten. Sie alle haben einen großen Nutzen, sind Mitlebewesen, die auf uns und wir auf sie angewiesen sind.

Bleibt ein Laubhaufen als ständiges Erfahrungsfeld und Lernobjekt liegen, werden die Kinder auch einen anderen Naturkreislauf erleben. Die vielen Tiere beginnen das Laub zu zerkleinern. Danach werden die Bakterien, Blaualgen und Strahlenpilze aktiv. Aus den abgefallenen Blättern werden bald nur noch die Skelette übrig bleiben und auch diese über ein Jahr verteilt verschwunden sein. Die vielen Tiere zusammen haben dabei mitgeholfen und ganze Arbeit geleistet. Sie haben uns gezeigt, zu welcher Leistung eine Gemeinschaft fähig ist. Daraus können wir viel lernen. Haben die Kindergartenkinder zuvor das Laub gemeinsam zusammen gerecht und an einem ausgesuchten schattigen Standort im Naturgarten deponiert, wurden auch sie Teil des Naturkreislaufes.

Zersetzungsprozess von Laub

Haben wir Holunder oder Weiden gepflanzt, bieten auch diese den Kindern eine Vielzahl von Baustoffen an. So können sie mit den glatten und frischen Zweigen zum Beispiel eine Frühlingsflöte bauen. Die nachfolgende Bauanleitung, die das Team erst einmal selbst herstellen sollte, möchte zum Ausprobieren anregen.

Halten die Kinder ihre eigene Flöte in der Hand, wird die Begeisterung groß sein und sie werden die Flöten mit Stolz ausprobieren. Im Naturgarten gibt es dann ein Flötenkonzert, das aus den Rückzugsräumen das Vogelgezwitscher ergänzen wird.

Bauanleitung der Frühlingsflöte

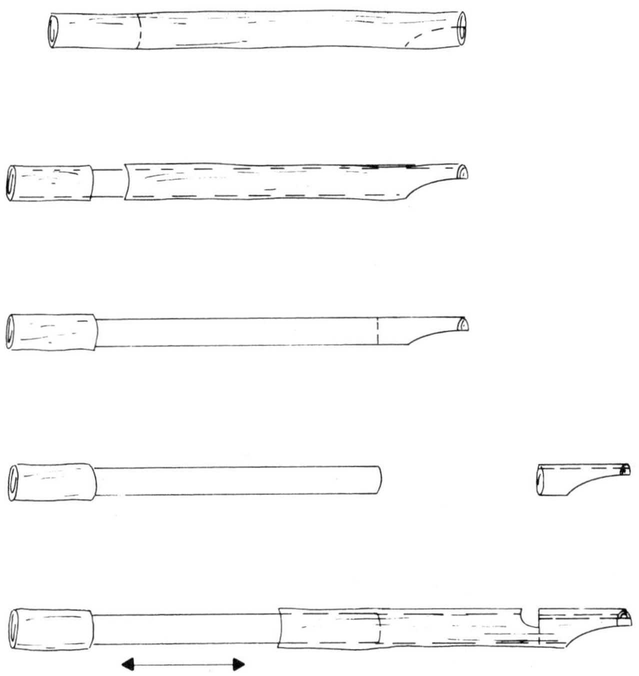

Das Bauen einer Frühlingsflöte ist nur mit Zweigen im Frühling möglich. Das besagt schon der Name. Zu dieser Zeit treibt die Pflanze nach der Winterruhe Saft in die Zweige und Ruten.
Zum Bau benötigt man einen glatten und geraden Zweig- oder Rutenteil in einer Stärke von etwa 2 cm und einer Länge von ungefähr 15 cm.

1. Mit einem scharfen Messer zuerst an der einen Seite das Mundstück formen. Der Schnitt geht etwa bis zur Mitte und auf eine Länge von ca. 2 cm. Die Form entspricht etwa dem Mundstück einer Blockflöte. (Abb. 1)

2. Die Rinde etwa 2 cm auf der gegenüberliegenden Seite des inzwischen hergestellten Mundstücks rundum bis auf das Holz einschneiden.
Das längere Rindenstück, also in Richtung Mundstück, mit einem Holz vorsichtig und überall weich klopfen. Dabei vorsichtig und geduldig vorgehen, damit die Rinde nicht reißt! – Sie wird später noch als Resonanzkörper benötigt.
Wenn die Rinde weichgeklopft ist, die Rindenhülse durch eine leichte Drehbewegung vom Holz schieben und zur Seite legen. Sollte sich die Rindenhülse noch nicht lösen, muss der Klopfvorgang wiederholt werden. Es kann hilfreich sein, die Rindenhülse mit etwas Spucke zu befeuchten. (Abb. 2)

3. Von dem entrindeten Stück das Mundstück etwa 3 cm komplett abschneiden. (Abb. 3)
Dieses Teil auf der entgegengesetzten Seite der Einkerbung um etwa 1 bis 2 mm verjüngen (Abb. 4, rechts) und in die zuvor hergestellte Rindenhülse einschieben. Man sieht jetzt einen schmalen Spalt, durch den später beim Gebrauch die Luft strömen kann.

4. In die Rindenhülse, unterhalb des Mundstücks, noch eine Kerbe waagrecht und senkrecht einschneiden. (Abb. 5)

5. Zum Schluss das hintere entrindete Holzstück wieder in die Rindenhülse schieben. (Abb. 5)
Durch das Hin- und Herbewegen des Holzes vergrößert oder verkleinert sich der Resonanzkörper. Dadurch können mit der Frühlingsflöte verschieden hohe und tiefe Töne erzeugt werden, sobald in die Weiden- oder Holunderpfeife hinein geblasen wird.

Der botanische Name „Sambucus nigra" leitet sich übrigens vom griechischen Wort „sambuke" ab. So hieß in der Antike eine aus hohlen Ästen des Holunders geschnitzte Flöte. Auch diesen Hintergrund kann man Kindern spannend vermitteln, der heute kaum noch zu späterer Zeit in der Schule weitergegeben wird. Im Kindergarten findet so auf eine ganz außergewöhnliche und praxisorientierte Art und Weise Kulturvermittlung statt.

Bauanleitung für eine Windorgel

Mit Holunderzweigen (oder anderen markigen Holzarten) lässt sich auch eine Windorgel oder ein Windspiel bauen. Dazu benötigt man markige Holzteile in verschiedenen Längen und Stärken.

- Stärkeres Holz in Längen von 3 bis 20 cm abschneiden und mit einem Drahtbügel (zum Beispiel Schweißdraht) das innere Mark entfernen.
- Etwa 1 cm dicke Vollholzscheiben von einem anderen Gehölz abschneiden und in die Mitte ein kleines Loch bohren. Die Holzscheibe muss im Durchmesser größer sein als die hergestellten Hülsen.
- Einen Zwirn oder eine Schnur an der Vollholzscheibe bei der Bohrung verknoten und diese Aufhängung durch die Hülse fädeln.

Alle Hülsen an einem freistehenden Ast eines Baumes aufhängen und dem Wind das Klangspiel überlassen.

◆ Sand, Kies und Wasser zum Bauen und Experimentieren

Herkömmliche Kinderspielplatzkonzepte hatten nahezu immer auch eine Sandkiste. Ausgangspunkt der spielbedeutsamen Überlegungen war, dass sich Sand gut zum Bauen für die Kinder eignet, ohne dass sie sich zu sehr verschmutzen. Zudem wurde überlegt, wie man Kosten sparend und maschinell den Sandaustausch vornehmen kann. Das wiederum hat zu Sandspielkonzepten geführt, die sich kaum an den tatsächlichen Bedürfnissen der Kinder orientierten. Es standen eindeutig ökonomische Gründe im Vordergrund. Kinder wurden in der Sandkiste geparkt und eingezwängt. Experimentelles Bauspielen kann an solchen Orten nicht ausgelebt und ausprobiert werden.

Dem gegenüber haben sich im naturnahen Freibereich Bauspielkonzeptionen durchgesetzt, die aus Sandseen- und Flusslandschaften bestehen. Sie sind im Kindergarten- und Kindertagesstättenbereich wesentliche Bestandteile einer gebauten Spielumgebung. Verschiedene Baustoffe werden als Spielmaterial angeboten. Neben Sand findet man unter anderem auch Grob- und Feinkies in Sorten. Die Einfassungen bestehen aus Spiel anregenden Materialien. Oftmals dienen Böschungen als Begrenzung. Artgerechte Gehölzpflanzungen und Natursteine ergänzen diesen Ansatz. Auch die Sandablageflächen bestehen aus abgeflachten Natursteinen und liegen im Zentrum

der Spielaktivitäten. Dadurch wird der Sand kaum nach außen gespielt, was bei konventionellen Konzeptionen ein Problem darstellt.

Beim Bau solcher sinnlich und fantasieanregender Landschaften sind einige technische Bedingungen zu beachten, damit kein jährlicher Sandaustausch mehr notwendig wird. Wichtig ist beim Bau eine funktionierende Drainage und eine wenigstens 50 Zentimeter hohe Sandtiefe. In der Regel genügt es, die Drainage durch Sickerlöcher, gefüllt mit Rollkies (Körnung 16/32) herzustellen. Dann braucht ein praktisch wartungsfreies Sandspielkonzept eine Teilbeschattung. Gemeint ist ein ausgewogenes Verhältnis von Besonnung und Beschattung im Verhältnis 1 zu 3. Da im zu bauenden Spielgelände in der Regel keine großkronigen Bäume vorhanden sind, bietet sich die Beschattung durch eine Urwaldpergola (s. a. S. 143) an. Zeitgleich pflanzt man geeignete Bäume an der richtigen Stelle (in Richtung Osten für die Beschattung am Vormittag und in Richtung Süden und Südwesten für den Nachmittag). Zudem muss der Sand ständig belüftet werden. Das wird durch die spielenden Kinder erledigt, sofern es sich um ein motivationsanregendes Konzept handelt.

Werden diese genannten technischen Bedingungen beachtet, verhält sich der Sand wie ein gesunder Mutterboden, der sich selbst regeneriert. Wie man sieht, wurde bei dieser naturnahen Konzeption gleichfalls an den ökonomischen Aspekt gedacht. Die Folgekosten liegen sogar noch unter den bekannten Ansätzen, da der Sandaustausch praktisch entfällt. Andererseits bietet die Sandspielanlage, als Landschaft gebaut, noch eine Vielzahl mehr an Spielmöglichkeiten. Entsprechend hoch darf der Spielwert eingestuft werden.

Innerhalb dieser naturnahen Konzeption sollte das Wasserangebot nicht fehlen. Leider fordern die hygienischen Bestimmungen in nahezu allen Bundesländern noch immer Trinkwasserqualität. Eine lobenswerte Ausnahme macht das Bundesland Rheinland-Pfalz. Regenwasser darf, ja soll dort zum Spielen verwendet werden. Dort wurde erkannt, dass sich nur dann ein Umdenkungsprozess nachhaltig bei den Menschen einstellen wird, wenn man Kindern in einer frühen Lebensphase und somit im Spiel vermittelt, dass es sich bei Wasser um ein bedeutsames Lebensmittel handelt, das der Natur und somit uns nicht unbegrenzt zur Verfügung steht. Entsprechende Spielraumkonzepte sind daher in Planungen zu beachten.

◆ Freies Experimentieren und Bauen

Gibt es solche Sandseenlandschaften und Trockenflüsse mit einem Wasserangebot in der Einrichtung, braucht das Team beim Bauen und Experimentieren kaum einzugreifen bzw. hierfür Impulse zu geben. Das würde die Kreativität und Fantasie der Kinder nur stören. Trotzdem sollten einige Grundsätze beachtet werden. Das betrifft die „Arbeitskleider" der Kinder. Hier müssen die Eltern oftmals darauf hingewiesen werden, dass Gebrauchskleider im Kindergarten notwendig und den Kleidungsstücken aus der Boutique weit überlegen sind. Dadurch braucht auch niemand seinen vermeintlich hohen sozialen Status durch teure Kleidung unter Beweis stellen und die Kinder können sich so freier entfalten.

Wichtig ist darauf zu achten, dass die Kinder immer ausreichend mobiles Spielmaterial zur Verfügung haben. Einen Teil finden sie im Kiesfluss. Ergänzt werden kann das vorhandene Baumaterial durch Baumscheiben und dickere Äste in verschiedenen Längen. Mit diesen Werkstoffen werden die tollsten, auch in Bezug auf die Statik realen Bauwerke entstehen.

◆ Entdeckungsreisen – Beispiel „Insekten"

Auch gibt es in diesen Konzeptionen, wie überall im Naturspielraum, eine Menge unter den Steinen zu entdecken. Hier setzt das Team mit seiner pädagogischen Arbeit an, indem es immer wieder im Trockenfluss auf Entdeckungen geht und die versteckten Kleinlebewesen für einige Zeit zielorientiert mit den Kindern aufsucht und beobachtet.
Nehmen wir an dieser Stelle beispielhaft die Insekten. Es gibt sie überall, und wir brauchen sie, auch wenn viele Menschen diese Lebewesen als „Ekeltiere" betrachten. Man sollte jedoch bedenken, dass diese viel verkannten Tiere, oft verblüffend schön sind und wertvolle ökologische Dienste leisten, die uns unser überentwickeltes Leben erst ermöglichen. Aus diesem Grunde sollten bereits die Kinder im Kindergarten mehr über die fantastischen Tiere erfahren und wie sie auf komplexe Weise dazu beitragen, dass die lebenserhaltenden Systeme unseres Planeten auch weiterhin funktionieren. Im Kindergarten und Kindertagesstättenbereich kann wirkungsvoll damit begonnen werden, unsere Artenschutzethik weiter zu fassen und neu zu definieren.

Solche Themen auch mit Kindern zu bearbeiten ist gar nicht so schwer. Den Beleg lieferten vor einiger Zeit die „Dinos", welche als bedeutsame Werbeträger für die Medienverbundindustrie herhalten mussten. Nahezu alle Kinder lebten damals in ihrer Fantasie im Reptilienzeitalter. Die heutigen Insekten, welche übrigens seit mindestens 300 Millionen Jahren auf der Erde leben, sind für Kinderaugen nicht viel anders aufgebaut. Nur sind sie viel kleiner. Täglich arbeiten sie im Stillen, leisten für den gesamten ökologischen Haushalt elementare Aufgaben und haben Schlüsselpositionen in allen Nahrungsketten besetzt. Sie beseitigen zum Beispiel tote organische Materie und geben dabei dem Boden wertvolle Nährstoffe zurück. Alle Früchte und viele Gemüsesorten sind auf die Befruchtung durch Insekten angewiesen. Es ist richtig, dass manche Insekten Ernten dezimieren. Es gibt aber auch räuberische Insekten, welche diese wiederum in Schach halten. Ein gutes Beispiel ist der Marienkäfer mit seinen Larven. Mit Hochgenuss fressen sie Blattläuse. Das gilt auch für den Ohrwurm, für den der Naturgarten unbedingt Nisthilfen anbieten sollte.

Auf der Erde leben schätzungsweise 15 bis 30 Millionen Arten von Insekten. Knapp mehr als eine Million davon wurden erst bestimmt und beschrieben. Die Menge aller Insekten ist so groß, dass sich viele andere Tierarten auf den Insektenfang bei der Nahrungssuche spezialisiert haben. Um von dieser Aussage eine Vorstellung zu bekommen, sollen einige Beispiele genannt werden, die für uns Europäer eher unvorstellbar sind. So kann ein Schwarm afrikanischer Wüstenheuschrecken aus 50 Milliarden Einzeltieren bestehen. Die Arbeiterinnen eines einzigen Bienenstockes können bis zu drei Millionen Blüten pro Tag bestäuben. Die Biomasse, also das Gesamtgewicht aller Ameisen und Termiten im Amazonasbecken macht schätzungsweise ein Drittel des Gesamtgewichts aller dort lebenden Tiere aus, die Menschen eingeschlossen. Vergleicht man die vermutete Anzahl aller Insekten mit den auf der Erde lebenden Menschen, entsteht ein Verhältnis von 1 zu 200 Millionen. Aus diesem Grunde kann man sagen, dass die Beherrscher der Erde nicht die Menschen, sondern eigentlich die Insekten sind. Aus dem Buch von Christopher O'Toole: Faszinierende Insekten. Wunder und Rätsel einer fremden Welt (2000), soll ein Auszug zitiert werden, der die Insekten in die Nähe der High-Technologie bringt. Man wird beim Lesen in der Tat sehr nachdenklich.

„Stellen Sie sich vor, Sie wären der Generaldirektor einer High-Tech-Maschinebaufirma, die auf dem besten Weg zur Roboter-Technologie ist. Ihr Chef-Designer legt Ihnen die Idee für ein neues Projekt vor. Wie würden Sie reagieren, wenn dieses Projekt nichts weniger wäre als der Entwurf für eine Million oder noch mehr Typen eines Roboters mit folgenden technischen Besonderheiten?

Hardware:

- Gepanzerte, sich selbst kopierende Kleinstroboter mit der Fähigkeit, fast alle terrestrischen Lebensräume zu besiedeln und fast alle verfügbaren Ressourcen zu beherrschen.
- Die meisten dieser Roboter können fliegen und viele sind außerdem noch schnelle Läufer und/oder Springer.
- Viele Typen haben zwei oder mehr Konstruktionsphasen, wovon jede in einem Lebensraum operiert, der sich von dem des Endprodukts unterscheidet.
- Alle haben Bordsensoren, um visuelle, akustische und geruchliche Daten zu sammeln, und alle haben Transmitter, um Töne, Gerüche und in einigen Fällen auch Lichtsignale zu senden.
- Viele Modelle dieses Roboters beherrschen die chemische Kriegsführung und nutzen zu diesem Zweck entweder chemische Verbindungen, die sie Pflanzen entziehen oder Substanzen, die sie selbst synthetisieren.
- Alle Roboter erzeugen ihre Energie selbst, indem sie Ressourcen tierischen oder pflanzlichen Ursprungs nutzen. Einige verwerten Ressourcen, indem sie mit einer Vielfalt von Pilzen, Bakterien oder einzelligen Tieren zusammenarbeiten.
- Einige Arten dieses Roboters sind darauf programmiert, Bestandteile anderer Roboter zu stehlen und sie in ihre eigenen Strukturen einzubauen.
- Viele Typen sind darauf programmiert, kooperativ in Gruppen zu arbeiten. Diese Gruppen schaffen und erhalten ihre eigenen Kleinlebensräume, indem sie chemisch selbst synthetisierte Baumaterialien benutzen und/oder Materialien einsetzen, die sie ihrer Umwelt entziehen.

Software:

- Alle Typen haben einen Bordcomputer mit einer Software, die visuelle und chemische Signale verarbeiten kann. Einige können auch akustische Signale verarbeiten.
- Alle Softwareelemente sind mit einer Systemuhr und ausreichend Speicherkapazität ausgestattet.

Vielleicht haben Sie nun für sich den Schluss gezogen, dass diese technischen Spezifizierungen das Produkt eines umnachteten Gehirns sind, dass es sich um die Ergüsse eines verrückten Wissenschaftlers mit Größenwahn und dem Hirngespinst von unbegrenzten Möglichkeiten handelt. Aber Sie irren sich. Solche sich selbst kopierenden Roboter mit exakt diesen Eigenschaften gibt es. Sie beherrschend die Erde seit mindestens 300 Millionen Jahren. Ihre Wechselbeziehungen mit Pflanzen waren Voraussetzung für die Existenz des Menschen. Wir nennen diese Roboter Insekten, und ohne sie würden wir zu Grunde gehen."

Eine außergewöhnliche Beschreibung, die uns Menschen nachdenklich und bescheidener stimmen sollte, da wir mit der Natur anders umgehen, sie ausbeuten und zerstören anstatt mit ihr zu kooperieren und aus ihr zu lernen.

Für die Kinder, denen wir die Insekten näher bringen wollen, könnte eine ähnliche Geschichte am Anfang der Exkursion zum Trockenfluss stehen. Wir sammeln uns in einer Runde und beginnen zu erzählen:

„Ihr alle kennt bestimmt Roboter. Wie ich erfahren habe, soll es seit vielen Jahren ganz nah um uns herum einige davon geben. Es sind jedoch nicht die Pokémon mit den Namen Pikachu, Ash, Misty, Myrapla oder Bisasam. Sie haben noch ganz andere Qualitäten. Blitzschnell können sie sich vervielfältigen. Ruck zuck sind aus einem Roboter Hunderte entstanden. Unglaublich viele bewohnen plötzlich die Erde. Man findet sie praktisch überall.

Sie können besser fliegen als Flugzeuge und Raketen. Zudem können sie auch noch weit springen und blitzschnell laufen. Sie können sich auch verwandeln. Einmal halten sie sich im Wasser und das andere Mal auf der Erde. Manche graben sich auch in der Erde ein und verstecken sich für einige Zeit.

Jeder dieser Roboter kann unglaublich gut riechen, sehen und hören. Geräusche und Gerüche aus über einem Kilometer können noch aufgenommen werden. Natürlich können diese Roboter auch Töne und Lichtsignale so weit absenden. Wird einmal gestritten oder muss man sich gegen andere wehren, produzieren sie Gift oder stinkende Substanzen. Das ist für den anderen sehr unangenehm. Die Roboter, von denen ich spreche, produzieren ihre Energie selbst. Sie brauchen keinen Strom oder Ofen, um sich zu wärmen. Ihre Energie bekommen sie von Tieren und Pflanzen. Mit diesen sind sie einen Vertrag eingegangen. Jeder hilft dabei dem anderen. Man arbeitet deshalb gut zusammen.

Nun gibt es jedoch einige Roboter, die für andere gefährlich werden können. Sie stehlen den Robotern wichtige Teile, welche diese gesammelt haben. Manchmal sogar deren Wissen, das sie für sich selbst ausnutzen. Ganz schön gemein. Aber das trifft man ja auch bei einigen Menschen. Die meisten arbeiten aber prima zusammen, helfen sich gegenseitig beim Bauen, nutzen das Baumaterial in ihrer direkten Umgebung aus und sorgen dafür, dass ihre Umwelt immer in Ordnung ist.

Wenn diese Roboter unterwegs sind, arbeitet der Bordcomputer ständig. Alle Lichtsignale, Geräusche und Gerüche werden verarbeitet. Nichts entgeht ihnen. Sie sind immer hellwach und hochkonzentriert. Blitzschnell können sie auf alles reagieren. Das geht so den ganzen Tag. Nachts gehen einige davon schlafen, wenn sie nicht auf Nachtarbeit programmiert sind.

Aber das kennen wir ja. Auch wir gehen nachts schlafen, damit wir an nächsten Tag ausgeruht wieder auf Entdeckungsreise gehen können. Mal sehen, ob wir gemeinsam einige dieser fantastischen Roboter in unserem Naturgelände finden. Vielleicht suchen wir zuerst einmal im Kiesfluss. Keiner braucht vor den Robotern Angst zu haben. Sie sind viel kleiner wie wir. Das habe ich noch vergessen zu sagen."

Nun gehen wir sicherlich spannungsgeladen mit den Kindern auf die Suche nach den vermeintlichen Robotern. Gesucht werden Insekten. Das kann ein Schmetterling sein oder ein Marienkäfer, der selbst im Winter und im Schnee bei etwas Glück anzutreffen ist. Marienkäfer und noch viele andere Insekten haben nämlich einen Gefrierschutz im Körper, der ein Vereisen der Körperflüssigkeit verhindert. Sie produzieren selbst Glycerol. Bei unseren Autos nutzen auch wir diesen Sachverhalt, indem wir dem Wasser Frostschutzmittel zusetzen. Vielleicht finden wir aber auch einen Käfer oder eine Laubheuschrecke. Für die ExkursionsteilnehmerInnen eher unangenehm könnte die Begegnung mit einer Pferdebremse sein. Die Wahrscheinlichkeit im Naturgarten ist jedoch ausgesprochen gering. Schon eher möglich ist eine Begegnung mit Libellen, sofern sich in der Nähe ein Teich oder Gewässer befindet.

Keine Angst, Libellen haben noch keinen Menschen gebissen, auch wenn sie aus der Nähe gefährlich und angriffslustig aussehen. Folgen wir dem Geräusch der Grille, die vielleicht gerade ein Zirpkonzert veranstaltet, kann es schon sein, dass wir dieses Tier einmal aus der Nähe kennen lernen. Wir werden über die extrem langen Antennen am Kopf überrascht sein, die häufig länger sind als der restliche Körper. Bestimmt werden wir mit etwas Geduld einige Ameisen finden. Ameisen haben übrigens wie Bienen, Wespen, Hummeln und Hornissen ein hoch entwickeltes Raumempfinden. Nur so finden sie in ihr Nest zurück.

Finden wir mit den Kindern Insekten, können wir auf die eigentliche Geschichte zurück kommen. Wir können ihnen erzählen, dass alle gefundenen und beobachteten Tiere all das beherrschen, was wir von den so genannten Robotern um uns herum zuvor erzählt haben. Wir werden natürlich auch noch andere Tiere suchen und von deren Leben erzählen. Das betrifft Spinnen genau so wie den Regenwurm, der sich sicherlich unter einem der Grobkiesel versteckt hat.

Themengärten

Ein ganz anderes Betätigungsfeld bieten Themengärten. Sie werden in der Regel außerhalb der eigentlichen Spielaktivitäten angelegt. Das betrifft Eingangsbereiche, Begrenzungen von Festbelagsflächen oder zum Beispiel Fassadenbegrünung vor den Fenstern. Diese Kleinflächen sollten vor den Kinderaktivitäten geschützt und durch Naturzäune eingefasst werden. Mit den Kindern bespricht man zuvor die entsprechenden Spielregeln. Hier handelt sich im Kindergarten und Kindertagesstättenbereich um ein Angebot, das pädagogisch betreut werden muss.

Eher unkompliziert zu bauen ist eine Kräuterspirale, sofern man keine zu hohen Ansprüche an die Pflanzenauswahl stellt. Diese können jedoch mithelfen, das Thema Kräuter und Salz stärker in unser Ernährungsbewusstsein zu rücken. Aus diesem Grunde empfiehlt sich ein kleiner und nachdenkenswerter Exkurs in die Welt der Kräuter.

Kräuter und Salz

Kräuter und Gewürze können vielfältig auf unserem Speiseplan Anwendung finden. Sie verändern oder verstärken den Geschmack dabei auf interessante Weise. Obwohl wir es eigentlich besser wissen sollten, verwenden wir heute eher Kochsalz zum Würzen als Kräuter. Das entspricht wohl der heutigen Zeit des Fast Food, das inzwischen internationale Verbreitung gefunden hat. Zeit ist rar geworden. Speisen salzen braucht weniger Zeit. Man könnte meinen, dass selbst das Kochen an sich in unserem Bewusstsein zu einer eher lästigen und mühseligen Arbeit geworden ist.
Im Gegensatz zu Kochsalz, das enorme Mengen Wasser im Körper bindet, bringen Kräuter und Gewürze aus ernährungsphysiologischer Sicht Vorteile. Viele davon wirken antibakteriell, andere speichel- und magensaftanregend. Kräuter sind aber auch Vitaminspender, die in vielen unserer gekauften Lebensmittel nicht mehr ausreichend vorhanden sind. Zudem erreicht man durch den bewussten Umgang mit Kräutern und Gewürzen, dass man auf viele Industriegewürze mit ihren Geschmacksverstärkern verzichten kann. Spannend wird es dann, wenn man sich auch unseren heimischen Wildkräutern nähert. Die sind praktisch überall zu finden. Wir müssen sie nur wieder entdecken und Wert schätzen lernen, denn „Essen hält Leib und Seele zusammen". Dieser weise und alte Spruch zeigt anschaulich, dass es einen Zusammenhang zwischen Essen, Körper und Seele gibt. Beim Fast Food, dem schnellen „Eben mal so nebenbei Essen" geht dieser Zusammenhang verloren. Man schlingt aufgrund des vermeintlichen Zeitmangels das Essen hinunter. Ruhe, Abstand zum Alltag und soziale Beziehungen können nicht mehr ausreichend erlebt werden. Interessant bei diesen zunehmenden, krankmachenden Essgewohnheiten ist, dass aufgrund einer Umfrage knapp 80 Prozent der befragten Imbissbesucher zugegeben haben, dass Fast Food ungesund ist und sie trotzdem wieder hingehen werden. Bedenken wir aber, dass der Mensch bei einer durchschnittlichen Lebenserwartung von 75 Jahren etwa 80 000 Mahlzeiten einnimmt, die wir als „Treibstoff" für unseren Körper verstehen sollten, ist das schon eine elementare Aussage. Das entspricht übrigens etwa 75 Tonnen oder dem Inhalt von ungefähr 5 vollen Eisenbahnwaggons. Da unsere dauerhaften Essgewohnheiten zwischen dem 10. und 20. Lebensjahr geprägt werden, ist es erstaunlich, dass wir zulassen, dass unsere Kids und Jugendlichen immer mehr Fast Food zu sich nehmen und ein regelrechter McDonald-Kult entstanden ist. Das hat natürlich Konsequenzen.

Nicht nur, dass soziale Beziehungen beim Essen verloren gehen und zwangsläufig Hektik weiter verstärkt wird, es werden automatisch auch Krankheiten vorprogrammiert. Uns allen ist inzwischen bekannt, dass ernährungsbedingte Krankheiten im Ansteigen begriffen sind. Diese bringen den Betroffenen Leid, Schmerzen und Elend. Unsere derzeitige Gesundheitssituation müsste demnach eher als „Krankheitssituation" beschrieben werden. 30 bis 50 Prozent der Bevölkerung haben Übergewicht. Dadurch entstehen Nachfolgeerkrankungen wie Herz-Kreislauf-Erkrankungen, Diabetes, Gicht, Arteriosklerose, Karies und Allergien, um nur diejenigen zu nennen, die die „Krankheitshitliste" anführen. Diese krankmachenden Essgewohnheiten kosten inzwischen den Steuerzahler jährlich über 270 Milliarden Mark.

Nimmt man sich wieder mehr Zeit zum Kochen, hat das natürlich Folgen. Wichtig wäre auch eine neue Rollenverteilung innerhalb der Familie, denn wir wollen nicht propagieren, dass Frauen wie früher wieder mehr Zeit in der Küche verbringen sollen. Es geht darum, Kochen wieder als ein gemeinsames Familienerlebnis zu entdecken und anzuerkennen. Um das zu erreichen, muss man sich absprechen, den Speiseplan miteinander planen, Nahrung einkaufen oder da und dort auch einmal selbst anbauen oder in der Natur sammeln und das Kochen nicht als Nebensache verstehen.

In diesen vielen gemeinsam erlebten Aufgabenstellungen erlebt sich die Familie wieder intensiver. Kommunikation findet wieder statt. Vielleicht ist das auch ein Weg, der zwischen Jung und Alt Beziehungen aufbaut, die sich nicht nur gegen den Konsum vorgefertigten Industriefutters wenden, sondern auch als Werte verstanden werden dürfen, die mit Mitmenschlichkeit zu tun haben. Beziehen wir diese Sachverhalte auf unsere Kinder, unsere Zukunftsgeneration, müssten wir endlich begreifen lernen, dass die inzwischen entstandenen Essgewohnheiten zur existenziellen Bedrohung für uns geworden sind.

Wie können wir bei kritischer Betrachtung also zulassen, dass uns die Industrie mit solchen krankmachenden Produkten angeblich den Alltag zu erleichtern verspricht und in der Folge andere Industriezweige davon profitieren, indem sie pharmazeutische Produkte anbieten, welche die dadurch entstandenen Krankheitsbilder wieder in Ordnung bringen sollen? Eines der aktuellsten Beispiele ist die derzeitige BSE-Krise. Dazwischen aber liegt das „Medium Mensch", das zunehmend den falschen Versprechungen und scheinbar leichten Lösungen durch Konsum erlegen ist. So ist zum Beispiel in der heutigen Zeit das Kind zum attraktivsten Ansprechpartner geworden, wenn es um die „süße Industrie" geht. Schon alleine das Wort „süß" inspiriert in uns Erwachsenen positive Assoziationen. Tatsache ist aber, dass alleine von den 5- bis 10-jährigen Kindern im Jahr von ihrem Taschengeld etwa 1 Milliarde Mark für Süßigkeiten ausgegeben werden. Der Grund dafür liegt darin, dass die Werbung verspricht, verloren gegangene mitmenschliche Werte wie Wärme, Zuwendung, Zeit usw. durch den Erwerb und Verzehr ihrer Produkte zu ersetzen. Alle Probleme können, so will man glauben machen, durch ihre Produkte gelöst werden und dem Konsumenten erscheint das, zumindest oberflächlich betrachtet, auch so zu sein. Kinder vertrauen den Botschaften der Werbung und durchschauen dabei noch nicht den Sinn der verkaufsfördernden Aufmachung. Auch Erwachsene gehen längst in diese Falle. Nur so ist erklärbar, dass diese in der Werbung so positiv besetzten Ernährungsergänzungen gekauft und unseren Kindern verabreicht werden. Das gilt für die Vitaminbonbons genauso wie für die Pausenschnittchen mit „mehr Milch und Schokolade". Manchmal findet man darin sogar Alkoholanteile, die angeblich der Konservierung dienen und Sucht auslösend wirken. Was wir tatsächlich gekauft haben und unseren Kindern anbieten, ist überwiegend eine ungesunde, Vitamin-B-raubende und zahnschädigende Kalorienbombe.

Dieser traurigen Entwicklung unserer Essgewohnheiten können wir in spannender und entdeckender Weise entgegen wirken. Die uns umgebende Natur hält nämlich einen reich gedeckten Gabentisch bereit. Wir müssten ihn nur wieder sehen lernen. Auch das hat man uns in der Zwischenzeit im Rahmen fremdbestimmter und medial geprägter Lernprozesse vorenthalten. Wer kennt schon den Löwenzahn als Gemüse? Wem ist die Brennnessel, das Hirtentäschelkraut, der Gundermann, Gänseblümchen, Spitzwegerich, Sauerampfer, Bärlauch, Wiesenkerbel, noch als Nahrungsmittel ein Begriff? Kaum jemand kennt diese Wildkräuter noch. Uns wurde gelehrt, dass es sich eher um Unkräuter handelt, die mit Nahrungsmitteln wenig zu tun haben und die mit Herbiziden vernichtet werden müssen.

Wie aber soll Achtung vor der Natur entstehen, wenn wir weiterhin als „Nichtwissende" dieses wertvolle Gut missachten und nicht für uns nutzen? Gehen Sie doch einmal auf Entdeckungsreise in die Natur.
Lernen Sie, was uns die Natur beschert, und probieren Sie einfach einmal aus, wie Ihre eigene Unkrautsuppe auf der selbstgemachten Speisekarte bei Ihrer Familie, Ihren Gästen oder im Kindergarten bei den Kindern ankommt. Daher noch ein leckeres Rezept aus der Natur.

Sauerampfersuppe

Zutaten:
Etwa 3 Hand voll frische Sauerampferblätter (draußen in der Natur gesammelt), 30 g Margarine, 30 g Weizenmehl, 1 l Fleischbrühe, 1 Eigelb, 125 g Sahne, Pfeffer und würzige Kräuter, wenn man auf Salz verzichten will.

- Die Sauerampferblätter waschen und gut abtropfen lassen.
- Etwa 2/3 der Blätter mit der Margarine in einem Topf anschmoren, bis sie bräunlich werden.
- Mit dem Mehl überstäuben, noch einmal kurz anbräunen und mit der Brühe ablöschen.
- Alles gut aufkochen lassen.
- Nun die Masse mit der Flüssigkeit durch ein Sieb seihen, mit Pfeffer und Salz oder den ausgesuchten Kräutern würzen und mit dem Eigelb und der Sahne legieren.

Die restlichen Sauerampferblätter werden fein gehackt in eine Terrine oder Suppentasse gegeben. Darüber wird die Sauerampfersuppe gegossen. So kann sich das Aroma des Sauerampfers voll entfalten.
Wir wünschen allen einen guten Appetit!

◆ Historischer Exkurs in die Welt und Tradition des Gartens

Möchten wir Themengärten Kindern näher bringen, sollten wir Einiges über die Entstehung der Hausgartenkunst wissen. Ein kleiner Ausflug in die Vergangenheit, mit bemerkenswerten Entwicklungen, soll daher als Vorspann dargestellt werden. Begonnen hat alles in der Antike, lassen wir einmal die Erfahrungen östlicher und orientalischer Kulturen unbeachtet. Die älteste Kunde vom Garten gibt das indogermanische Wort „gher". Es handelt sich um die Ursprache aller europäischen und indischen Sprachen und führt in die Zeit um ca. 3000 bis 1000 v. Chr. zurück. Gher hatte damals die Bedeutung von „fassen". Daraus entwickelte sich das Wort „ghortos", welches „das Eingefasste, das Umfasste" inhaltlich beschreibt. Es war also der Zaun, der dem Garten zu seinem Namen verhalf. Der Garten, das Zaunland war unverletzbar und heilig. Wer dieses Stück Land unbefugt betrat, musste mit hohen Strafen rechnen. Genutzt wurde der Garten, um den Hof vor Feinden und wilden Tieren zu schützen.

Nachts wurde das Vieh dort zusammen gehalten. Einen Teil bestellte man als Nutzgarten. Durch Entdeckungen aus den Pfahlbauten am Bodensee wissen wir, was unsere Vorfahren damals angebaut haben. Man fand Mohnöl aus der Jungsteinzeit. In recht gut erhaltenen Eichensärgen wurden Äpfel entdeckt. Gemüsepflanzen wie Kohl, Erbsen, Rüben, Puffbohnen, Pastinak, Feldsalat, Möhren, Linsen, Ampfer-Arten, Wegerich, Wegwarte, Brennnessel und Guter Heinrich, selbst Kümmel und Petersilie standen auf dem Speiseplan. Noch war die Kräuter- und Heilkräuterkunde nicht im Gespräch. Diese differenziertere Betrachtung gewisser Pflanzen begann vermutlich erst durch die „Materia medica" von Hippokrates. Dort wurden 400 Heilkräuter und ihre Anwendungsmöglichkeiten beschrieben. Gleichfalls aus dieser alten Zeit bekannt geworden ist ein zehnbändiges Kompendium des griechischen Philosophen Aristoteles (etwa 372 bis 287 v. Chr.) mit dem Titel „Die Geschichte der Pflanzen". Zu uns nach Germanien kamen die Kräuterpflanzen mit den Römern. Danach waren sie die Domäne der Reichen, Adligen und der Klöster. Das überlieferte Volkwissen der Bauern, die zu dieser Zeit als Hörige oder Leibeigene in starker Abhängigkeit vom Grundherrn standen, wurde wenig beachtet oder man hat ab dem Mittelalter die weisen Kräuterfrauen bei der Entstehung der Klöster als Hexen verbrannt. Sie standen in Konkurrenz zu den eigentlichen Zielsetzungen der geistlichen Herrschenden, da man sich im Kloster das Wissen der Kräuterkunde gleichfalls zu Eigen gemacht hatte.

Kaiser Karl der Große (812 n. Chr.) ließ in seinem „Capitulare de Villis" genau bestimmen, welche Pflanzen im Garten angepflanzt werden sollten. Der Grund dafür lag an seinem Status als oberster Grundherr, der sich und sein Gefolge von den Erträgen seiner Güter ernähren musste.
Aus dieser Situation heraus entstand das „Capitulare des villis et cutis imperialibus", eine Landgüterverordnung, die detaillierte Vorschriften zur Verwaltung festgeschrieben hat. Man findet dort 73 Nutzpflanzen, 16 verschiedene Obstsorten und eine Reihe von Arzneipflanzen. Bis heute ist jedoch nicht ganz gesichert, inwieweit Karl der Große die Landgüterverordnung veranlasst hat oder ob es möglicherweise sein Sohn Ludwig der Fromme war, der sie 796 n. Chr. in seinem Königreich Aquitanien in Südfrankreich verfasst haben könnte, da bei den Obstgehölzen unter anderem die Feige und der Lorbeerbaum auftauchen, die sich in unserem Klima nicht entwickeln konnten.
Empfohlen wurden:
Weiße Lilie, Rosen, Bockshornklee, Frauenminze, Salbei, Raute, Eberraute, Gurken, Melonen, Flaschenkürbis, Saubohnen, Kreuzkümmel, Rosmarin, Kümmel, Kichererbse, Meerzwiebel, Schwertlilie, Drachenwurz, Anis, Koloquinten, Cichorie, Knorpelmöhre, Laserkraut, Salat, Schwarzkümmel, Weißer Senf, Brunnenkresse, Klette oder Pestwurz, Poleiminze, Schwarzes Gemüse, Petersilie, Sellerie, Liebstöckel, Sadebaum, Dill, Fenchel, Endivien, Diptam, Senf, Bohnenkraut, Krauseminze, Wasserminze, Waldminze, Rainfarn, Katzenminze, Mutterkraut, Mohn, Mangold, Haselwurz, Eibisch, Malven, Möhren, Pastinak, Gartenmelde, Amarant, Kohlrabi, Kohl, Bärlauch, Schnittlauch, Porree, Rettich, Schalotten, Zwiebeln, Knoblauch, Krapp, Artischocken oder Weberkarden, Große Bohnen, Felderbse, Koriander, Kerbel, Springkraut, Muskatellersalbei, Hauswurz.

An Obstsorten wurde angeordnet:
Apfelbaum, Birnbaum, Pflaumenbaum, Speierling, Mispelbaum, Edelkastanie, Pfirsich, Quitte, Haselnussstrauch, Mandelbaum, Maulbeerbaum, Lorbeerbaum, Pinie, Feige, Nussbaum, Kirschbaum.

Wie man aus dieser Aufzählung entnehmen kann, haben sich einige Kräuter bis heute als Standard auf unserem Speiseplan erhalten. Andere sind uns eher unbekannt.
Für einen weiteren Aufschwung im Umgang mit Nutz- und Heilpflanzen sorgten die Mönche aus den Orden der Benediktiner und Zisterzienser, als sie das Christentum verbreiteten. Ihre Aufgabe war es neben der Verbreitung des Christentums, auch aus der vorgefundenen Wildnis fruchtbares Land zu machen und die Erde zu bebauen. Ihre Kenntnis hatten sie von den antiken Schriften, die in mühevoller Arbeit abgeschrieben und in den Klosterbibliotheken aufbewahrt wurden. Die Klöster lebten damals in Selbstversorgung. Aus diesem Grunde besaß ein Kloster auch immer einen Klostergarten. Die Kartäusermönche mit ihren strengen Ordensregeln hatten gleich eine ganze Reihe von Gärten.

Da im Mittelalter die Heilkunst eng mit religiösen Vorstellungen verbunden war, blieb es nicht aus, dass die medizinische Versorgung überwiegend in den Klöstern stattfand. Apotheken und Ärzte gab es damals noch nicht. Durch Erfahrung, Austausch von Wissen innerhalb der Klöster und Überlieferung entstanden somit auch Heilpflanzengärten in den Klöstern. Aus Minze, Beifuß, Löwenzahn und Schlafmohn wurde Sirup hergestellt. Aus Huflattich und Melisse stellte man Heilwasser her. Brennnessel, Basilikum, Eberraute, Weinraute, Andorn, Minze, Fenchel, Endivie, Schafgarbe, Malve, Eibisch und Dill wurde getrocknet und zu Tees verarbeitet.

Besonders bekannt ist der St. Gallener Klosterplan aus dem Jahre 816 n. Chr. Erstmals taucht eine Gartenplanung auf, die vier unterschiedliche Gärten darstellt: Gemüsegarten, Kräutergarten, Baumgarten und Garten am Kreuzgang. Man findet dort 49 Pflanzenarten, die jedoch eine verblüffende Übereinstimmung mit der Landgüterverordnung haben. Erwähnenswert bei der Auseinandersetzung mit der Geschichte des Gartens und der Kräuterkunde ist auch die „Physika" der Hl. Hildegard von Bingen (12. Jahrhundert). Sie war Äbtissin des Klosters von Bingen und gleichzeitig die erste Ärztin und Naturforscherin Deutschlands. Neben der Physika als erstes Buch, das 200 Kräuter beschreibt, schrieb sie noch weitere sieben Pflanzenbücher.

Zwischen Hippokrates und der Hl. Hildegard von Bingen liegen natürlich noch viele andere bemerkenswerte Entwicklungen und Ansätze bei der Suche nach den richtigen und geeigneten Kräutern. Auch danach hat man sich damit beschäftigt. Man findet bei den Recherchen Hinweise aus den Wurzgärten auf den Burgen und aus den mittelalterlichen Städten Beschreibungen von Bauerngärten. Einen entscheidenden Aufschwung und reges Interesse an Pflanzen brachte auch die Renaissance, wo ein besonderer Forscherdrang bei den Menschen erwachte. Beste Einblicke in diese Zeit geben daher die damals erschienen Kräuterbücher mit ihren Holzschnittillustrationen, die durch die Erfindung der Buchdruckerkunst im 15. Jahrhundert zur Hochblüte kamen. Das „Buch der Natur" von Konrad von Mengenberg (1350) dürfte das erste Buch mit Holzschnitten von Pflanzen gewesen sein. Es ging 1482 in Druck. 1530 erschien im „Contrafayt Kreuterbuch" von Otho Brunfels ein Buch, das naturgetreue Pflanzendarstellungen zeigte. Brunfels war Stadtarzt in Bern und hatte den ehrenvollen Beinamen Kräutervater. Ihm folgte der Leibarzt des Markgrafen von Ansbach Leonhard Fuchs, der das Werk „New Kreuterbuch" schrieb. Es erschien 543 und beschrieb bereits 500 Gewächse. Ein weiterer Kräutersammler war Hieronymus Bock. Er nahm in seinem Werk „Kreuterbuch" (um 1539) 800 Pflanzen auf. Dann kennen wir sicherlich den Namen Paracelsus, der eigentlich Theophrastus von Hohenheim hieß. Bemerkenswert bei ihm ist, dass er sich in seinen Schriften dazu bekannte, dass ein großer Teil seines Wissens aus der einfachen Bevölkerung stammt.

Ab etwa 1600 begann man, neben dem Nutzen der Pflanzen, die Nährwert und Heilwirkung hatten, auch die reinen Zierpflanzen zu beschreiben. Besonders bekannt wurden dabei die Gärten der Fugger in Augsburg. Unter den über 700 Rosenstöcken gedieh dort auch die erste Moschusrose, die aus China über Handelswege zu uns kam. Die Fuggerzeit, Blütezeit des Handels im großen Stil, war auch die Entdeckerzeit. So kamen mehrere exotische Gewächse auch zu uns nach Deutschland. Aus Amerika kamen zum Beispiel die Kartoffel, Kapuzinerkresse, Dahlie und die Sonnenblume. Aus der Türkei stammen Tulpe, Hyazinthe, Flieder und Jasmin. Es war im Jahre 1559 eine Sensation, als im Garten des Augsburger Ratsherrn Johann Heinrich Herward die erste Tulpe blühte. Eine besondere Sammelleidenschaft begann. Horrende Summen wurden für eine besondere Tulpenzwiebel bezahlt. Die wohl teuerste Tulpenzwiebel, eine „Semper Augustus" kostete 13000 Gulden. Nicht selten wechselte ein Pferdewagengespann den Besitzer gegen eine Tulpenzwiebel. Wir kennen auch heute diese „Tulpomanie", wie man damals das Verhalten nannte, geht es um gewisse Sammelleidenschaften. Das gilt auch für den Breslauer Arzt Dr. Laurentius Scholz. Nach Überlieferungen wissen wir, dass er in seinem Garten die damals seltene Kartoffelpflanze hegte und hätschelte. Das war im Jahre 1590. Es war nur wenigen ausgesuchten Gästen gestattet, diese damalige Seltenheit zu bewundern. Heute ist die Kartoffel zu einem Grundnahrungsmittel geworden. Wie bereits genannt, kam sie aus Amerika. In Nürnberg erscheint ein Buch eines Arzneidoktors namens Johann Helwig. Er beschreibt die dortigen „kostbaren Wurtz- und Lustgärten" und die „Blumenbethlein". Beschrieben werden unter anderem Tagetes, Lilien, Türkenbund, Ringelblume, Fingerhut, Kornblume, Akelei, Malve, Löwenmaul und gefüllter Rittersporn.
Fürstbischof von Eichstätt, Johann Conrad von Gemmingen ließ für 3000 Gulden im Jahre 1613 Kupfer-

stiche der Blumen aus seinem Garten anfertigen. Auf 367 Stichen werden 1000 Blumen gezeigt. Neu dabei ist, dass erstmals auch heimische Pflanzen abgebildet werden, die bei uns in Wäldern und Wiesen wachsen. Das war das Schnee- und Maiglöckchen, der Fingerhut, die Bergflockenblume, Türkenbund, Weidenröschen, Pfirsichblättrige Glockenblume und die Mondviole.

Wenngleich ein Teil der Gartenkunst, sollen die herrschaftlichen Gärten des Barock nicht näher betrachtet werden. Wohlstand drückte sich damals in der Gartenkunst aus. Pflanzen wurden zu Kugeln, Säulen und Tiermotiven verstümmelt. Das beste Beispiel ist der Park im Schloss Versailles des Sonnenkönigs Ludwig XIV., der diese Entwicklung maßgeblich beeinflusste, die selbst bei den wohlhabenden Städtern und in der Folge der wohlhabenden Bauern und der Klöster nicht Halt machte.

Vergleichen wir heute die Mehrzahl unserer Hausgärten, gestaltet mit einer Vielzahl von exotischen Pflanzen und Friedhofsgehölzen, scheinen wir wenig aus der Geschichte der Gartenkunst gelernt zu haben. Es mag daran liegen, dass diese Tradition und der Ursprung des Gartens zu wenig bekannt sind. Es kann aber auch darin begründet sein, dass wir uns inzwischen einfach zu sehr aus dem historisch gewachsenen Naturkreislauf entfernt haben, weil Gartengestaltung auch in unserer Zeit eher dekorativen und repräsentativen Gesichtspunkten folgt und nach leichter Pflege verlangt, sodass wir die Sichtweise für schöne und naturnahe Gärten verloren haben.
Wir sollten daher unseren Kindern, der Zukunftsgeneration, dieses wertvolle Gut wieder bereitstellen. Fangen Sie im Kindergarten und Kindertagesstättenbereich damit an. Lernen Sie selbst wieder zu begreifen, was ein Garten alles leisten und bieten kann. Er wird Sie an die Ursprünge unseres menschlichen Daseins zurück führen und Ihren Tisch reich bescheren. Machen Sie dabei am Anfang kleine Schritte. Sie brauchen in Ihrer Einrichtung keine aufwändige Gartenanlage. Oftmals genügen Hochbeete oder ein Kräuterbeet als Einstieg.

◆ Die Kräuterspirale

Sie ist der Klassiker beim Anbau von Kräutern und braucht wenig Platz und Arbeit. Zudem kann sie als themenbezogener Blickfang einen Teil der Festbelagsflächen vor Kinderhäusern einfassen. Wichtig bei der Standortwahl ist jedoch nicht nur Kräuterwissen zu besitzen, sondern auch Kenntnis davon zu haben, welche Standorte und Bodenmaterialien ganz bestimmte Kräuter benötigen.
Es wäre demnach zu einfach, lediglich einige Natursteine zu einer Spirale an einem Restplatz zu formen und im Inneren das gerade zur Verfügung stehende Bodenmaterial aufzufüllen. Kräuterspiralen und Kräuterbeete sollten möglichst vor oder in unmittelbarer Nähe von südseitigen Mauern oder Hauswänden eingeplant werden.
Auch der Standort der jeweiligen Gewürzkräuter sollte sensibel gewählt werden. So platziert man staudige Pflanzen eher im Randbereich und im jährlichen Wechsel die einjährigen Kräuter.
Weiter sollte man bei der Bepflanzung zwischen Gewürzkräuter- und Heilkräuterspirale unterscheiden. Dadurch wird das Kennenlernen der jeweiligen Pflanzen nicht nur für das Team und die Eltern, sondern auch für die Kinder überschaubarer.
Spannend wird es, wenn man sich mit der Tradition und Geschichte der Kräuter intensiver beschäftigt. Mit diesen Kompetenzen wird der Kindergarten oder die Kindertagesstätte bald zu einem Ort spezieller Begegnungen, an dem man sich als Eltern informiert.

Eine bessere Werbung für die Einrichtung und das naturnahe Konzept kann man sich kaum vorstellen, da sich immer mehr Menschen traditionellen Kräuterarzneien öffnen und nach Alternativen suchen. So hat zum Beispiel der Weltgesundheitsverband im Jahre 1995 Verkaufszahlen aus den USA veröffentlicht, welche diesen Sachverhalt nachhaltig belegen. Im Jahre 1994 wurde dort ein Gesamtumsatz für Kräuterarzneien von insgesamt 1,6 Billionen Dollar genannt. Auch ist zu bedenken, dass etwa 80 Prozent der Weltbevölkerung bevorzugt Kräuterarzneien verwenden.

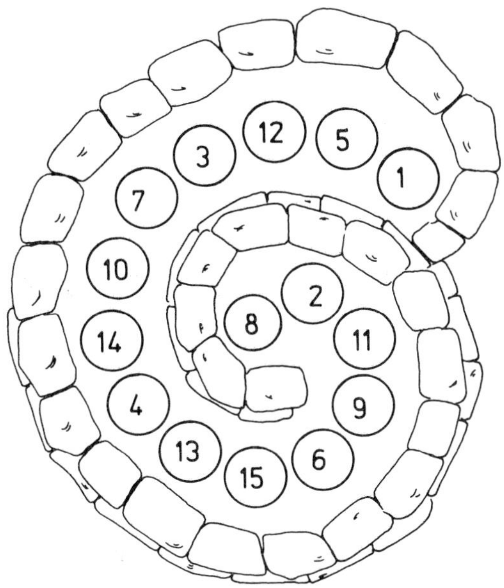

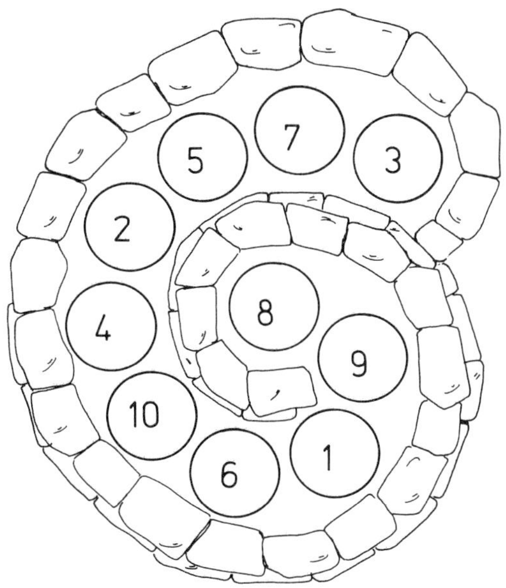

Wenngleich die medizinische Wirkung von Heilkräutern bei leichteren Erkrankungen und zur Steigerung des allgemeinen Wohlbefindens inzwischen in der so genannten zivilisierten Welt wieder anerkannt ist und entsprechend boomt, bieten Kräuter auch eine Menge für die Küche oder Nase an. Man kann sie als ein besonderes Geschenk Gottes bezeichnen. Uralt ist das Kräuterwissen und lässt sich, wie bereits beschrieben, bis zu Hippokrates (etwa 460 bis 370 v. Chr.) zurückverfolgen.

Favorisieren Sie eher ein **Heilpflanzenbeet**, haben Sie heute eine ansprechende Auswahl, die auch bei Ihnen in der Kräuterspirale oder einem Beet gut wachsen. Zudem liegt der Vorteil bei Arzneipflanzen auch darin, dass einige Arten durch ihre Blütenpracht und ihren Duft den Garten verschönern.

Geeignet sind:

Pfefferminze (1),	Thymian (2),
Kamille (3),	Ringelblume (4),
Fenchel (5),	Salbei (6),
Basilikum (7),	Lavendel (8),
Ysop (9),	Melisse (10),
Eber- und Gartenraute (11),	Alant (12),
Marienblatt (13),	Mutterkraut (14)
oder Eibisch (15).	

Für diese Pflanzenauswahl benötigen Sie eine Pflanzfläche von ungefähr 15 qm, was schon eine ausgesprochen große Kräuterspirale darstellt.

Für ein **Gewürz- oder Küchenkräuterbeet**, als Kräuterspirale gebaut, empfehlen wir:

Liebstöckel (1),	Gartenraute (2),
Schnittlauch (3),	Petersilie (4),
Estragon (5),	Eberraute (6),
Fenchel (7),	Ysop (8),
Rosmarin (9)	oder Melisse (10).

Geeignet sind durchaus auch Dost (Oregano), Salbei, Thymian, Wermut, Majoran, Kerbel, Kümmel, Engelwurz, Sellerie, Bockshornklee, Dill, Meerrettich und Pfefferminze.

Aufbau einer Kräuterspirale

Der Aufbau einer Kräuterspirale entspricht der abgewandelten Bauweise einer Trockenmauer. Der Unterschied liegt in der Spiralform. Als Grundriss kann man sich das gewundene Schneckenhaus vorstellen.

- Nach dem Abstecken der Grundfläche die Natursteine wie eine spiralig angelegte Rinne ansteigend neben- und aufeinander schichten.
  Dabei müssen die Natursteine nach innen eine leichte Neigung bekommen, damit die künftige Kräuterspirale Halt bekommt und nicht nach einiger Zeit nach außen wegbricht. Der innerste Punkt ist zugleich der höchste Punkt.
- Während des Bauens den entstehenden Freiraum zwischen den aufgeschichteten Steinen immer wieder zu etwa zwei Drittel auffüllen.
  Besonders gut geeignet ist Kalkgestein, da viele Kräuter einen hohen Kalkbedarf haben, der ihnen so zugeführt werden kann.
- Zum Schluss mit magerem Boden auffüllen und bepflanzen.
  Steht kein magerer Boden zur Verfügung, kann der vorhandene Mutterboden auch mit Sand durchmischt werden. Fette Böden werden von Kräutern in der Regel weniger gut vertragen.

Möchte man noch professioneller bauen, legt man am unteren Bereich der Kräuterspirale, also an der Basis, noch einen Feuchtbereich als Mulde an. Dort werden artgerechte Pflanzen eingesetzt, die eher nasse Füße wollen. Nicht empfehlenswert ist ein Tümpel, wie er in manchen Fachbüchern beschrieben wird. Er veralgt sehr schnell und wird aus Erfahrung eher zu einer Mückenbrutstätte.

Neben der Kräuterspirale bieten sich selbstverständlich auch andere frei gewählte Formen als Kräuterbeet an. So kann man zum Beispiel einen uneingefassten sanft gestalteten Hügel an der Hausfassade anlegen und entsprechend bepflanzen. Vor den Fenstern der Gruppenräume oder Küche können diese bepflanzten Beete zum Dufterlebnis werden.

Erde als Behausung vieler Lebewesen

Erde ist kein Dreck. Es geht um Boden, ohne den wir Menschen, die Pflanzen und kein einziges Landtier leben könnten. Leider befassen wir uns viel zu wenig mit diesem Material, behandeln es schlecht und wissen im Grunde kaum etwas davon. Im Untergrund leben aber eine Menge Tiere, die unermüdlich für uns arbeiten. Wer kennt sie schon, die kleinen und scheinbar urzeitlichen Geschöpfe, welche uns bis heute noch immer nicht alle Geheimnisse preisgegeben haben?
Beispielhaft soll der Regenwurm erneut genannt werden. Ohne ihn wäre es schlecht um unsere Böden bestellt. Ist es nicht erstaunlich, wie die Laubmassen im Herbst bis zum Frühjahr verschwinden und nur noch halbverrottete und vereinzelt liegende Blätter übrig bleiben? Diese Leistung verrichten unzählige winzige Helfer. In einer Handvoll Kompost leben mehr Tiere und Organismen, als es Menschen auf der Erde gibt. Natürlich ist dabei die Zahl der Bakterien, Pilze und Algen am größten, die man mit dem bloßen Auge nicht erkennen kann. Vielleicht ist das der Grund, warum wir unseren Boden so gering schätzen.
Mit den Kindern kann aber Boden durchaus als lebendiges Anschauungsmaterial untersucht werden. Mit etwas Sachverstand, zuvor gut vorbereitet, können die kleinen Gartenhelfer und Akrobaten für sie sichtbar gemacht werden. Neben dem Regenwurm lassen sich noch Tausendfüßler, Asseln, Ameisen, Spinnen, Käfer und vielleicht auch Strudelwürmer und Springschwänze entdecken. Alle zusammen sind „die Müllmänner und Müllfrauen" in unserem Boden.

Doch es gibt einen gewaltigen Unterschied zu unseren Müllmännern. Diese Tiere verwandeln die Abfälle der Natur auch noch zu wertvollen Rohstoffen, aus denen sich neues Pflanzenleben bilden kann. Als wenn sich die Tiere abgesprochen hätten, arbeiten alle zusammen.

Zuerst beginnen die Bakterien und Pilze ihre Arbeit. Sie überziehen die auf dem Boden liegenden Blätter und verarbeiten die harten Pflanzenteile. Jetzt kommen die Springschwänze und nagen Löcher in die aufgeweichten Blätter. Es folgen die Asseln, Tausendfüßler und Hornmilben und fressen den Rest bis auf die Blattrippen auf. Nun gibt es bei dieser Arbeit auch noch andere Tiere, die als Räuber auf Jagd gehen. Das sind die Spinnen, Ohrwürmer und einige Käfer. Man muss als Springschwanz und Bakterienkolonie dabei schon ganz schön auf der Hut sein!

Malbogen

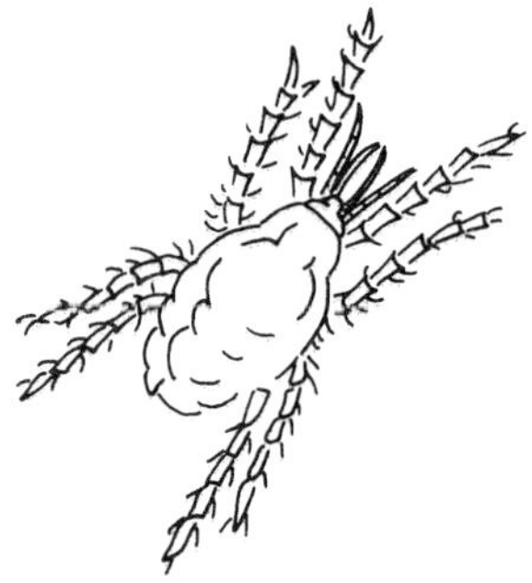
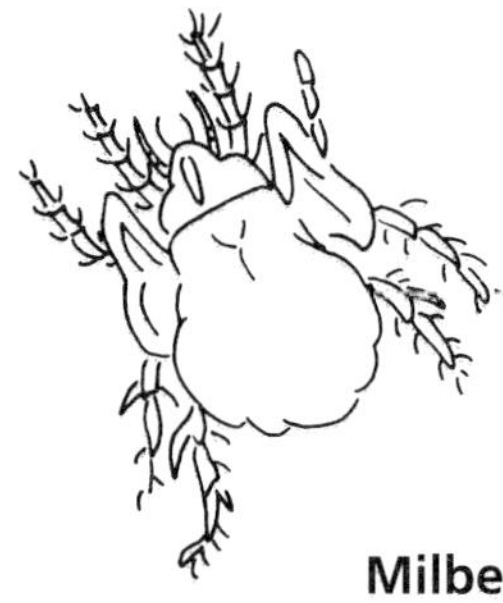

Milben

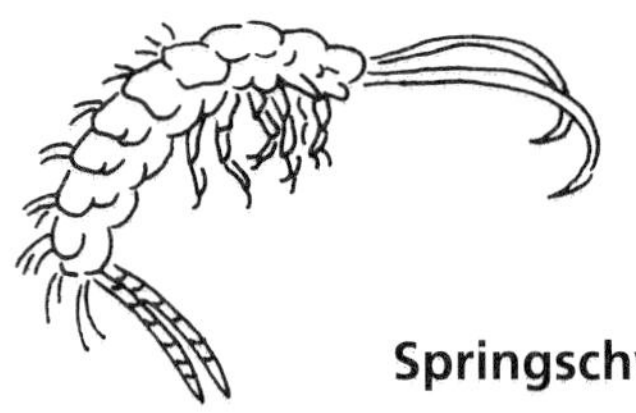
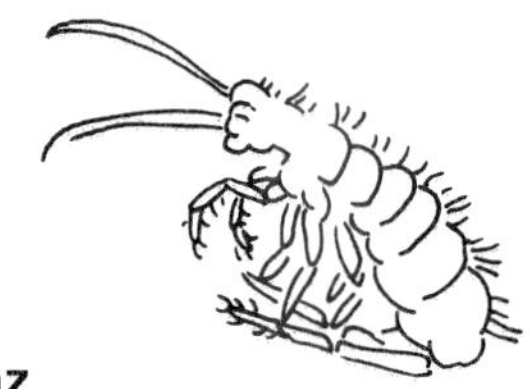

Springschwanz

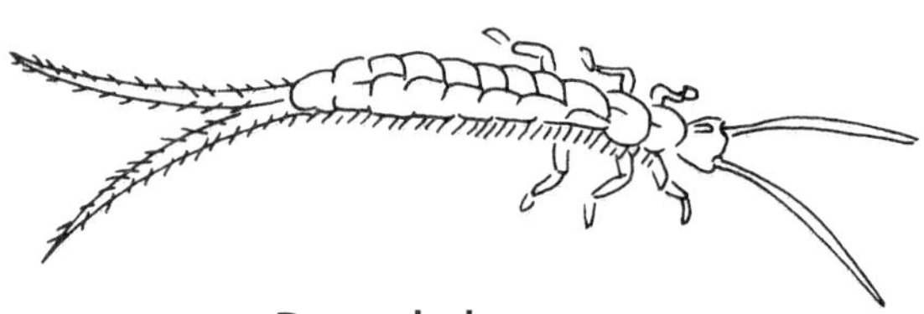

Doppelschwanz

Bärtierchen

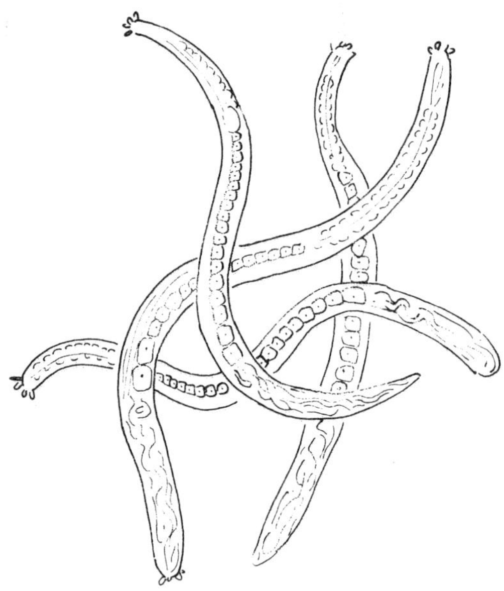

Fadenwürmer

Rädertierchen

◆ Beobachtungen im Garten – Beispiel „Der Regenwurm"

Ein recht großes Bodentier ist der Regenwurm. Er holt sich nachts die angerotteten Pflanzenteile, zieht sie in seine Wurmröhren und frisst diese auf. Seine Ausscheidungen sind ein ausgesprochen wertvoller Dauerhumus. Als exzellenter Erdbohrer sorgt er übrigens auch für eine besonders gute Belüftung des Bodens, was wiederum den Pflanzen und deren Wurzeln nützt. Eigentlich ist der Regenwurm ein Alleskönner. Charles Darwin, der bekannte englische Naturforscher, hat den Regenwurm sogar als das wichtigste Tier auf der Erde bezeichnet. Das ist wirklich nicht übertrieben!

Was alleine diese Tiere für uns unsichtbar unter der Erde leisten, könnte keine Maschine und kein Mensch auf der ganzen Welt vollbringen.

- Regenwürmer sind Müllmänner: Sie fressen die Abfälle der Pflanzen einfach auf.
- Regenwürmer sind aber auch unterirdische Bagger und Bohrmaschinen: Sie durchwühlen und durchbohren den Boden. Das machen sie viel besser, als wir Menschen es tun könnten. Dabei wird der Boden locker und durchlüftet.
- Regenwürmer bauen die tollsten Klimaanlagen: Ihre kilometerlangen Röhrengänge sorgen dafür, dass Sauerstoff in die Erde kommt. Das brauchen die anderen Bodenlebewesen zum Überleben.
- Regenwürmer sind zudem Düngerfabrikanten: Ihr Kot, mit organischen Abfällen vermischt, ist ein natürlicher Dünger, der sich sehen lassen kann. Seine Nährstoffdichte für die Pflanzen ist bis zu zehn Mal höher als die guter Gartenerde.

Regenwürmer stehen hoch im Kurs auf dem Speiseplan vieler Tiere: Wenngleich für den Regenwurm weniger angenehm, wird er von einigen Vögeln, dem Maulwurf und anderen Tieren als besondere Delikatesse sehr geschätzt. Er ist für diese Tiere ein willkommener Happen auf dem Speiseplan.

Regenwürmer sind willkommene Gäste im Garten, weil dieses beachtenswerte Tier, das übrigens keine Lunge wie wir Menschen hat und somit (wie irrtümlich gemeint) aus Angst vor dem Ertrinken während des Regens aus seinen Gängen kommt, so viel für die Pflanzen und dadurch auch für uns leistet. Überall dort, wo man viele Regenwürmer findet, kann man sagen, dass der Boden qualitativ hochwertig ist.

Wenngleich Regenwürmer im Boden leben und dort ihre Arbeit für uns unsichtbar verrichten, gibt es doch eine Möglichkeit, mit Kindern diese Spezialisten zu beobachten. Das gilt für den Kompostwurm, der eine intensive Rotfärbung hat und sehr dünn ist. Oder den Mistwurm mit seinen auffällig gelben Ringen um die Taille, aber auch den Gemeinen Regenwurm, den wir im Garten überall finden. Er hat eher eine rosarote Färbung und kann so lang werden wie ein Schullineal. Natürlich ist der Gemeine Regenwurm keinesfalls gemein und hinterhältig. In der Sprache der Biologen werden alle Tiere dann „gemein" genannt, wenn sie besonders häufig gegenüber anderer Arten vorkommen.

Die Regenwurm-Beobachtungskiste

Als Beobachtungsstation baut man sich eine Holzkiste, deren eine Längsseite mit einer Glasscheibe geschlossen wird.
Eine ideale Abmessung für die Regenwurmfarm im Kindergarten, die auch noch für das Sichtbarmachen von Pflanzenwurzeln geeignet ist, wird mit 50 x 25 x 30 Zentimeter angegeben (Länge x Breite x Höhe).
Vor der Glasplatte befindet sich noch ein verschiebbares, dunkel gestrichenes Holzbrett, das zwischen Holzleisten sitzt. Man kann natürlich auch ein dunkles Tuch darüber legen.
Dieser Holzkasten wird mit Erde aus dem Garten gefüllt und einige Regenwürmer ausgesetzt.
Blitzschnell werden sie sich in den Boden graben. Es dauert nur wenige Sekunden, da der Regenwurm hierfür am Kopf eine spezielle Bohrvorrichtung hat. Mit welcher Kraft er dabei arbeitet, können die Kinder selbst merken, wenn sie in einem Versuch einen Regenwurm für kurze Zeit in ihrer geschlossenen Hand einsperren. Sie spüren sofort die Kraft, mit der er sich befreien will.

Nach einigen Tagen kann die Beobachtung beginnen. Hierzu schieben die Kinder das Holzbrett nach oben oder entfernen es für einige Zeit. Vor ihnen liegt das Reich der Regenwürmer, die bereits damit begonnen haben, ihre Röhren zu graben.
Wichtig bei diesem Angebot ist es, daran zu denken, dass der Regenwurm auch Hunger hat. Er muss gefüttert werden. Er bekommt regelmäßig geringe Mengen Küchenabfälle, Laub und vor allem Kaffeesatz, der vom Regenwurm gerne genommen wird, in die Kiste gelegt.
Beobachten die Kinder in regelmäßigen Abständen ihre Würmer, werden sie erleben, wie die Regenwürmer die Abfälle verarbeiten, den Boden düngen und lockern.

Anmerkung:
Boden und Bodenkunde ist eine besondere Wissenschaft. Es gibt nämlich eine Menge Bodenarten. Inzwischen gibt es umfassende Literatur dazu, die auch besonders auf kindliche Erfahrungsmöglichkeiten eingeht. Aus diesem Grunde soll an dieser Stelle darauf nicht umfassend eingegangen werden. Das gilt auch für den Bau und die Pflege einer Kompostanlage.

Da viele Menschen jedoch nicht genau wissen, was Erde eigentlich ist, soll noch darauf hingewiesen werden, dass Erde uralt ist und ursprünglich nicht auf unserer Erde vorhanden war. Sie musste erst entstehen, also wachsen. Sie war vor vielen Millionen Jahren nichts mehr als festes Gestein aus Lava oder Kalk aus dem Gehäuse von Milliarden von Urzeitschnecken und Korallen. Durch Hitze und Kälte wurden diese Gesteinsmassen gesprengt, also zerkleinert. Regen und Wind schliffen daran, wie wir es manchmal mit einer Feile bei Holzstücken versuchen. Flüsse und Meere machten dann noch kleiner Teile daraus. Es entstand Sand, mit dem man bauen und matschen kann. Immer wieder kamen die Naturgewalten und arbeiteten daran. Das ging so lange, bis endlich Boden entstand, in dem Pflanzen wachsen können.

◆ Der Kinder-Garten

Bei diesem Kinder-Garten handelt es sich um einen überschaubaren Experimentiergarten für Kinder in luftiger Höhe. Gemeint ist das Hochbeet. Im Stehen wird die Gartenarbeit erledigt. Das ist ein großer Vorteil, denn niemand kann die Pflanzen zertreten. Zudem sind die Kinder den Pflanzen ganz nahe und sie können diese besser beobachten. Hochbeete verfolgen nicht den klassischen Fröbelschen Ansatz einer Gartenanlage. Das Ziel liegt in einer anderen pädagogischen Bedeutung. Hier geht es um stressfreies Erleben von Wachsen und Ernten. Aus diesem Grunde empfehlen wir bei den Hochbeeten Jahresthemen zu wählen.

Jahresthema: „Unser täglich Brot"

Die Kinder säen in jedes Hochbeet eine ganz bestimmte Kornsorte ein (Weizen, Roggen, Hafer etc.). Nun werden die Hochbeete gegossen und das Wachstum verglichen und beobachtet.
Ist das Korn reif, wird es von den Kindern wie zu früheren Zeiten geerntet. Anstelle einer Sense nehmen sie Kinderscheren.
Nun dreschen die Kinder das Korn auf einem ausgelegten Leinentuch aus. Aus dem Trockenfluss holen sie sich nun flache Steine und mahlen das Korn.
Mit dem gewonnenen Mehl werden dann Stock- oder Fladenbrot an der eigenen Feuerstelle gebacken. Gewürzt wird mit den vorbeschriebenen Wildkräutern. Dazu reicht man Brennnesseltee, gesüßt mit Löwenzahnhonig oder Fichtensprossensirup.
Noch spannender wird es, wenn die Kinder den Erntetag als Tag in der Steinzeit erleben können. Diese pädagogisch ausgerichtete Aktion wird frühzeitig angekündigt und mit den Kindern und den Eltern zuvor „zeitgemäße" Kleidungsutensilien hergestellt.

Jahresthema: „Die Zauberkartoffel"

Hierzu bringt man einige Zuchtkartoffeln mit in die Einrichtung und erzählt den Kindern, dass es sich um Zauberkartoffeln handelt. Die Kinder werden das nicht ohne Weiteres glauben, da ja jedes Kind Kartoffeln kennt. Man bleibt aber bei seiner Behauptung, die über viele Wochen während der Wachstumsphase beibehalten wird.
Gemeinsam werden die Kartoffeln eingepflanzt, gehegt und gepflegt. Zuerst zeigen sich die zarten Sprossen. Bald ist die ganze Kartoffelpflanze sichtbar. Sie wird auch blühen und Früchte zeigen. Vielleicht haben die Kinder Glück und finden auch noch einen Kartoffelkäfer.
Immer neue Themen und Informationsmöglichkeiten werden so durch die Natur angeboten. Irgendwann zeigt einem die Kartoffelpflanze, dass sie nun gezaubert hat. Das Kartoffelkraut wird welk.
Das ist der Augenblick mit den Kindern zu ernten und den Zauber zu lüften!
Aus einer Knolle sind 8 bis 10 Kartoffelknollen geworden, eine wirkliche Zauberleistung, welche die Kinder bestimmt nicht mehr vergessen werden.
Es ist selbstverständlich, dass alle gemeinsam aus den Knollen Pommes Frites oder Kartoffelchips, gewürzt mit Bohnenkraut oder Sauerampfer herstellen. Wer hegt und pflegt, soll auch gut essen. – Ganz nebenbei haben die Kinder eine Menge erfahren und spielerisch gelernt.

Aufbau eines Hochbeetes

Die Ausführung sollte stabil gebaut werden, da ein großer Außendruck entsteht. Als Baumaterial eignet sich besonders Holz. Man wählt Stützpfosten und Maurerbohlen. Inzwischen werden Hochbeete auch von Herstellern angeboten, die sich auf Naturräume und deren Einrichtungen spezialisiert haben. Wichtig ist, dass das Hochbeet nicht zu groß ausgewählt wird. Die Abmessungen von 80 x 50 Zentimeter haben sich gut bewährt. Daran können die Kinder von allen Seiten beobachten und selbst die gesamte Fläche bearbeiten.
Der Aufbau im Hochbeet entspricht dem von so genannten Hügelbeeten: Zuunterst kommt eine Laubschicht, darüber Holzabfälle, dann wieder eine dickere Laubschicht mit darüber liegenden Rasensoden oder Stroh. Nun wird halbverrotteter Kompost eingebracht und zum Schluss Erde, gemischt mit Kompost.

◆ Umweltspiele und Schärfung der sinnlichen Wahrnehmungen

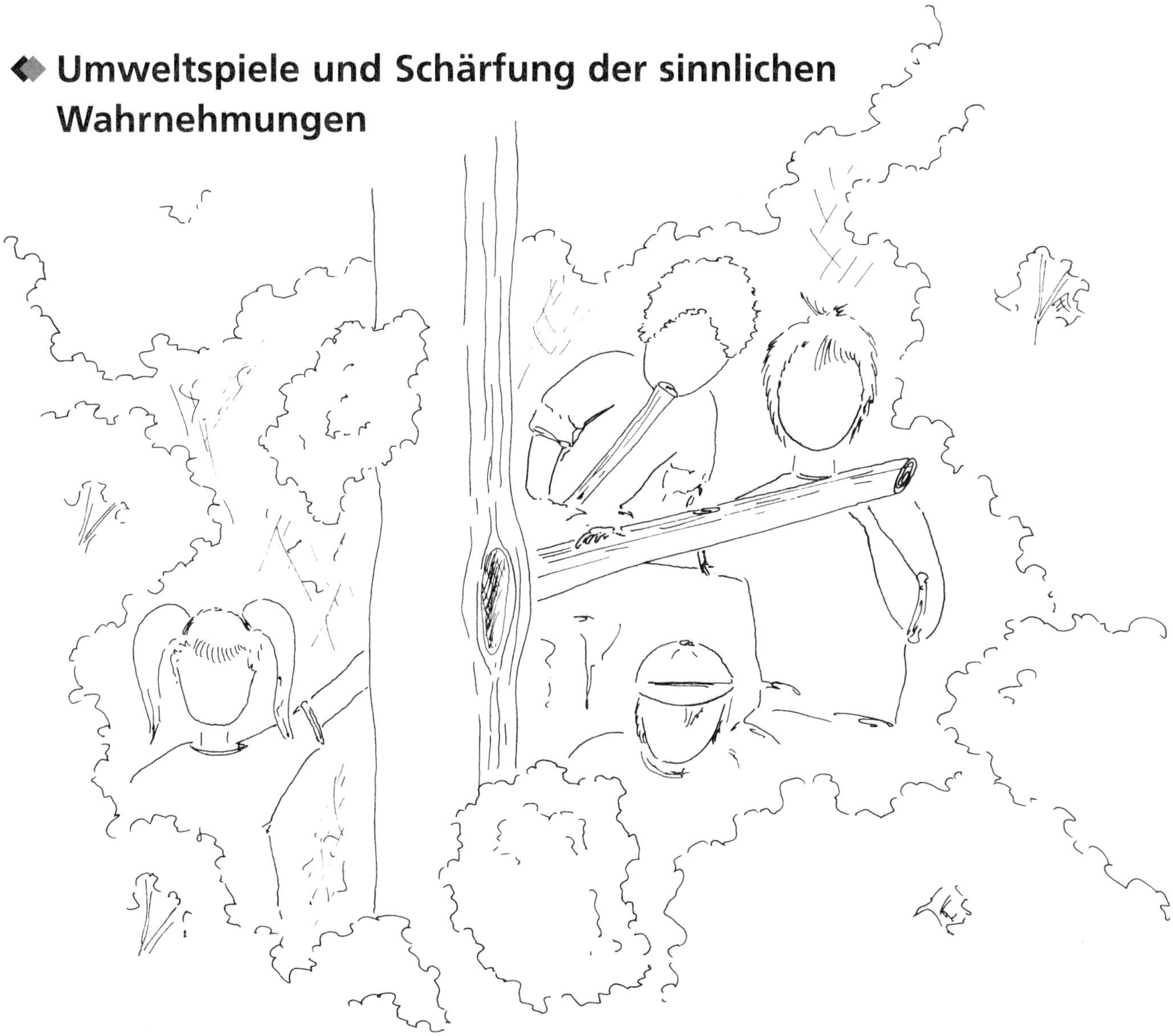

◆ Beispiel: „Der Baum und Strauch als Freund und beseeltes Wesen"

Der Fantasie werden bei diesem Thema eigentlich keine Grenzen mehr gesetzt. Das Thema „Der Baum und Strauch als Freund und beseeltes Wesen" könnte die Kinder emotional anregen und ihren Respekt vor der Natur prägen, was sich auch in andere Lebenssituationen übertragen lässt.

So vielfältig sind Bäume und Heckengehölze.
Betrachten wir nur einmal deren Wuchs, die Größe oder das Blattgrün. Im Herbst sind noch mehr Unterschiede zu entdecken, wenn die Natur ihre Farbpalette demonstriert. Im Geäst entdecken die Kinder, sofern sie ihre Augen entsprechend geschult haben, viele Wohnräume und Futterquellen von Tieren. Bei diesen Pflanzen können sie aber auch ernten. Gemeint ist nicht nur das Naschen der Früchte. Auch Spielmaterial stellen Baum und Strauch zur Verfügung. Der Baum ist ein Holzlieferant und besonders beliebtes Kletterobjekt.

Im Schatten lässt es sich träumen und Geschichten erzählen. Dabei lernen wir, die sichtbaren und unsichtbaren Fäden zwischen Mensch und Natur wieder zu verknüpfen, die wir längst entzaubert haben.
Setzen wir uns doch einfach einmal mit den Kindern in den Schatten eines Baumes. Dieser liebt den Wind, das Licht, die Farben und Formen. Damit spielt er, hoch oben in seiner Krone. Immer wieder winkt er den Kindern zu. Mit einem oder hundert Blättern zugleich.
Wurden zum Beispiel ein Ahorn und die richtige Jahreszeit auserwählt, neckt der Baum die Kinder auch noch mit seiner Flügelfrucht, die auf der Nase positioniert aus den Kindern lauter „Nashörner" macht.
Im Herbst zeigt sich der Baum besonders sehenswert. Gold-, safran- und zitronengelb, purpur-, blut- und weinrot, gesprenkelt, getupft oder gestreift sind dann die Blätter. Jedes Blatt ist anders. Eine Farbfülle, die alle Menschen sinnlich anregt und inspiriert – sie dürfen nur nicht an diesem Naturwunder vorbei laufen.

Oder nehmen wir den Apfelbaum.
Er ist heute eine veredelte Form des ursprünglichen Holzapfels, dessen Früchte für unseren heute verwöhnten Gaumen kaum genießbar wären. Heute kennt man nahezu tausend verschiedene Apfelsorten.

Dann gibt es noch den Augapfel, Zankapfel, Apfelschimmel oder den Adamsapfel. Diese Begriffe können zur Belustigung der Kinder dienen. Hierbei könnte man auch den mittelalterlichen Namen „Affalter" ins Spiel bringen. Noch heute sagen uns manche Ortsnamen, wie zum Beispiel Affalterbach in Baden-Württemberg, dass dort im Mittelalter wohl Äpfel angebaut wurden.

Uralt ist auch die magische und mythologische Bedeutung des Apfels. Wegen seiner Kugelform war er das Sinnbild für die Vollkommenheit der Erde und des Kosmos. Im Reichsapfel zeigt sich das Symbol recht deutlich. Der Apfel war immer auch ein Symbol der Erde und des Weiblichen. Man findet ihn in nordischen Sagen und keltischen Märchen. Immer wird ein wunderschöner Baum beschrieben. Auch in unserem Sprachraum finden wir Apfelmärchen. So zum Beispiel in Frau Holle von den Gebrüdern Grimm oder im Märchen vom Goldenen Topf von E.T.A. Hoffmann. Ganz anders in der christlichen Symbolik, nach der Auflösung der matriarchalischen Mutterreligionen: Dort bekam der Apfel die Bedeutung des Verderbens. Die patriarchalen Kirchenväter wandelten den lebensspendenden Apfel in ein Objekt der Sünde und Verführung. Die weisen Göttinnen, die in der vorchristlichen Zeit mit dem Apfel in Verbindung gebracht wurden, machte man zur neugierigen, schwachen Eva, indem man sie den Apfel vom Baum der Erkenntnis kosten ließ. Das ist auch der Grund, warum man im Mittelalter bei der Darstellung von Apfelbäumen oftmals auch noch den Tod oder einen Totenschädel ergänzend darstellte.

Anmerkung:
Neben dem Kennenlernen der Bäume und Sträucher, Wildblumen und deren Besucher eingeschlossen, kann man auch noch ganz andere Umweltspiele und Erfahrungen vermitteln. Es gibt hierzu eine Menge Literatur. Wir haben uns daher bei diesen Ausführungen bewusst auf den einen, was Bäume und Sträucher anbelangt, beschriebenen Bereich beschränkt, da wir bei der Selektion der Fachliteratur hierzu kaum didaktische Hinweise finden konnten.

Fein- und grobmotorische Förderung im Naturspielraum

Hierzu bedarf es keiner intensiveren Erläuterungen. Ein Naturspielraum mit kleinstrukturierten Teilbereichen, welche dynamisch ineinander übergehen, bietet vielfältige Möglichkeiten für die Förderung von Grob- und Feinmotorik. Die Kinder finden neben gestalteten Hügelstrukturen, welche immer auch zum Klettern und Balancieren geeignet sind, Täler, Höhlen, Licht- und Schattenbereiche, Hindernisse aus Holz und Natursteinen, Erlebnisflächen und gestaltete Wege mit wechselnden Materialien und eine Vielzahl von Entdeckungsräumen. Bewegen sich Kinder innerhalb solcher Angebote, werden automatisch alle grob- und feinmotorischen Möglichkeiten ausgeschöpft. Die gesamte Freianlage ist als überdimensionale Bewegungsbaustelle zu verstehen, in der sie auch eigenverantwortlich und nach vereinbarten Regeln Veränderungen vornehmen können.

Bedeutsam ist dabei, dass sich das Team darauf einlässt, die Kinder loszulassen. In diesem Ansatz steckt die hauptsächliche Förderung der kindlichen Entwicklung.

Kletterparcours

Es gibt durchaus aber auch Möglichkeiten, zielorientiert mit den Kindern im Spiel den Freiraum zu erkunden.

So lässt sich insbesondere bei motorisch eingeschränkten Kindern das Gesamtangebot nutzen und zum Beispiel ein Kletterparcours arrangieren. Interessante Möglichkeiten bieten senkrecht und waagrecht eingebaute Naturhölzer. Materialwechsel und andere Herausforderungen bestimmen die vorhandenen Natursteine oder ein Stelzenparcours, der neben der Grobmotorik auch noch feinmotorische Belange berücksichtigt. Spannend sind auch Naturbrücken, die neben dem Einüben der Körperkoordination auch noch ein Restrisiko anbieten, das zur Persönlichkeitsentwicklung von großer Bedeutung ist. Auch die Spielhecken sollten in solche Laufspiele integriert werden, da dort wieder andere Bewegungsabläufe eingebracht werden müssen. Die Kennzeichnung des Bewegungsparcours kann durch bunte Bänder oder ein Flatterband erfolgen, das beim Bau zur Absperrung benutzt wird.

◆ Bewegungs- und Suchspiele

Eine andere Möglichkeit ist die Kombination von Bewegungs- und Suchspielen. Im Gelände werden gewisse Naturmaterialien versteckt. Den Kindern wird zuvor die einzuhaltende Wegstrecke angegeben und der grobe Standort, an dem sie etwas ganz Bestimmtes suchen müssen.

Eine richtige Goldgräberstimmung wird entstehen.

Natürlich sollten die Kinder den gefundenen Gegenstand dann auch noch wegtransportieren und im eingerichteten „Kinderlager" ablegen, bevor sie erneut auf Entdeckungsreise gehen... Es handelt sich hierbei um eine richtige Umweltolympiade.

Wartung und Pflege als Teil des „Pädagogischen Konzeptes"

Pflege und Wartung der Anlage waren bisher selten Bestandteil der pädagogischen Arbeit des Teams. Leider wurde dieser Sachverhalt in der Vergangenheit zu wenig beachtet und kaum erkannt, welches Erziehungs- und Erlebnispotenzial dadurch vernachlässigt wurde. Wichtig ist bei diesem Aspekt zu erwähnen, dass es bei der neuen Zielbestimmung keinesfalls um Kinderarbeit im herkömmlichen Sinne geht. Es geht auch nicht darum, dem Betreiber Kosten einzusparen, wenngleich das für ihn aus ökonomischer Sicht sicherlich interessant erscheint. Auch kann es nicht darum gehen, dass sich das Team künftig als „Gärtner der Nation" versteht.

Wer so denkt, hat sich zu wenig mit den Hintergründen dieser bedeutsamen Aufgabe beschäftigt und nicht erkannt, dass Kinder ihre Lebensumwelt mitgestalten und verändern wollen. Sie zeigen uns das übrigens jeden Tag in ihrem frei gewählten Tun und Handeln.

Beim Betrachten einer naturnah gestalteten Freifläche, die sich aus einer Menge von Strukturen und wechselnden Materialien zusammensetzt, wird man schnell entdecken, dass es dort eine Vielzahl von Pflege- und Wartungsaufgaben gibt.
So muss zum Beispiel in der Wachstumsperiode der Rasen immer wieder gemäht werden.
Sand und insbesondere Kies wurden im Gelände verteilt. Kinder lieben es, mit diesen Materialien und Baustoffen außerhalb der vermeintlich vorgegebenen Begrenzungen zu spielen.
Spielhecken werden von den Kindern schnell als „grüne Höhlen" und Rückzugsraum vereinnahmt. Dort finden sich Lagerstätten für vielfältiges Material, das zu gewissen Zeiten an seine Ausgangsorte zurücktransportiert und nach Brauchbarkeit im Sinne der Verkehrssicherungspflicht kontrolliert werden muss.
Erdlöcher sind entstanden, Fundamente werden freigelegt. Auch diese sollte man wieder von Zeit zu Zeit in den Urzustand versetzen lassen. Kinder verstehen diese Notwendigkeit. Dann gilt es, nach einem aufregenden Spieltag im Freien Kindern zu vermitteln, dass das Aufräumen zum Lebensalltag gehört. Dabei sollte ausgesprochen sensibel vorgegangen werden. Selbstgebaute und noch nicht zu Ende gebrachte Bauwerke der Kinder haben ein Recht auf Schutz. Sie möchten und müssen ihr Werk am darauffolgenden Tag fertig stellen können. Nur so wird ihnen sinnerfülltes Handeln angeboten.

◆ Das Mähen des Rasens

Das naturnahe Freigelände wird zuvor in kleine Flächen auf einem Plan parzelliert und nummeriert. Jede Teilfläche sollte für die Kinder überschaubar bleiben, damit ihr aktives Handeln nicht überfordert wird. Die Teilfläche als Parzelle zum Mähen sollte demnach nicht größer als 50 Quadratmeter betragen. Gibt es eine größere Wiesenfläche, wird diese entsprechend mehrfach unterteilt.

Nun bieten wir den Kindern an, das Wiesenstück gemeinsam zu mähen. Zum Einsatz kommen zwei bis drei Handrasenmäher, welche der Fachmarkt anbietet. Das ausgesuchte Gelände wird zuvor abgepflockt und markiert. Jetzt kann es losgehen. Mit Eifer sind die Kinder dabei, die Wiese zu mähen. Es wird selten vorkommen, dass genug Handrasenmäher zur Verfügung stehen. Daher bedarf es der Steuerung durch das Team. Darin steckt die eigentliche Aufgabe.

Ist diese Teilaufgabe erledigt, beginnen wir mit dem Einrechen des Rasenschnitts. Auch hierzu benötigen wir geeignetes Gartenwerkzeug, das in Fachmärkten als Juniorwerkzeug angeboten wird. Kleine Gartenhandschuhe ergänzen das Gartenwerkzeug. Sie sind für die Kinder besonders wichtig. Auch das Transportmittel, der Schubkarren, sollte mehr sein als das bekannte Sandspielzeug aus Plastik. Kinder suchen den Vergleich mit Erwachsenen. Sie wollen es ihnen gleich tun. Daher ist „Spielzeug" ungeeignet.

Am nächsten Tag kann sich diese Aufgabe an anderer Stelle wiederholen. Bisher nicht beteiligte Kinder dürfen nun aktiv werden. In kleinen Schritten haben wir so unser Wiesengelände gepflegt. Ganz nebenbei fand fein- und grobmotorische Förderung statt. Sinnhaftes Handeln konnte angeboten werden. Schritte in die Erwachsenenwelt wurden eingeübt, Natur in ihren Zusammenhängen erlebt. Diese Arbeit ist für die Kinder ein Spiel, aber auch eine besondere Herausforderung. Im Unterbewussten gehen sie auf Entdeckungsreise. Dabei wird auch die Fantasie angeregt.

◆ Einsammeln von Grob- und Feinkies

Gibt es im naturnahen Spielraum einen „reißenden Fluss" aus Grob- und Feinkies, eignet sich diese Detailfläche zum Bauen und Experimentieren. Es ist für die Kinder selbstverständlich und notwendig, dass das angebotene Baumaterial auch wegtransportiert werden kann. Das sollten wir auch gestatten, denn jeder Stein, sei er groß oder klein, wird beim Abtransport einem neuen, fantasieangeregten Zweck im Spiel der Kinder zugeführt. So kommt es dazu, dass sich im Laufe der Zeit der Trockenfluss zunehmend entleert. Es kommt die Zeit, wo er wieder aufgefüllt werden sollte. Auch diese Aufgabe kann motivationsanre-

gend von den Kindern selbst erledigt werden. Sie müssen nur erklärt bekommen, warum es an der Zeit ist, die verteilten Steine wieder einzusammeln. Ein Grund könnte zum Beispiel sein, dass das vorbeschriebene Rasenmähen nur dann möglich ist, wenn zuvor die Steine aus der Wiesenfläche entnommen wurden.

Begeistert gehen die Kinder ans Werk. Überall wird nach Kieselsteinen gesucht. Die Aktivität gleicht einem Wettspiel. Kommunikation untereinander findet statt. Die Kinder beobachten dabei die anderen und wie diese vorgehen. Das hat mit Lernen durch Beobachtung zu tun. Schnell wird ausprobiert, zeitgleich mehrere Steine zu transportieren. Besonders große oder auffällige Exemplare mit den entsprechenden Einschlüssen werden dabei favorisiert. Ganz nebenbei entdecken die Kinder ihren Naturgarten neu. Vielleicht wird ein Kind mit einer Spinne konfrontiert oder es findet ein bisher nicht gesehenes Vogelnest. Das ist besonders aufregend, es muss diese Entdeckungen unbedingt anderen zeigen. Achtung und Wertschätzung vor den Wundern der Natur entsteht.

Aber auch viele Fragen werden aufgeworfen, welche das Neugierverhalten in angehobenem Sinne prägen werden. Wie beim Rasenmähen findet auch bei dieser Tätigkeit grob- und feinmotorische Förderung statt. Sind nahezu alle Kieselsteine wieder im „Reißenden Fluss" verstaut, wurden zuvor fast alle Muskeln der Kinder beansprucht. Das Ganze ist demnach mehr als nur ein Pflegeaufwand. Ganzheitliche Förderung der Kinder hat stattgefunden.

◆ Rückzugsräume neu einrichten

Im Naturgarten werden sich Bereiche bilden, welche den Kindern als Rückzugsraum dienen. Zu allererst werden das Spielhecken sein. Wurde zum Beispiel ein Weidenhaus angelegt, handelt es sich auch bei diesem Angebot um einen Rückzugsraum oder Rollenspielbereich. Diese Lagerstätten dienen oftmals als geheime Orte, in denen Kinder sich treffen, das leise, versteckte Spielen stattfindet und wo Sammelleidenschaften erkennbar werden. Wertvolle Dinge, welche den Kindern wichtig sind, werden dort zwischengelagert. Sie finden Holzabfälle, Natursteine, Pappe, Decken und spontan gesammeltes anderes Spielzeug. Dabei kann es schon einmal sein, dass auch Glas und Porzellan auftaucht oder versucht wird ein Feuerchen zu machen. Aus diesen Gründen sollten diese ruhebetonten Bereiche vom Team beobachtet werden und die PädagogInnen sich da und dort sensibel in das Spiel der Kinder einklinken. Andererseits ergeben diese Bereiche für die Kinder und deren kindliche Entwicklung nur dann einen Sinn, wenn sich dort auch tatsächlich Geheimnisse aufbauen und wahren lassen.

Um der Verkehrssicherungspflicht gerecht werden zu können, ohne das Spiel der Kinder dort maßgeblich zu beeinflussen, eignen sich kollektive Entdeckungsreisen durch den Naturgarten, welche pädagogisch betreut werden. Gemeinsam mit der Kindergartengruppe lässt man sich die beliebtesten Spielorte zeigen und vorstellen. Dabei zeigen die Kinder mit Sicherheit auch ihre Rückzugsräume, die dem Team natürlich längst bekannt sind. Innerhalb einer solchen Auseinandersetzung und Besichtigung kann ganz nebenbei auf vorgefundene Gefahren eingegangen, Spielregeln neu vereinbart und wieder für die da und dort notwendige Ordnung gesorgt werden, die in der Regel begriffen und akzeptiert wird.

◆ Wo lauern unberechenbare Gefahren?

Haben sich die Kinder im Spielgelände als BauarbeiterInnen betätigt, Löcher gebuddelt oder Fundamente freigelegt, sollten wir auch hier rechtzeitig eingreifen. Es ist nicht schwer Kindern deutlich zu machen, dass freigelegte Fundamente für sie eine Gefahrenquelle darstellen. Kleine Beispiele, vielleicht mit einer Demonstration untermauert, unterstützen diesen Ansatz. Sie müssen für die Kinder nur erfassbar sein und keine Ängste aufbauen. Das gilt auch für ein durchgewühltes Spielgelände. Erdlöcher ab einer bestimmten Größe müssen die Kinder wieder zuschaufeln. Bei dieser Gelegenheit zeigt man ihnen Flächen, die eher am Rande der hauptsächlichen Spielaktivitäten liegen, wo sie künftig ihre Löcher buddeln können, ohne möglicherweise andere zu gefährden. Als Verstärker wurden vielleicht zuvor an der künftigen Buddelecke einige Murmeln oder Münzen vergraben. Nach den ersten Fundstücken wird sich bei den Kindern sofort eine Goldgräberstimmung einstellen.

◆ Das naturnahe Spielgelände geht schlafen – Tiere und Pflanzen brauchen auch einmal ihre Ruhe

Neigt sich ein Spieltag dem Ende zu, sollten wir Kindern deutlich machen, dass gewisse Spielutensilien aufgeräumt werden müssen. Auch im naturnahen Spielgelände muss Ordnung herrschen. Das betrifft das Sandspielzeug, die aus dem Innenbereich mitgebrachten Spielsachen, Kleidungsstücke oder Abfall, der sich an einem Spieltag möglicherweise angesammelt hat. Nicht betroffen sind hergestellte Bauwerke oder nicht zu Ende gebrachte andere Arbeiten, die in jedem Falle geschützt bleiben müssen.

Da sich die Aufräumarbeiten praktisch täglich wiederholen, Kinder inzwischen zu Hause leider oftmals diese Tätigkeit nicht ausreichend im Rahmen der Erziehung vermittelt bekommen, wird es unter einem konventionellen Ansatz eher schwierig sein, diese Aufgabe motivationsanregend und nachhaltig zu vermitteln. In einem ganz anderen Licht erscheint das

Aufräumen, wenn wir bei den Kindern die Emotionen anregen, indem wir ihnen klar formulierte Inhalte als Begründung für die Aufräumaktion geben. So könnten wir zum Beispiel darauf hinweisen, dass sich die Kinder während des ganzen Tages nicht alleine im Spielgelände aufgehalten haben. Wenngleich nicht sofort und überall sichtbar, gibt es dort Spinnen, Ameisen, Asseln, Käfer, Regenwürmer und natürlich auch Kleinsäuger und Vögel. Im Spielgelände gibt es aber auch viele spannende Pflanzen, die wir oftmals kaum wertschätzen, weil wir sie nicht ausreichend kennen oder sie als Erwachsene mit dem Namen „Unkraut" beschimpfen.

Es geht nun darum, den Kindern deutlich zu machen, dass diese Tiere und Pflanzen im naturnahen Freibereich zu Hause sind und sich dort auch wohlfühlen sollen. Während des Spieltages haben sich die Tiere überwiegend zurückgezogen. Das ist auch der Grund, warum wir sie so selten sehen können. Sie haben sich einfach versteckt. Es ging zu laut und aktiv her. Sicherlich wurden sie auch da und dort verschreckt, wenn die Kinderzwerge als „Riesen" mit großen Füßen während des Spielens auftauchten.
Gehen die Kinder nun am Nachmittag nach Hause, tritt Ruhe im Naturgarten ein. Erst jetzt können sich die Tiere und Pflanzen ungehindert wieder entfalten. Dabei sollen sie einen Raum vorfinden, der frei ist von Unrat und Spielzeug. Das sind wir unseren Tieren und Pflanzen schuldig. Eigentlich waren wir nur Gast. Und wer lässt schon als Gast seinen Unrat zurück? Das würden wir bei uns zu Hause auch nicht akzeptieren.

Gehen wir so vor und vermitteln den Kindern diesen bildlich aufgearbeiteten Sachverhalt, werden sie schnell erkennen, dass diese Aufgabe notwendig ist. Ganz nebenbei entwickelt sich Achtung vor der Natur und die Erkenntnis, dass wir von vielen schutzbefohlenen Mitlebewesen umgeben sind, die unsere Hilfe brauchen. Ein prägendes Ereignis, das sich auch zukunftssichernd auswirken kann.

Das gilt übrigens auch für die Pflanzengesellschaften im Naturgarten. Wir können sehr wohl Kindern deutlich machen, dass Pflanzen auch ein Ruhebedürfnis haben, auch wenn wir diese Lebewesen bisher kaum beachtet und in unsere pädagogische Arbeit eingebunden haben. Im Spiel herrscht viel Bewegung. Ständig sind die Kinderfüße unterwegs. Krautige Pflanzen werden dabei niedergetreten. Wir zeigen den Kindern so eine Stelle und markieren diese am Ende eines Kindergartentages. Am nächsten Tag kommen sie an die Stelle zurück und erleben, dass sich die niedergetretenen Pflanzen weitestgehend wieder erholt und aufgerichtet haben. Diese Erfahrung wird im Bewusstsein der Kinder in bleibender Erinnerung haften.

Diese Chance des Aha-Effektes kann übrigens dazu dienen, mit den Kindern die Namen der Pflanzen zu erarbeiten und ihnen mitzuteilen, welchen Nutzen sie für uns haben können und welche Tierbesucher sich dort gerne aufhalten. Ein Themenschwerpunkt, der nahezu unerschöpflich ausgebaut werden kann und die Kinder, aber auch Erwachsene, ständig neu zum Staunen bringt.
Spätestens bei diesen Möglichkeiten wird man erkennen, dass Schöpfung und Natur vollkommen sind.

Kapitel 3

Wir widmen das Kapitel Herrn Heio Brühl und seiner Schule. Ebenso Herrn Peik Reitler, der aus der Gemeindeverwaltung heraus darum streitet, dass junge Menschen in der Schule Lebens- und Zukunftsperspektiven bekommen. Und wir widmen es allen Schulen, die sich bisher für eine anregungsreiche Pausenhoffläche eingesetzt haben und noch einsetzen wollen. Insbesondere widmen wir es allen SchulleiterInnen der Stadt Dietzenbach in Mittelhessen, die gemeinsam ein Modellvorhaben als Innovationsbeitrag vorantreiben, das alle Schulpausenhöfe erfassen soll.

Naturnahe Spiel- und Pausenhofgestaltung im Schulbereich

Erst in ganz jüngster Zeit ist insbesondere der Schulhof innerhalb unserer Bildungsinstitutionen wieder verstärkt in den Blickpunkt der Auseinandersetzung gerückt. Grund dafür dürfte vor allem das zuvor bekannt gewordene naturnahe Freiraumkonzept im Kindergarten sein. Es sind die Eltern, deren Kinder inzwischen den Kindergarten verlassen und nun in der Schule im Schulhof Bedingungen vorfinden, welche nicht konform mit der bisher erlebten Frei- und Spielraumplanung einhergehen. Begründet wird die neuere Diskussion um verbesserte Schulhöfe auch damit, dass die Eltern der Kinder sich zunehmend bewusster machen, dass Schülerinnen und Schüler den Schulhof täglich erleben und von dort über ihre Erfahrungen berichten, die häufig von non-konformem Verhalten und Gewalt geprägt sind. Es gibt dazu auch keine Alternativen, da in der Regel das Verlassen des Schulhofes bzw. der Aufenthalt im Schulgebäude während der Pausezeiten nicht gestattet wird. Peter Kraft (1977 und 1980) spricht mit Recht davon, dass der Schulhof zum täglichen Erfahrungsfeld der Schüler gehört und sich dort neben dem aktuellen und künftigen Sozialverhalten auch noch bedeutsame andere unerwünschte Erfahrungen prägen und kompensieren. Er geht zum Beispiel auf Grund einer Untersuchung davon aus, dass sich Schülerinnen und Schüler über nahezu 10 Jahre wöchentlich zwischen 150 und 315 Minuten auf dem Schulhof aufhalten. Nicht gerechnet sind dabei weitere Aufenthaltszeiten, bedingt durch Freistunden, Unterrichtsausfall oder im Rahmen von Kurssystemen die Mittagspausen bei Nachmittagsunterricht. Geht man im Mittelwert davon aus, dass sich Schulkinder täglich 3,5 Stunden in ihrer nichtschulischen Freizeit im Freien aufhalten, entspricht die Aufenthaltsdauer auf dem Schulhof mehr als einem ganzen Spielnachmittag in der Woche. Demnach handelt es sich durchaus um einen prägenden Lebensabschnitt und Aufenthaltsort auf dem Weg zum Erwachsenenalter.

Es gibt aber noch weitere Gründe, weshalb man sich zwischenzeitlich stärker mit Fragen der Schulhofgestaltung beschäftigt. Immer mehr wird erkannt, dass Schulhöfe in ihrer jetzigen Form und Ausstattung, im Verbund mit dem Verhalten der SchülerInnen, ein nicht unerhebliches Sicherheitsrisiko darstellen, wenngleich das scheinbar im Widerspruch zur vorhandenen Übersichtlichkeit der unstrukturierten Flächen steht. Belegt wird das Sicherheitsrisiko unter anderem dadurch, dass der Dachverband der Gemeindeunfallversicherungsverbände im Rahmen seiner Unfallstatistiken berichtet, dass Schulhofunfälle inzwischen an zweiter Stelle der Gesamtschulunfälle stehen. Bezeichnenderweise sind dabei Zusammenstöße, Hinfallen und Stolpern bzw. Ausrutschen die häufigsten Unfallursachen. Platzwunden und Kopfverletzungen stehen dabei an erster Stelle. Diese Tatsache muss einen nicht verwundern, wenn man überlegt, dass nach langem Stillsitzen plötzlich in der Pau-

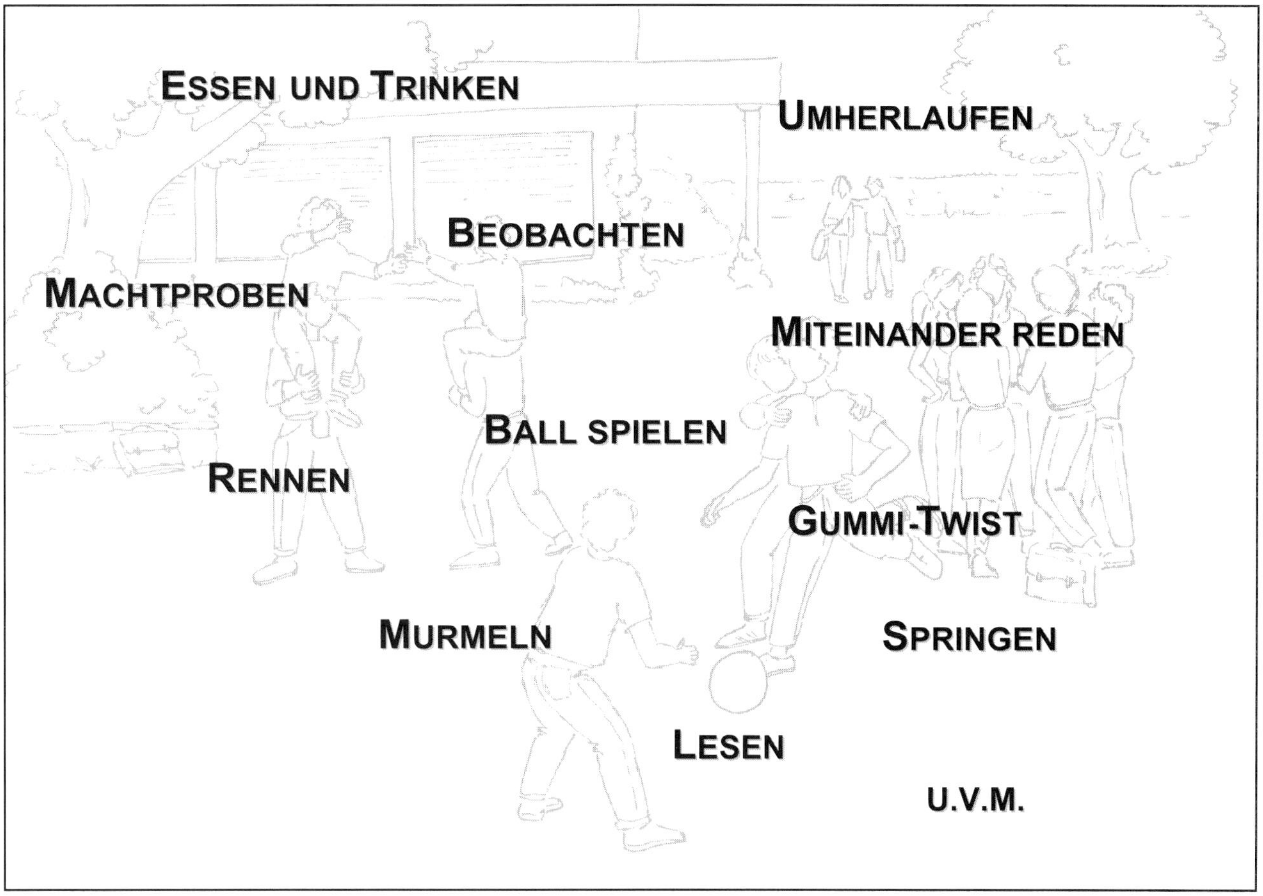

se gleichzeitig viele Kinder aufeinander treffen. Das geschieht in oftmals leeren, orientierungslosen, unstrukturierten Flächen, in denen sich viele Kleingruppen mit den verschiedensten Interessen begegnen und dabei praktisch keine motivationsanregenden Beschäftigungsmöglichkeiten und Spielimpulse vorfinden. Das wilde Durcheinander muss zur Eskalation führen. Außerdem machen große leere Plätze vielen Menschen Angst. Eine sehr prägende Erfahrung für das spätere Leben. Diese Sachverhalte sind bei den Entscheidungsträgern und dem Lehrpersonal längst bekannt. Trotzdem muss man überwiegend registrieren, dass sich die Schulhofsituation kaum ändert. Nahezu ausschließlich stehen wirtschaftliche Gründe als Entschuldigung im Vordergrund, wenn es um Fragen der Umgestaltung geht. Das Bewusstsein derer, die Verantwortung für unsere Kinder übernommen haben, scheint demnach noch immer sehr beschränkt bezüglich der Erkenntnis, dass das „Kinderhaus Schule" ein Ort sein sollte, an dem Bildung, aber auch Erziehung stattfindet und zwar in ganzheitlichem Sinne sowie zum Wohle unserer Kinder – der Zukunftsgeneration. Das sollte eine auf Produktivität ausgerichtete Gesellschaft in einer immer stärker globalisierten Weltengemeinschaft dringend erkennen und endlich handelnd umsetzen.

Susanne Edinger beantwortet in ihrer Diplomarbeit (Universität Kaiserslautern, 1982) einige Fragen nach der Bedeutung und den Aufgaben von Schulhöfen in pädagogischer Hinsicht. Sie benennt dabei vier Argumentationsschwerpunkte.

1. Hygienischer Aspekt
2. Didaktischer Aspekt
3. Aspekte des Sozialen Lernens
4. Wahrnehmungspsychologischer Aspekt

Alle hier genannten Aspekte nimmt ein naturnah gestaltetes Schulpausenhofkonzept auf. Es bietet vielzählige Ausgleichsmöglichkeiten im Freien. Sorgt dabei für den Erhalt und die Steigerung der Konzentration. Regt zur Bewegung an, was den zunehmenden Haltungsschäden gesundheitsfördernd entgegen wirkt. Verschafft eine Lernatmosphäre zur Persönlichkeitsentfaltung, was auch dem Wunsch einer sozialen Kompetenzerweiterung entspricht und das im Verbund mit einer Verbesserung der Kommunikationsfähigkeit. Es handelt sich aber auch um einen überdimensionalen pädagogischen Raum, der sich für Unterrichtszwecke eignet.
Erreicht werden diese Ziele durch differenzierte Gestaltungsmaßnahmen, wo Teilräume entstehen, die durch unterschiedliche Materialien, Pflanzen, Formen und Angebote geprägt sind. Man findet dort erhöhte Standorte, Hügel und Täler, Rückzugsräume und freie Flächen. Die Nutzung ist dabei nicht festgelegt. Wahlfreiheiten bleiben erhalten. Das Kennzeichnendste der Angebotsvielfalt von naturnahen Schulpausenhofkonzepten ist jedoch, dass es sich hier um Orte handelt, die durch die Vielzahl der Sinneseindrücke Wohlbefinden herstellen und an denen dadurch auch Sicherheit vermittelt werden kann.

Die Bedürfnisse und Bandbreite der Gestaltung eines naturnahen Schulgeländes richtet sich zum einen nach dem Alter der Kinder bzw. Jugendlichen, zum anderen nach den örtlichen Gegebenheiten.

Denkbar sind:
- Gestaltete Freiflächen,
- Ballspielfeld mit Seilschlangenpaar,
- Sandgrube mit Anlauffläche und Naturpergola,
- Grünes Klassenzimmer mit Weidenhäusern,
- Holm-Breit-Hangrutsche,
- Kletterbereiche im Hügel inkl. Sitzsteinen,
- Tischtennisbereich und Kommunikationsnischen (Sechseck Tischtennisplatte),
- Grünbereich und Sinnesweg,
- Kräutergarten,
- Sitzrondell mit Grünem Klassenzimmer,
- Skater-Feld mit Kommunikationsnischen etc.

Anregungen für mögliche Angebote und ihre Bedeutung finden Sie im Handbuch in Kapitel 2 „Beispiel für einen naturnahen Spiel- und Begegnungsraum im Kindergarten" (S. 39 ff.) und in Kapitel 4 „Spielgeräte und Naturmaterial" (S. 130 ff.) ausführlich beschrieben.
Für die Planung und Umsetzung bietet sich die Methode „SchülerInnen-Eltern-Beteiligungsmodell" an. Anregungen dazu finden Sie in Kapitel 6 „Planung und Praxis" (S. 180 ff.).

Das Freigelände als soziales Lernfeld in der Schule

Status quo – Naturnaher Schulpausenhof

Jedes Kind braucht gute ErzieherInnen. Zu Hause sollten es die Eltern sein. Im Kindergarten sind es die ErzieherInnen und in der Schule obliegt diese Aufgabe dem pädagogisch ausgebildeten Lehrpersonal. Es gibt aber auch noch andere Erzieher. Das kann die soziale Gruppe sein, in der sich unsere Kinder und Jugendlichen aufhalten. Auch die gebaute Architektur und die Natur sind heimliche Erzieher, was in gleicher Weise für die Werbung gilt. Analysieren wir heute das teilweise extrem auffällige Verhalten unserer Kinder und Jugendlichen, scheint dieser Grundrechtsanspruch an irgend einer Stelle brüchig geworden zu sein.

Wer kennt sie nicht, die ungezogenen, verhätschelten, teilweise extrem aggressiven Wohlstandskinder? Wenig belastbar, verhaltensauffällig, konsumorientiert, an Leib und Seele krank, motorisch unterentwickelt, leistungsschwach, unkonzentriert, nervös, unruhig, chronisch krank, psychosomatisch belastet. Es wird inzwischen angenommen, dass nahezu 30 Prozent der heutigen Kinder und Jugendlichen in Deutschland und anderen westlichen Industrienationen psychosomatische Beschwerden, chronische Erkrankungen und Verhaltensauffälligkeiten haben. Alleine die allergischen Erkrankungen haben sich in den letzten fünfzig Jahren verdoppelt. Weiter wird angenommen, dass inzwischen mehr als zwei Drittel aller Jugendlichen im Alter von 12 bis 16 Jahren an psychosomatischen Störungen leiden.
Nehmen wir diese Ergebnisse eigentlich nicht zur Kenntnis oder sind wir Erwachsene inzwischen selbst so krank, dass diese gesellschaftsrelevante Problematik nicht mehr aus unserem Unterbewusstsein ins Großhirn (Neokortex) gelangt?

Betrachten wir also die ErzieherInnen und die Kinder der Erziehenden einmal in ihrer Umgebung und im Verhalten zueinander. Schauen wir uns doch einmal wertfrei die Vorgänge an, die wir als Erziehung bezeichnen und wie diese Vorgänge oftmals funktionieren.
Weniger angesprochen bei den grundlegenden Überlegungen sind diejenigen Kinder, die nicht im Wohlstand leben können. Davon gibt es in der neuen Armut bestimmter Gesellschaftsschichten durchaus eine Menge. Auch viele von diesen Kindern sind auffällig. Sie unterscheiden sich jedoch deutlich von denjenigen, die eher im Überfluss aufwachsen. Diese Kinder tragen ihren sozialen Status am Körper. Klamotten aus der Boutique, die saisonal wechseln, und natürlich das Handy, das in Bezug auf Fabrikat, Design und Anschaffungskosten längst zum Statussymbol gehört. Sie besitzen komfortable Kinderzimmer und eine kaum überschaubare Flut an Spielzeug, das eher zur Orientierungslosigkeit führt, als dass es langanhaltend genutzt wird.

Ab dem Schulkindalter dominiert elektronisches Spielzeug, in jedem Falle der eigene Fernseher, der Videorekorder und der eigene PC, auf dessen Festplatte jede Menge Computerspiele abgespeichert sind. Natürlich auch einige Lernprogramme, die Erwachsene als sinnvolle Ergänzung zur Schule ausgesucht haben. Es geht um einen ungeheuren Markt. Kaum jemand hinterfragt, ob junge Menschen das alles tatsächlich für eine gesunde Entwicklung benötigen und was das mit dem Erlernen von elementaren Grundwerten zu tun hat.

Mensch sein bedeutet unter anderem in der Lage zu sein zu sprechen, zu lesen, zu schreiben und zu rechnen, logische Abfolgen einzugehen, Vergleiche anzustellen, denkend zu handeln und sich dadurch schnell sowie präzise auf Veränderungen einstellen zu können. Darin unterscheiden wir uns von den Tieren. Um das alles leisten zu können, besitzt der Mensch ein speziell aufgebautes, dreigeteiltes Gehirn. Es hat sich im Verlauf der Evolution vom Stammhirn (Retikulärsystem), das man unter anderem bei Reptilien findet, weiterentwickelt. Nun ist es nicht einfach so, dass gleich zu Beginn des Lebens alle drei Hirnbereiche voll funktionieren. Sie müssen erst mit Informationen gefüttert werden. Vergleichbar einer leeren Festplatte im Computer, die auf Anfrage keine Informationen preisgeben kann, wenn bisher noch nichts gespeichert wurde. Was sofort am Anfang funktioniert ist lediglich das Stammhirn. Es entscheidet über unsere Lebensfähigkeit. Dort werden Funktionen gesteuert wie Atmung, Saug-, Greif- oder Bewegungsreflexe, die Kinder nicht zuvor erlernen müssen. Sie sind angeboren.

Im noch sehr jungen Verlauf des menschlichen Lebens beginnen wir das zweite Hirnteil zu aktivieren. Es handelt sich um das limbische System, das man übrigens bei allen Säugetieren in den unterschiedlichsten Ausprägungen findet. Dort sind unsere Emotionen und Sinne untergebracht, welche bedeutsame Instrumente darstellen, damit das eigentliche, von uns beachtete Gehirnteil, das Großhirn (Neokortex) überhaupt funktionieren kann. Alle drei Teile unseres Gehirns arbeiten kontinuierlich zusammen. Keines davon kann für sich isoliert betrachtet oder gar als besonders wichtig angesehen werden. Gibt es Störungen beim Stammhirn, hat das Konsequenzen für das limbische System und das Großhirn. Funktioniert das Stammhirn einwandfrei und gibt es Defizite im Rahmen der Entwicklung beim limbischen System, muss das Folgen auf das Großhirn als höheres System haben.

Dieser kleine Ausflug in die Hirnforschung ist für die weitere Betrachtung dessen wichtig, was wir als Intelligenz-, Sozial- und Körperentwicklung bezeichnen und wo wir auch das allgemeine Lernen ansiedeln.

Bedauerlicher Weise verstehen die meisten Menschen unter „Lernen" mehr die Wissensbildung und versäumen darüber nachzudenken, dass es eine Vielzahl von weiteren Lernerfahrungen gibt, die wiederum nicht voneinander abgekoppelt werden können, wenn wir uns ein Optimum an Entwicklung wünschen. Dazu gehören soziale Kompetenzen gleichermaßen wie die Wahrnehmungskompetenz, welche sich über unsere Sinne entwickelt und dafür geeignete Impulse mit den entsprechenden Lernerfahrungen benötigt werden.

Alle Systeme unserer Schaltzentrale Gehirn arbeiten gleichermaßen zusammen. Gibt es Störfelder oder Ungereimtheiten, kann das Gehirn „abstürzen", wie uns das bei Computern bekannt ist, wenn wir falsche Impulse eingeben. Genau so müssen wir uns die inneren Vorgänge im Gehirn beim Menschen und seinen daraus resultierenden Handlungen vorstellen.

Der Mensch ist aber keine Maschine. Der Vergleich mit einem Computer als Erklärungsmodell wäre zu einfach. Mensch sein ist komplexer. Wir sind zuerst einmal soziale Wesen. Wir bewegen uns in Emotionen und handeln frei und zielorientiert innerhalb von Gemeinschaften. Je globaler wir dabei Zielvorstellungen und Werten unterworfen werden, umso intensiver reagieren wir auch auf diese. Genutzt wird für diese Reaktionen das Wissen, welches wir bisher erlernt, also im Gehirn gespeichert haben.

Dazu gehört nun einmal nicht nur das klassische Wissen, welches jederzeit abgerufen werden kann und wie ein unsichtbares Lexikon mit sich herumgetragen wird, sondern auch das Wissen von Sozialkompetenzen und Körperbeherrschungen, welche eher intrinsisch motiviert verlaufen und vordergründig im Verhalten sichtbar werden.

Wichtig ist nun zu erkennen, dass es beim Aufbau der Wissensbildung sowie unserer Verhaltens- und Kompetenzstrukturen nicht nur einen „Programmierer" gibt.

Wir werden von der sozialen und gebauten Umwelt „programmiert“, bleiben wir in der Sprache moderner Technik, welche wir zunehmend immer mehr beherrschen.

Gebaute Umwelt beschäftigt sich mit Architektur. Das betrifft jedoch nicht nur den Wohnungsbau. Es handelt sich insgesamt um den urbanen Raum. Betrachtungsgegenstand sind auch Straßen, Parkplätze, Gehwege, Fabrikgebäude, Einkaufszentren, Grünflächen, Schulpausenhöfe, Kinderspielplätze und natürlich auch die Innenräume der Gebäude mit ihren jeweiligen Nutzungszielen. Alles zusammen bildet eine Infrastruktur, einen Rahmen, in dem wir uns bewegen und aus dem wir nicht ausbrechen können.

Auch bei der gebauten Umwelt handelt es sich um einen Lehrmeister, der darüber entscheiden wird, was unser Gehirn speichern wird. Dominieren dabei die Eindrücke der rechten Winkel und anderen technisch ausgerichteten Gegebenheiten, prägt sich Beton, Asphalt und Stahl ein, können wir lediglich sinnentleerte und scheinbar pflegeleichte Grünflächen wahrnehmen.

Wird dabei auch noch Einflussnahme durch fehlende Veränderungsmöglichkeiten verhindert, muss das in unserem Gesamtverhalten Folgen haben. Folgen insofern, dass diese Wahrnehmungsmöglichkeiten nicht konform laufen mit einem für den Menschen bedeutsamen Milieu. Nicht ohne Grund hat Mitscherlich in seinem weltweit bekannt gewordenen Buch „Die Unwirtlichkeit unserer Städte“ (1963 a.a.O.) darauf hingewiesen. Leider hat sich seit dieser Zeit kaum etwas zu Gunsten der Menschen in urbanen Räumen verändert. Ganz im Gegenteil. Die beschriebene Apokalypse hat sich zwischenzeitlich verfestigt und zeigt jetzt nicht mehr wegzudiskutierende sichtbare Spuren im menschlichen und zwischenmenschlichen Verhalten.

Soziale Umwelt definiert den Umgang mit Menschen und Sachen. Es geht dabei nicht nur um eine ganz bestimmte soziale Gruppe. Dieser Aspekt ist generationsübergreifend und multikulturell zu bewerten. Angesprochen ist sowohl die Familie mit ihren inzwischen vielfältigen Strukturen als Kernzelle der Gemeinschaft, wie auch die größer organisierten Gruppenstrukturen wie zum Beispiel der Kindergarten, die Schule, das Vereinsleben oder der Arbeitsplatz als Ort der Begegnung. Erweitert betrachtet handelt es sich aber auch um die übergeordneten Gemeinschaften, die als Stadtbevölkerung und Dorfgemeinschaft leben und die eng mit dem Heimatbegriff in Verbindung gebracht werden können. Dazu gehören auch Glaubensgemeinschaften. Gleiches gilt auch für die geografisch noch stärker ausgeweiteten sozialen Bindungen. In unserem Land sind es die jeweiligen Bundesländer bzw. Landsmannschaften, noch globaler betrachtet ganz Deutschland bzw. Europa und, wenn man so will, Staatengemeinschaften unserer Erde.

Innerhalb dieser beschriebenen komplexen Zusammenhänge bewegt sich der individuelle Mensch. Prägungen finden dabei im Unbewussten statt, verstärkt noch durch die Dominanz einzelner mit Macht ausgestatteter sozialer Gruppen und deren Interessen, die zunehmend durch ökonomische Fragestellungen miteinander korrespondieren. Das alles zusammen bestimmt unser Verhalten nachhaltig.

Verhalten findet nun nicht ausschließlich in emotionalen, sozialen oder geistig geprägten Mustern statt. Anders als ein Computer, der standortgebunden und ausschließlich wissensgespeichert funktioniert, liegt der Unterschied bei uns Menschen nicht nur im Speichern und in der Wiedergabe von Gelerntem, sondern auch noch in unserer Mobilität. Dazu besitzen wir neben sinnlichen Wahrnehmungsmöglichkeiten Körperorgane, die uns in die Lage versetzen, einen anderen Standort aufzusuchen, dort neue Eindrücke zu gewinnen und uns in unserer Umgebung insgesamt zu orientieren. Wir gehen, wir sehen und hören, Gerüche werden dabei wahrgenommen und wir greifen nach Gegenständen. Parallel arbeitet das limbische System mit unseren Emotionen und den angeborenen Sinnen intensiv mit. Ständiger Austausch von Gelern-

tem findet statt, wird bewertet und neu strukturiert. Lernen wird so zu einem dynamischen, lebenslangen Prozess, der ununterbrochen in Bewegung bleibt.
Die Grundlagen werden im jungen Lebensalter gelegt, in einer Zeit, wo insbesondere das limbische System, die Sinne und die Emotionen, noch stark gefordert werden. Mängel die sich in dieser Zeit bilden, wirken dann später ähnlich wie fehlerhafte Programme im PC, die bei Überlastung zum Absturz führen, da sie sich nicht als kompatibel herausgestellt haben.

„Lehrmeister" Schulpausenhof

Greift man beispielhaft einen der vielen „Lehrmeister" auf, die im Rahmen der Architektur das Verhalten unserer Kinder und Jugendlichen mit beeinflussen, nämlich einen der etwa 50.000 Schulpausenhöfe in Deutschland, so muss es nicht verwundern, wenn sich im Verbund mit anderen fehlgeleiteten Angeboten Verhaltensstörungen einstellen. Auch dort finden sich überwiegend rechte Winkel. Dominant ist Asphalt oder Beton.
Sozialerfahrungen sind geprägt durch unstrukturierte Flächen, in denen sich kaum Orientierung ausbilden kann. Sinnliche Anregungen, welche ganzheitlich betrachtet Vielfalt bieten und uns nicht von der lebendigen Natur ausgrenzen, sind praktisch nicht vorhanden. Gleiches gilt für die Bewegungsvielfalt als Anregungselemente für unsere Körperorgane.
Innerhalb dieser Angebote wird aber automatisch und unausweichlich gelernt. Leider nicht das, was wir uns wünschen! Diesen Sachverhalt sollten wir erkennen. Es geht somit bei Mangelangeboten nicht nur um Defizite, die man erkannt hat und positiv verändern könnte. Es geht auch und insbesondere um die Erkenntnis, dass es sich hier immer auch um Orte handelt, die unseren Geist und Körper eben nicht herausfordern und durch dieses Defizit im Rahmen der Entwicklung dazu führen, dass sich Fehlverhalten zwangsläufig einstellen muss.

Gerade der zweite Aspekt, das Lernen an und in unwirtlichen Orten, die keine gesunde physische, psychische und soziale Ausstrahlung haben und doch Verhalten maßgeblich prägen, ebenso wie die wünschenswerten Orte mit anregungsreichen Potenzialen prägen und Entwicklung potenzieren, bleibt eher unerkannt bzw. wird in der gesamten Tragweite nicht verstanden.
Nur so wird erklärbar, dass unsere Schulpausenhöfe bis heute so wenig in die Lerndiskussion integriert wurden.

Soziales Lernen in der Schule

Immer wieder geraten Schulen in die Schlagzeilen, ganz aktuell durch die Ergebnisse der Pisa-Studie, die hier jedoch nicht weiter kommentiert werden sollen. Erst vor wenigen Jahren wurden wir aufgeschreckt durch zunehmende Hinweise, dass sich die Drogenproblematik verstärkt auch in den weiterführenden Schulen bemerkbar macht. Der Schulpausenhof oder das direkte Nahumfeld wurde für manche Drogendealer zu einem wirtschaftlich interessanten Umschlagplatz ihrer kriminellen Energien. Weitere Probleme kamen hinzu. Schule und insbesondere der Schulpausenhof wird immer mehr zu einem Ort der Gewalt. Es gibt dort längst Schutzgelderpressungen, bewaffnete Schüler mit Messern, Schlagringen, Schreckschusspistolen, aber auch anderen Handfeuerwaffen. Kriminelle Bandenbildungen und vor allem auch sozial motivierte verbale und körperliche Gewalt sind an vielen Schulen inzwischen an der Tagesordnung. Es gibt dort Täter und Opfer und es gibt Täter, die wieder durch andere zu Opfern werden. Präventionsberichte der Polizei lesen sich wie ein Krimi.
Auffällig ist, dass eine nicht unerhebliche Anzahl von Schulen bei Befragungen des Lehrpersonals nach diesen Problemen noch immer der Meinung sind, dass in ihrer Schule weder Gewalt noch Drogenmissbrauch besteht und man keine nennenswerten Probleme damit hat.

Ganz anders stellt sich jedoch der Sachverhalt dar, wenn SchülerInnen direkt und außerhalb der Schule befragt werden. Sie geben aufschlussreiche Antworten, die den Schluss zulassen, dass sich unsere Kinder und Jugendlichen längst damit abgefunden haben, an solchen Orten lernen zu müssen. Ihnen ist jedoch weniger bewusst, dass diese Erkenntnis für sie Konsequenzen hat, die sich nicht nur an konkret erlebter Gewalt festmachen lassen. Sie haben auch gelernt, da längst durch die Umgebung geprägt, welche Sozialkompetenzen sie heute benötigen, um für Angst und Schrecken zu sorgen, ohne dass nennenswerte Konsequenzen bei einem solchen Fehlverhalten erwartet werden müssen. Erwachsene schauen weg! Es scheint auch dort Angst vorzuherrschen.
Diese Lernerfahrungen sorgen für Anpassung, wo Widerstand geboten wäre, und bei einer nicht unerheblichen Anzahl von Schülerinnen und Schülern für einen erheblichen Leidensdruck bis hin zu Suizidgedanken, wenn sie ganz konkret und ohne Hoffnung auf Hilfe leibhaftig betroffen sind. Inzwischen gibt es im Internet bereits SuizidpartnerInnen, die sich für Kollektivselbstmorde anbieten. Das Phänomen ist bekannt. Wir reagieren einfach nicht darauf! Angst macht sich breit. Wenn jemand meint, selbst ein Versager zu sein, schwindet das Selbstwertgefühl und die Lernbereitschaft lässt nach. Das ist wie ein Teufelskreis, der nicht selten dazu führt, dass sich Verhaltensstörungen ausbilden, die auch organische Störungen nach sich ziehen.
Eine von vielen Ursachen für das beschriebene soziale Phänomen liegt auch in der Schulpausenhofgestaltung. Dort gibt es bei der überwiegenden Zahl kaum Rückzugsmöglichkeiten und die Chance sozial verträglicher Gruppenbildungen. Was überwiegt, ist eine gewaltdominante, sozial kalte Architektur.

Dem gegenüber darf man annehmen, dass Personen, die sich für ein Lehramt an Schulen entschieden haben, sehr wohl engagiert arbeiten. Ihr Studium hat sie jedoch kaum darauf vorbereitet, dass es in der Schule neben dem Bildungsauftrag (Großhirndominanz) auch noch einen Erziehungsauftrag gibt.
Durch Wertewandel und Bewusstseinsveränderungen, die heute konkret mit anderen Einstellungen zum Lehrpersonal einhergehen, wird der Schule etwas abverlangt, was sie im Grunde kaum noch leisten kann. Auf der einen Seite erwartet man im Elternhaus eine immer größere Wissensvermittlung und andererseits lässt man die Demontage der LehrerInnen ungeprüft zu. Statt Achtung und Rücksichtnahme gegenüber den Lehrenden anzumahnen, wird Kindern und Jugendlichen vermittelt, dass sie sich auch von LehrerInnen und ErzieherInnen „nichts gefallen zu lassen

brauchen". Hinzu kommt, dass immer mehr junge Menschen morgens in die Schule gehen und dabei einen riesigen Berg unverarbeiteter bzw. fehlgesteuerter Erfahrungen mitbringen. Um nun intrinsisch motiviert lernen zu können, müssten zuerst einmal diese Erfahrungen verarbeitet und abgebaut werden. Wie soll das aber im Rahmen von Unterrichtseinheiten funktionieren, die auf reine Wissensvermittlung ausgerichtet sind? Es handelt sich um einen Widerspruch in sich.

Bringt man den Sachverhalt des konventionell ausgerichteten Schulpausenhofgeländes und die Innenarchitektur der Klassenräume noch ins Spiel, die eher Schachteln gleichen, kann der Bildungsauftrag nicht funktionieren und der Erziehungsauftrag nicht eingehalten werden. Es wäre demnach zu einfach, Lehrerinnen und Lehrern eine Schuld zuzuschreiben, die sie nicht zu verantworten haben. Es gibt mehr Schulen in Deutschland als wir denken, die sich Tag für Tag darum bemühen, Lern- und Sozialkompetenzen auch in stark gestörtem, da ungeeignetem Umfeld einzubringen. Doch alle diese engagierten und kreativen Bemühungen laufen häufig ins Leere, solange wir nicht erkennen, welche Bedingungen Schule braucht, um das leisten zu können, was wir alle einfordern.

Ein erster Schritt könnte sein, die Asphalt- und Betonfläche, die wir als Schulpausenhof bezeichnen, in eine gestaltete und anregungsreiche naturnahe Landschaft umzugestalten. Dort kann dann neben der Schulpause im veränderten sozialen und sinnlich anregenden Milieu sowie dem entsprechenden Aufforderungscharakter zum sozialen Lernen auch Unterricht stattfinden, der positive, nachhaltige Auswirkungen auf unsere Zukunftsgeneration haben wird.

Der Erziehungsauftrag und die veränderten Bedingungen in der Schule

Schule ist immer auch ein Ort der Begegnung. Viele SchülerInnen treffen sich dort zum Lernen. In der Regel handelt es sich bei den Schulklassen um eine Zusammenfassung nahezu Gleichaltriger. Altersgemischte Schulklassen gibt es nicht, abgesehen von wenigen Modellschulen, wie z. B. die Laborschule in Bielefeld. Aus der Sicht des Lernens im Sinne von Kulturvermittlung erscheint das sinnvoll und logisch. Nun hat Schule aber noch einen anderen Auftrag. Dieser wird mit Erziehung umschrieben. Es stellt sich die Frage, inwieweit Erziehung in ganzheitlichem Sinne innerhalb einer altershomogenen Gruppe überhaupt geleistet werden kann. Alle neueren Erkenntnisse aus den verschiedensten Fakultäten, die sich mit Erziehung beschäftigen, sprechen nämlich dagegen.

Wir wollen an dieser Stelle aufgrund der Bedeutsamkeit lediglich noch einmal daran erinnern, dass das generationsübergreifende Element im Rahmen des Erziehungsauftrages von ganz grundlegender Bedeutung ist und eng mit dem Bildungsauftrag in Verbindung gebracht werden sollte.
Schule ist und sollte nicht länger ein Ort sein, in der geistige Wissensvermittlung dominiert und der sich dem Druck von außen mehr und mehr anpasst.

Wenn nun auf der einen Seite das Lernen von Sachkompetenzen im Vordergrund steht und andererseits zum Beispiel Sozialkompetenz, Persönlichkeitsentwicklung, Teamfähigkeit und unter anderem Mitmenschlichkeit und Toleranz untereinander vernachlässigt werden, muss das Folgen im Rahmen der Gesamtentwicklung und im Verhalten untereinander haben.

Inzwischen werden neben den rein sachlich-fachlichen Kompetenzen und Lerninhalten von Arbeitnehmern in unserer inzwischen globalisierten Arbeitswelt auch noch ganz andere Kompetenzen und Qualitäten abverlangt: z. B. Anpassungsfähigkeit bzw.

Flexibilität in Bezug auf Arbeitszeiten und Arbeitsorte, Risikobereitschaft und Kreativität, besonders in Bezug auf Problemlösungen. Fehler werden oft nicht mehr unbedingt als Mangel empfunden. Sie werden als Ereignisse definiert, aus denen gelernt werden kann.
Heutige Unternehmensstrukturen erwarten immer mehr soziale und emotionale Kompetenzen wie Dialogfähigkeit, Kooperationsfähigkeit, Kommunikationsfähigkeit. Dazu gehört souverän mit eigenen Gefühlen und Beziehungen umgehen zu können, sie konstruktiv zu nutzen, sich in andere hineinversetzen und zuhören zu können (Empathie). (Funke a.a.O.)
Die Lernprozesse, die nötig sind, um diese Kompetenzen zu erlangen, können jedoch nicht in befriedigender Art und Weise in der Schule von heute vollzogen werden. Es fehlen jegliche personellen und sinnlich-anregungsreichen Grundvoraussetzungen.
Wer das nicht glauben möchte, betrachte Schulpausenhöfe, auf denen mehrheitlich Kinder und Jugendliche in den Pausen eher geparkt als sozial und emotional entspannt und angeregt werden. Jeder kennt sie und hat sie selbst erlebt, die tristen Flächen, die eher Gewalt als Friedfertigkeit und zukunftsorientierte Handlungskompetenz produzieren.
Hunderte von SchülerInnen werden in den Pausen für kurze Zeit aus den Klassenräumen entlassen. Dort mussten sie zuvor still sitzen, dem Unterrichtsangebot folgen und sich an ihrer Leistung messen lassen. Nach zwei Schulstunden – endlich – können sie sich freier bewegen, austoben, Freunde treffen und miteinander reden. Dafür ist die Schulpause zumindest gedacht. Doch es laufen völlig andere Strukturen ab, die noch kompensiert werden durch Lernerfahrungen, die außerschulische Ursachen haben.
Naturnahe Schulpausenhofgestaltung im Verbund mit Partizipationsmodellen zeigen hier Möglichkeiten auf, dem Mangel entgegen zu wirken.

Es ist richtig, dass die Schulpausenhöfe in früheren Zeiten auch nicht besser geplant und ausgestattet waren. Es ist jedoch falsch zu meinen, dass demnach unsere heutigen Kinder und Jugendlichen auch damit zurecht kommen werden. Wer diesen Ansatz vertritt, hat seine eigenen Kindheitserinnerungen verdrängt und übersieht, dass sich die Bedingungen von Kindheit im urbanen Raum inzwischen grundlegend zu deren Ungunsten verändert haben.
Möglichkeiten für Straßenspiele gibt es kaum noch. Die vielen versteckten Winkel und Rückzugsräume sind längst verbaut.
Wo finden Kinder heute noch sinnlich anregendes Ambiente, das ihre Sinne ganzheitlich herausfordert? Wo gibt es Treff- und Interaktionsmöglichkeiten für Jugendliche, sieht man einmal von den Buswartehallen ab, die sie zwischenzeitlich zum Leidwesen Erwachsener besetzt halten und entsprechend markieren?
Wir haben unsere Kinder und Jugendlichen aus dem öffentlichen Leben längst ausgegrenzt. Was wir ihnen als Alternative noch zugestanden haben sind Kinderspielplätze, die keinesfalls als Treff und Bewegungsraum geeignet sind und die bis heute überwiegend alterslimitiert erneut eine soziale Ausgrenzung verdeutlichen.
Nähert man sich dem herkömmlichen Schulpausenhof, mit seiner unstrukturierten Fläche und vergleicht das Freiraumangebot mit den angrenzenden Straßen und Plätzen, dem Abstandsgrün oder den Vorgärten der Häuser, ist kaum ein Unterschied erkennbar. Auch dort hat die Architektur ihre machtvollen Spuren hinterlassen. Vom Anspruch her für den Menschen gebaut, handelt es sich jedoch eher um eine menschenfeindliche Umgebung. Sie ist sinnentleert, keinesfalls sinnlich anregend. Sie ist für jüngere Menschen sogar physisch lebensfeindlich, da die Hauptflächen dem Verkehr eingeräumt wurden.
Innerhalb dieser außerschulischen und schulischen Umgebung wird nun von den Schulen erwartet, dass sie neben dem Bildungsauftrag, absprachegemäß durch die einzelnen Curricula der Fächer, festgeschrieben in den jeweiligen Bildungsplänen der Länder, auch noch die andere, gleichermaßen bedeutsame Bildung leisten sollen, die eng mit dem Erziehungsbegriff in Verbindung gebracht werden kann.

Wo werden Jungen und Mädchen befähigt, partnerschaftliches Verhalten einüben zu können? Und wo wird zum Beispiel ein nachhaltiges Bewusstsein für elementare ökologische Zusammenhänge und Verantwortung gegenüber der Natur so eingeübt, dass wir erwarten können, dass sich unsere Kinder und Jugendlichen danach richten können? Sicherlich wird das alles im Unterricht beachtet und eingebracht. Aber es bleibt theoretische Wissensvermittlung und hat mit konkret gemachten Erfahrungen wenig zu tun. Es wird schulisch gelehrt, aber nicht konkret gelernt, da es weder sozial, noch emotional und schon gar nicht sinnlich wahrgenommen und „begriffen" werden konnte.

Dort wo solche Erfahrungen jedoch möglich wären, im Schulpausenhof, fehlen die Bedingungen für die lauter formulierten Ziele. Aus heutiger Sichtweise und der Erkenntnis, wie SchülerInnen tatsächlich lernen müssten und welche Instrumentarien sie dazu benötigen, kommt man an der Forderung nicht mehr vorbei, auch Schulpausenhofkonzepte neu zu überdenken und diese entsprechend umzugestalten. Erziehung und Bildung kann dort zu einem integrativen Lernangebot werden, so wie es alle Kultusministerien der jeweiligen Bundesländer einfordern, es sich das Lehrpersonal wünscht und die Eltern es erwarten. Ganz im Sinne des Grundgesetzes Artikel 3 (1) „Alle Menschen sind vor dem Gesetz gleich. Niemand darf wegen seines Geschlechtes, seiner Abstammung, seiner Rasse, seiner Sprache, seiner Heimat und Herkunft, seines Glaubens, seiner religiösen oder politischen Anschauungen benachteiligt oder bevorzugt werden." Vielleicht ist noch anzumerken, dass das Grundgesetz, Artikel 1 mit nachfolgend erwähnter Aussage beginnt: „Die Würde des Menschen ist unantastbar. Sie zu achten und zu schützen ist Verpflichtung aller staatlichen Gewalt." Kinder und Jugendliche sind auch Menschen. Der Unterschied zum Erwachsenen liegt darin, dass sie noch unsere besondere Unterstützung auf dem Weg zur Erwachseneninsel benötigen und noch keine potentiellen WählerInnen sind. Wie wir sie dahin begleiten, welche Bedingungen wir für sie schaffen, wird darüber entscheiden, in welche Richtung sie sich entwickeln können. Wir sollten uns daher nicht über die Zunahme auffällig gewordener Kinder und Jugendlicher beklagen sondern hinterfragen, wo die Ursachen für solche Fehlentwicklungen liegen und dafür sorgen, dass erkannte Mängel baldmöglichst beseitigt werden.

Ein Beispiel dafür ist der Schulpausenhof, der, sofern das Grundgesetz und die Bildungspläne tatsächlich ernst genommen werden, kurzfristig und wirkungsvoll verändert werden könnte. Naturnahe Schulpausenhofgestaltungen eignen sich dabei besonders gut als multifunktional ausgerichtete Lernorte.

Soziale Kontrolle und Vandalismus

Favorisieren wir SchülerInnen- und Bürgerbeteiligungsmodelle bei der Planung und Umgestaltung des Schulhofes und bedenken dabei, wie viele junge Menschen an der Gestaltung des naturnahen Schulpausenhofgeländes dann aktiv mitgearbeitet haben, beziehen wir deren Eltern, Freunde und Bekannte mit ein, wird unschwer erkennbar, dass sich alleine dadurch soziales Miteinander und Kontrolle einstellt. Vandalismus tritt in der Folge eher selten auf. Gelingt es zudem, den Schulpausenhof auch noch als Ort der Begegnung und des intrinsisch motivierten Lernens zu begreifen und danach zu leben, multipliziert sich diese Entwicklung noch um ein Vielfaches. Das konnte bisher an allen Schulorten nachgewiesen werden, wo man sich konsequent auf solche Lernprozesse eingelassen hatte. Wer ist schon bereit anderen kommentarlos zu gestatten, das mitbeeinflusste Geschaffene zu zerstören? Zu groß ist die Identifikation damit. Das gilt insbesondere für soziale Gruppen, in diesem Falle für die jeweiligen Schulklassen, die damit begonnen haben Verantwortung für eine Sache zu übernehmen. Diese ist nicht nur intellektuell bestimmt. Sie greift auch stark in unsere Gefühlsebenen ein und bestimmt so ein Sozialverhalten, das sich dem Gemeinwohl unterordnen will. Diese logischen Abfolgen müssen demnach nicht weiter beschrieben werden. Es liegt an jedem Einzelnen, einmal für sich selbst zu überprüfen, wie er sich verhalten würde, wenn jemand seinen mit hohem Engagement und eigenverantwortlich eingebrachten „Handabdruck" oder den der am Prozess gleichfalls Beteiligten zerstören würde.

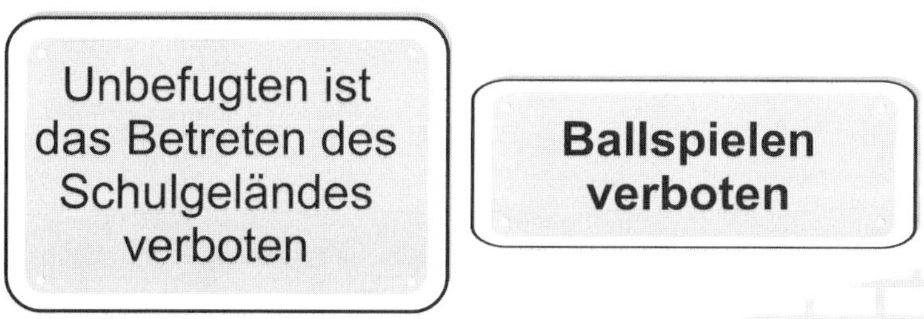

Ganz anders verhält es sich jedoch bei unstrukturierten, mit Asphalt und Beton gebauten Schulpausenhöfen, in denen Orientierungslosigkeit vorherrscht und deren Gestaltung nicht von den SchülerInnen selbst beeinflusst werden konnte. Sinnesarm und sozial kalt werden diese Räume von den Kindern und Jugendlichen empfunden. Dadurch provozieren solche Schulpausenhofkonzepte non-konforme Verhaltensmuster. Nur erkennen das Erwachsene ganz offensichtlich noch nicht in der gesamten Tragweite. Wir registrieren Verhaltensauffälligkeiten, Gewalt in nahezu allen Formen und Vandalismus. Im Grunde handelt es sich jedoch nur um eine andere Form von Kreativität, die versucht irgendwelche Strukturen an Orten zu schaffen, wo das auf Grund der Gegebenheiten kaum möglich ist. Bedenken wir doch einmal, wie viele Stunden, Tage und Jahre junge Menschen zwangsläufig Schulen besuchen. Bedenkt man dabei, dass ein junger Mensch im Rahmen seiner Schulausbildung viele Stunden seines noch in einer starken Prägungsphase befindlichen Lebens auf dem Schulpausenhof zwangsläufig durch Pausenzeiten verbringt (Kraft, a.a.O.), braucht es nicht verwundern, dass auch daraus ein Gesamtverhalten resultiert, welches nicht nur in der Schule, sondern auch außerhalb und im späteren Leben nachhaltige Spuren hinterlassen wird.
Sichtbar sind dabei nur die äußeren Erscheinungsbilder für uns, die wir schmerzvoll zur Kenntnis nehmen. Es gibt aber durchaus auch eine Vielzahl scheinbar angepasster junger Menschen, bei denen der Prägungsmechanismus nach innen gerichtet ist. Diese Gruppierung bleibt vorerst unerkannt, da unauffällig, und weniger beachtet. Treten dann zu einem späteren Zeitpunkt Mangelerscheinungen auf, die wir bereits als psychosomatische Störungen und mangelnde Sozialkompetenz beschrieben haben, fällt es schwer, die Ursachen unter anderem auch dem Schulpausenhof zuzuschreiben.

Das „Pädagogische Konzept" und der Umgang mit dem naturnahen Schulpausenhof

Schaffen wir es, den Schulpausenhof naturnah umzugestalten, kommen wir in den Besitz eines überdimensional großen pädagogischen Raumes. Dieser ist auch als Lernfeld zu verstehen und dient nicht nur als sinnlich anregender Raum der Begegnung während den Pausenzeiten. Aus diesem Grunde sollte sich die Schule ein Konzept überlegen, das Orientierung gibt für künftiges pädagogisches Arbeiten innerhalb dieses Freigeländes.

Das pädagogische Konzept „Naturnaher Schulpausenhof"

Naturnahe Schulpausenhofumgestaltung ist mehr als nur eine Veränderung der Schulpausenhofsituation durch Flächenentsiegelung. Sie ist Teil einer Gesamtkonzeption der Schule und sieht auch nach der baulichen Veränderung eine aktive Beteiligung der Schülerinnen und Schüler im Rahmen von fächerübergreifenden Unterrichtseinheiten vor. Diesbezüglich soll das bestehende Curriculum und die jeweiligen Lehrpläne überprüft und entsprechend auf das naturnahe Schulpausenhofkonzept, zumindest in Teilbereichen, modifiziert werden. Auch hierbei kann die Methode der Kinder- und Jugendpartizipation Anwendung finden.

Voraussetzung für diesen erweiterten und in Teilen offenen Lehrplanansatz ist die Teamfähigkeit des Lehrerkollegiums mit entsprechender Flexibilität bei den jeweiligen Unterrichtseinheiten sowie die Bereitschaft sich auch fachübergreifend identifizieren und auseinander setzen zu wollen.

Diese anspruchsvollen und erweiterten Zielvorgaben sind bereits inhaltlicher Bestandteil der naturnahen Schulpausenhofgestaltung vor und während des Planungsprozesses. Nach der Umsetzung in wesentlichen Teilbereichen muss es künftig auch darauf ankommen, den naturnahen Schulpausenhof mit pädagogischen Inhalten zu füllen, die über freizeitpädagogische und sozialintegrative Aspekte hinaus gehen. Das schließt auch den Bildungsauftrag der Schule mit ein.

Möglicher Ablauf zu Gunsten einer pädagogischen Konzeption

„Bilden, Erziehen, Identifizieren, Eigenverantwortung übernehmen"

- Willensbildung und verbindliche Vereinbarung der pädagogisch Beteiligten.
- Zeitliches Budget und Voraussetzungen schaffen.
- Kinder- und Jugendpartizipation vorbereiten und durchführen.
- Öffentlichkeitsarbeit und Transparenz gegenüber den Eltern.
- Konsens finden und vereinbaren.
- Realisierung im Rahmen der Umweltbildung und Umwelterziehung.
- Ziele der Agenda 21 praxisorientiert einbringen.
- Dokumentation, Austausch und Transparenz mit anderen Schulen.
- Weiterbildung im Rahmen fakultätsübergreifender Zielfindungen.

Das pädagogische Konzept im Rahmen der Freiraumnutzung mit Kindern und Jugendlichen kann nicht einheitlich und verbindlich für alle Schulen formuliert werden. Es wird abhängig sein vom jeweiligen Engagement aller Beteiligten und den baulichen Voraussetzungen des naturnahen Schulpausenhofes. Grundsätzlich kann jedoch festgestellt werden, dass zur Erreichung der Ziele stets ein Prozessverlauf eingehalten werden muss. Dieser beginnt mit einer Willensbildung der Schule unter aktiver Beteiligung der pädagogischen MitarbeiterInnen und endet im ersten Schritt mit einer inhaltlich verbindlichen Vereinbarung aller Betroffenen. Diese muss ständig eigenverantwortlich, aber auch durch die Schulleitung überprüft werden und künftig Bestandteil der pädagogischen und erziehungsbildenden Arbeit der Schule sein. Nicht angetastet werden dabei die Vorgaben der jeweiligen Lehrpläne. Diese sind inhaltlich flexibel genug. Neu ist vielleicht die Erkenntnis, dass durch praxisorientierte Methoden im Rahmen der pädagogischen Konzeption künftig auch noch andere Themenschwerpunkte und Lerninhalte ergänzend in der Schule vermittelt werden können, die bisher unterrepräsentiert bzw. noch nicht behandelt wurden. Das betrifft insbesondere diejenigen Lerneinheiten, welche Bildung und Erziehung miteinander vereinen können.

◆ Willensbildung und verbindliche Vereinbarung der pädagogisch Beteiligten

Ein in der Praxis funktionierendes pädagogisches Konzept und die Ausnutzung vieler Möglichkeiten im Rahmen der pädagogischen und erziehungsbildenden Arbeit in Schulen setzt die Erkenntnis dieser Chancen bei der Schulleitung und dem Lehrerkollegium voraus. Hierzu muss am Anfang ein Prozess für die gewünschten Ziele in Gang gesetzt und anschließend ein Konsens gefunden werden. Dieser sollte schriftlich niedergelegt werden und künftig Bestandteil der Schularbeit sein.

Hierfür ist eine außerordentliche Lehrer- oder Schulkonferenz geeignet. Neben allgemeinen Fragen zur Umwelterziehung und Umweltaufklärung sollte jede Fachrichtung im Vorfeld über ein Brainstorming Ziele formulieren, die sie als besonders bedeutsam anerkennt und innerhalb dieser Lerninhalte auch aktiv im künftigen Unterricht arbeiten will. Bringen alle am Lernprozess beteiligten Personen entsprechende Formulierungen in die Konferenz ein, die vorab schriftlich ausgearbeitet, gesammelt und nach Lernzielen geordnet werden sollten, kann bei der gemeinsamen Auseinandersetzung mit konstruktiven Ergebnissen gerechnet werden.

BEISPIEL 1: Mathematik

Gewichte, Volumen, Dichte am „Beispiel Natursteine" ermitteln, vergleichen, berechnen. ● Kosten ansetzen und auf andere Dimensionen übertragen (Eigengewicht, Kilogramm, Tonne etc.). ● Umrechnung auf andere Währungen etc.

Fachübergreifende Themen:

Bestimmung der Natursteine und Vergleiche miteinander anstellen. ● Fundstellen bestimmen. Geografische Zuordnung mit Nebenfragen zum gefundenen Standort. ● Natursteinkunde (Vulkanite, Basalt bis Sedimente, Kohle, Sand und Böden). Steine, Mineralien und Versteinerungen. ● Die Entstehung der Gesteine im Laufe der Erdzeitalter. ● Stein als Baumaterial. Denkmalpflege und Beruf Steinmetz. Natursteine bearbeiten. ● Altersbestimmung von Gesteinen und Artefakten (Physikalische und chemische Uhren in Geologie und Archäologie). ● Einführung in das Bauingenieurwesen und die Architektur. ● Steine erzählen lassen. Collagen mit Steinen. Farbvergleiche und Einschlüsse. Ausstellung „Natursteine" u. v. m.

Stein ist der im Volksmund gebräuchliche Sammelbegriff für alle festen Bestandteile der Erdkruste außer Eis. Der Juwelier dagegen versteht unter Stein nur Edel- und Schmucksteine; der Mann/die Frau der Bauwirtschaft wiederum das Material, mit dem er/sie Bauten errichten kann. In der Geologie aber spricht man nicht von Steinen, sondern nur von Gesteinen und Mineralien.

BEISPIEL 2: Biologie

Wildkräuter, Gräser und heimische Gehölze bestimmen, untersuchen und Pflanzengemeinschaften erkennen. ● Unterscheidungskriterien der einzelnen Arten festlegen und Gemeinsamkeiten aufschlüsseln. Wildkraut und „Unkraut". Heimisch und zugewandert. ● Bodenbestimmung, Versiegelte und entsiegelte Flächen (Vergleiche anstellen). ● Tier- und Pflanzengemeinschaften. Rote Listen vergleichen. Zukunftssichernde Maßnahmen. Nachwachsende Energien. Die Bedeutung der Pflanzen- und Tierwelt für den Menschen. ● Wegwerf- und Verbrauchsgesellschaft im Kontext mit den ökologischen Konsequenzen. ● Der Wasserhaushalt und Biotopverbundnetze rund um die Schule etc.

Fachübergreifende Themen:

Agenda 21. ● Das eigene Pflanzen- und Tiermalbuch. Exkursionen in die Umgebung. Vogelstimmen und andere Naturgeräusche bestimmen, aufnehmen und verwerten. ● Mit Wildkräutern kochen und backen (an alle das Angebot einer „Unkrautsuppe"). ● Farbenpracht „grün" und die Farbenlehre. ● Lesetexte zur heimischen Pflanzen- und Tierwelt selbst entdecken. ● Mit Blättern und Blüten Naturgemälde herstellen. Bauen mit Holz (Fachwerkhäuser in Deutschland). ● Eine Flöte aus Weidenstöcken bauen (alternativ Eberesche). ● Sauerstoff und Kohlendioxyd. Pflanzen als Lebewesen (der Schöpfungsgedanke). ● Evolutionstheorie. ● Dinosaurier leben noch unter uns (zum Beispiel die Asseln seit etwa 30 Millionen Jahren). ● Kohle und Kohleabbau. ● Der heimische Wald. FörsterIn als Berufsbild. ● Die Landwirtschaft

und ihre Berufe. ● Tierhaltung und Tierschutzgesetz. ● Die BSE-Krise Europas. Maul- und Klauenseuche. Wo liegen die Schwerpunktländer? ● Wie ist das mit der Spinnenphobie? ● Medizin und Naturheilverfahren (Bachblüten bis Scharlatanerie), Leben und Tod etc.

BEISPIEL 3: Sport

Der Schulpausenhof als Bewegungsbaustelle. ● Mit den Sinnen die Umwelt erfahren. Barfuß gehen. Klettern, Rutschen, Hangeln, Balancieren. PartnerInnen-Spiele. Wir werden wieder Sammler (Suchaufträge). ● Abfall, ein Problem (laufen, sichten, sammeln als Übungen für grob- und feinmotorische Aktionen – Müll-Rallye). ● Kinder und Jugendliche verrichten Gartenarbeiten. ● Spiele, Tanz und Musik im Grünen. ● Das Forscherteam trainiert im Naturgelände. ● Tierweitsprung im Vergleich. ● Was krabbelt denn da? ● Fallen lernen und Fallen stellen etc.

BEISPIEL 4: Entdeckungsreise

Ist man für diese Aufgabenstellungen nicht ausreichend gerüstet und mangelt es im Moment noch an Ideen, die eine Konformität zum gegenwärtigen Lehrplan erkennen lassen, empfiehlt sich ein Rundgang über das Schulgelände. Spannende und konstruktive Ergebnisse werden Sie am ehesten finden, wenn Sie mit KollegenInnen selbst einmal auf Entdeckungsreise gehen.

Da im Alltag des Schullebens, in den jeweiligen Unterrichtseinheiten der Lehrpläne, aber auch in der Aus- und Fortbildung der Lehrenden die Sozial- und Ökokrisen und ihre Ursachen eher noch eine untergeordnete Rolle spielen, sollte man sich bei der Schulpausenhofexkursion immer auch auf die pädagogische Freiheit bei der Auswahl der Themen besinnen. Das wird nicht immer einfach sein, da einem bei der Entdeckungsreise bewusst wird, dass wir angesichts der vielen Fragen, die sich stellen, selbst wieder zu Lernenden werden (und es lebenslang auch bleiben). Auch sollte sich der Erwachsene immer bewusst sein, dass insbesondere Kinder ihre Umwelt anders begreifen als die Lehrenden mit ihrem Wissensvorsprung und das Neugierverhalten bei Kindern und Jugendlichen dabei noch besonders stark ausgeprägt ist, sofern sie sich auch emotional angesprochen fühlen. Dementsprechend werden Fragen gestellt.

An **zwei Beispielen** können Sie für sich selbst überprüfen, inwieweit der eigene Lernprozess hierzu abgeschlossen ist oder noch ergänzt werden muss:

1. ***Die Brennnessel brennt uns auf die Haut – wer sie kennt, muss sich also nicht gleich in die Nesseln setzen!***

Für den Menschen eher unangenehm ist die Berührung mit der Brennnessel auf der Haut. Sofort beginnt die Hautstelle zu brennen. Das kann bei empfindlich reagierenden Menschen mehrere Stunden andauern. Manche bekommen sogar stark gerötete und brennende Quaddeln, die wie Wasserblasen aussehen und schmerzhaft sind.

Es handelt sich dabei lediglich um einen Selbstschutz der Pflanze, die sich nun einmal ausgesprochen wehrhaft zeigt.

Aber: Wie wehrt sich eigentlich die Kleine Brennnessel (Urtica urens) oder die Große Brennnessel (Urtica dioica)?

2. ***Der Regenwurm als nutzbringender Gärtner. Bei starkem Regen taucht er nicht ab, sondern auf und zeigt sich in voller Größe!***

Eigentlich sind Regenwürmer (Lumbricidae), bzw. Ringelwürmer jedem Menschen bekannte Bodenbewohner. Sie fressen Humus und Pflanzenstoffe und sind durch das Umarbeiten und Düngen des Bodens ausgesprochen nützliche Tiere. Bei uns in Mitteleuropa werden Regenwürmer bis zu 30 cm lang. Sie haben aber auch noch tropische Verwandte, die eine stattliche Länge von bis zu 3,30 Meter erreichen können (tropischer Riesenregenwurm/Megaloscole cidae). Regnet es nun bei uns eine längere Zeit, kommen die Regenwürmer aus ihren Gängen nach oben. Nicht selten sind dann mehrere davon auch auf Festbelagsflächen zu finden. Sie bewegen sich dabei ausgesprochen aktiv.

Aber: Eine einfache Kinderfrage könnte nun sein, warum die Regenwürmer bei Regen nach oben ins Freie aus ihren Gängen kommen. Wie würden Sie denn diese Frage beantworten?

◆ Zeitbudget und Voraussetzungen schaffen

Ist der erste, ausgesprochen wichtige und für alle Lehrenden verbindliche Schritt vereinbart und sind die Grundthemen als Unterrichtseinheiten formuliert, sollte für das jeweilige Schuljahr ein spezielles Zeitbudget vorgemerkt werden, das sich mit praxisorientiertem Unterricht beschäftigt. Der naturnahe Schulpausenhof wird dabei zum Lernfeld, das auch erzieherische Aufgaben berücksichtigt und die Übernahme von Verantwortung in überschaubaren Größenordnungen vorsieht.

Die zu erwartenden und in Teilen fachübergreifenden Unterrichtseinheiten wurden ansatzweise sowie beispielhaft vorgestellt. Nun geht es darum, den SchülerInnen auch Aufgaben zu übergeben, die eigenverantwortliches Denken und Handeln ansprechen. Hierfür müssen die entsprechenden Voraussetzungen für die jeweiligen Klassen hergestellt werden. Angesprochen ist die Erhaltung und Pflege des naturnahen Schulpausenhofes. Dabei ist nicht gemeint, dass künftig die jungen Menschen ausschließlich den Wartungsaufwand anstelle der HausmeisterInnen bzw. des Pflegepersonals übernehmen sollen.
Gedacht ist jedoch daran, eine Sensibilisierung dergestalt herzustellen, die sich gegen den Konsum- und Müllterror wendet und Mitverantwortung sowie Mitbestimmung als Unterrichtsgegenstand vorsieht.

So sollte jede Schule das Ziel verfolgen, ihren SchülerInnen ausreichend Gelegenheit zu geben, den naturnahen Schulpausenhof auch als Miteigentum und Lernort zu erkennen, den sie aktiv mitgeplant und umgebaut haben. Das ist in der heutigen Zeit nicht immer ganz einfach, da das Mitverantwortungsbewusstsein gegenüber öffentlichem Eigentum nicht mehr sehr stark ausgeprägt ist und sich im Sozialstaat ganz offensichtlich nur unzureichend prägen konnte. Hinzu kommt noch ein Wohlstandsdenken mit einer konsumorientierten Haltung innerhalb der Gesellschaft, welche den Erziehungsauftrag der Werteerhaltung bei jungen Menschen inzwischen stark eingeschränkt hat. Deutlich zu erkennen ist dieser Aspekt rund um die Einrichtungen durch das Müllproblem unserer Wegwerfgeneration, dem immer noch zunehmenden Vandalismus als Ausdruck von Unzufriedenheit und Ablehnung sowie u. a. durch die Zunahme der Gewaltbereitschaft, die Schüler inzwischen selbst zu Tätern werden lässt. Dieses gesellschaftsrelevante Problem kann auch eng mit Existenz- und Lebensängsten in Verbindung gebracht werden.

Junge Menschen und nicht nur diese, empfinden heute in der Regel im Rahmen ihrer Lernprozesse ihre gebaute und soziale Umwelt als unveränderbar. Nichts kann wirklich legitimiert ausprobiert und verändert werden. Alles ist vorgedacht. Das betrifft insbesondere die Architektur. Sie wirkt wie ein Rahmen, in dem wir Menschen uns bewegen und aus dem wir nicht ausbrechen können. Innerhalb dieses Rahmens findet jedoch Prägung statt.

Wenn dem so ist, kann Architektur, also auch die Schule und der Schulpausenhof, als Instrument verstanden werden, das heilend und anregend wirkt oder verheerende Folgen im menschlichen und zwischenmenschlichen Verhalten produziert. Es liegt somit an uns allen, wie wir unseren Kindern, der Zukunftsgeneration, wieder Werte vermitteln und sie Einfluss nehmen lassen. Dazu gehören auch Erziehung zur Werterhaltung gemeinsam genutzten Eigentums und die Vermittlung von Erkenntnissen, dass Lernorte auch einer kontinuierlichen Wartung und Pflege bedürfen.

Demnach wäre es bedeutsam, wenn die SchülerInnen die Bereitschaft mitbringen würden, hierbei einen aktiven und, bezogen auf den Lernerfolg innerhalb der jeweiligen Unterrichtseinheiten, sinnvollen Beitrag mit zu leisten. Dazu bedarf es einer Anleitung, die sowohl gesellschaftspolitisch als auch ökonomisch und vor allem sozial und ökologisch entsprechend den jeweiligen Altersstufen zu begründen ist.

Man kann keinesfalls davon ausgehen, dass sich der junge Mensch diese Inhalte selbst und ohne Fremdbestimmung aneignen kann. Auch vom Elternhaus kann heute in der Regel hierzu keine allzu große Hilfe mehr erwartet werden. Zu weit haben wir uns inzwischen von diesen Grundwerten und dem intrinsisch motivierten globalen Denken entfernt. Alles scheint käuflich zu sein. Ordnung wird von speziell dafür bezahlten Personen wieder hergestellt. Probleme werden irgendwie ausgeräumt. Wenn man Pech hat, regeln Versicherungen den produzierten Schaden. Schuldgefühle kommen dabei nur selten auf. Hauptsache man kann auch weiterhin aus dem Vollen schöpfen und das gelernte und von uns Erwachsenen vorgelebte egozentrische Verhalten ausleben, ohne konkret über die Folgen nachzudenken.
Beschrieben wurden Lerninhalte, die auch im Einklang mit dem Erziehungsauftrag der Schule einhergehen. Diese sollten verstärkt im Unterricht nicht nur theoretisch behandelt, sondern konkret gelebt werden. Was wäre dafür geeigneter als der naturnahe Schulpausenhof, der als überdimensionaler Lernort verstanden werden darf.
Ein pädagogisches Konzept geht somit nicht nur auf intellektuelle Lerninhalte entsprechend der Lehrplanvorgaben ein. Es bemüht sich auch um Erziehung und demokratisches Verständnis, welches das Gemeinwohl im Blickpunkt hat.

◆ Kinder- und Jugendpartizipation vorbereiten und durchführen

Wünschen wir uns aber in der Schule ein aktives und funktionierendes Gemeinschaftsleben, sollten wir die SchülerInnen an diesem Prozess konkret beteiligen. Ist es richtig, dass Architektur einen Rahmen darstellt, der von Erwachsenen ausgedacht wurde und der für die jungen Menschen nahezu unveränderbar bleibt und vergleicht deren Verhalten als Spiegelbild der jeweiligen Gesellschaft, scheint man einen Widerspruch in unseren Erwartungen aufzudecken. Das Denken und Handeln der jungen Generation geht offensichtlich nicht konform mit unseren Vorstellungen, die demnach kritisch hinterfragt werden müssen.
Idealerweise kann das in der Schule im Unterricht erfolgen. Thematisiert auf das pädagogische Konzept in Kombination mit der gemeinsamen Pflege und den auftretenden Problemen bei der Nutzung werden die SchülerInnen schnell zu kreativen und brauchbaren Vorschlägen kommen. In jedem Falle werden sie erkennen, dass eine Nutzung immer auch mit begleitenden Aufgabenstellungen zu tun hat. Diese müssen nur überschaubar und auch leistbar sein. Entsprechend sind die Vorschläge auch zu selektieren und mit Lerninhalten zu füllen.
Diese Lerninhalte sollten sich weniger mit klassischen Unterrichtsthemen beschäftigen. Der Schwerpunkt liegt eher im sozialen Bereich. Vermittelt werden Lernaspekte, die das Gemeinwohl und die Verantwortungsbereitschaft auch gegenüber jüngeren SchülerInnen betreffen. Junge und Ältere arbeiten somit eng zusammen. Dieser innovative Ansatz wird seit längerer Zeit in der Museumspädagogik mit Erfolg praktiziert. Im pädagogischen Konzept zum naturnahen Schulpausenhof dürften vergleichbare Erfolge erzielt werden können, die zudem noch den Generationskonflikt zwischen den Schuljahrgängen entschärfen.
Konkret ist gemeint, dass ältere SchülerInnen in Kleingruppen Verantwortung für die jüngeren während der Pausen übernehmen und diese durchaus auch zu einem qualitativ veränderten Ordnungssinn anhalten bzw. Streitigkeiten in einer Sprache schlichten können, die uns Erwachsenen verloren gegangen ist.
Wichtig ist nur, dass zwischen den jeweiligen Generationsgruppen zuvor gegenseitige Akzeptanz hergestellt wird. Freies Agieren, ohne vorherige Vereinbarungen, wird in der Regel scheitern, da in einem solchen Falle ein sozial geprägtes Instrumentarium eingesetzt wird, das in den herrschenden gesellschaftlichen Machtverhältnissen begründet ist.
Auch diese Aufgabenstellung kann im Unterricht zuvor thematisiert und verbindlich festgelegt sowie danach übergeordnet von der Pausenaufsicht überprüft werden.

◆ Öffentlichkeitsarbeit und Transparenz gegenüber den Eltern – Konsens finden und vereinbaren

Das Schulleben ist als offener Prozess auch nach außen zu verstehen. Wenngleich in der Regel bisher nur wenig genutzt, gilt das auch für die Freiheit der Lehre bei den Unterrichtseinheiten, bezogen auf den Lehrplan und somit für die Bereitschaft zur Veränderung und Anpassung an neue Herausforderungen. So muss zum Beispiel heute, im Gegensatz zu früher, in der Schule ein größeres Augenmerk auf den im Lehrplan festgeschriebenen Erziehungsauftrag gelegt werden, da sich innerhalb der Familienstrukturen ein deutlicher Wandel vollzogen hat. Diese Aufgabenstellung ist sozialpädagogisch orientiert und bedarf einer entsprechenden Kompetenz. An dieser Stelle soll noch einmal darauf hingewiesen werden, dass auch für die Lehrenden der Lernprozess zu keiner Zeit abgeschlossen ist und sich das Schulleben, wie unsere Gesellschaft auch, derzeit spürbar verändert und neue Herausforderungen bewältigt werden müssen.

Dieser sich rasant entwickelnde Prozess ist in allen Schulen spürbar. Diskutiert wird er in den Medien und auf Fachkongressen. Die Schule selbst, welche dabei direkt betroffen ist, sollte demnach ihre eher festgefahrenen Strukturen ändern und sich auf die neuen Herausforderungen stärker einstellen.
Das darf nicht dem Engagement von Einzelpersonen innerhalb der Schule überlassen bleiben. Benötigt wird ein für alle verbindliches Konzept, das über eine offene Auseinandersetzung und unter aktiver Beteiligung auch der Eltern geführt werden sollte. Hierzu gehören ebenso die deutlichen Hinweise, was Schule leisten kann und wo sie Mitarbeit und Unterstützung von außen, von den Eltern braucht.
Dieser Sachverhalt wird noch immer zu wenig transparent gemacht. Aufgabe der Schule wird es dabei sein, die öffentliche Diskussion in Gang zu setzen und zuvor mit Inhalten zu füllen. Auch hierzu bedarf es einer Offenheit im Lehrerkollegium und eines Zeitbudgets, damit die jeweiligen Problemstellungen nicht nur benannt, sondern auch mit Lösungsvorschlägen ausformuliert werden können. Oftmals ist es hierbei sinnvoll und hilfreich, wenn die Steuerung einer solchen Auseinandersetzung extern unterstützt und begleitet wird.

Sind die erweiterten und oftmals neuen Zielsetzungen schulintern im Lehrerkollegium besprochen, erkannt und ergebnisorientierte Möglichkeiten aufgezeigt, werden sie sinnvollerweise schriftlich niedergelegt und im Anschluss die Eltern in diesen Prozessverlauf eingebunden. Man wird überrascht sein, welche zusätzlichen Kompetenzen dabei freigesetzt werden, da auch bei den Eltern das zunehmende Erziehungsproblem erkannt ist und Hilfen erwartet werden.
Wichtig für ein Gelingen ist Offenheit auf beiden Seiten, denn das Thema ist sehr emotionsgeladen und muss sensibel angegangen werden. Nicht selten eskaliert zu Beginn die Auseinandersetzung, weil Eltern die Schilderung des Status Quo als Schuldzuweisung missverstehen und ihrerseits mit Vorwürfen „zurückschlagen". Umso wichtiger sind fachliche Kompetenz in der Leitung der Diskussion. Am Ende steht, wie zuvor mit den SchülerInnen bzw. den Lehrenden der Schule gleichfalls vereinbart, ein Regelwerk, das alle kennen und sich nun daran orientieren.

Bezogen auf die Lerninhalte und den Erziehungsauftrag der Schule, gilt das auch, pädagogisch und sozial begründet, für die Pflege und Wartung des naturnahen Schulpausenhofgeländes und der Umgang damit. Wird wie oben beschrieben vorgegangen, findet mehrheitlich eine Bewusstseinsveränderung auch bei den Eltern statt.
Mit diesem Ergebnis geht es dann in die Öffentlichkeit, was so einen übergeordneten Prozess mit der entsprechenden Akzeptanz in Gang setzt.

◆ Realisierung im Rahmen der Umweltbildung und Umwelterziehung – Ziele der Agenda 21 praxisorientiert einbringen

Naturnahe Schulpausenhofkonzepte und das methodische Vorgehen im Rahmen von Partizipationsmodellen unter aktiver Beteiligung von SchülerInnen sowie deren Eltern entsprechen grundsätzlich immer auch den Zielsetzungen der Agenda 21. Die Konferenz der Vereinten Nationen für Umwelt und Entwicklung hat hierzu im Jahre 1992 in Rio de Janeiro klare Aussagen getroffen. Grundsätzlich geht es dabei um Maßnahmen, die zukunftsichernden Wege ins 21. Jahrhundert aufzeigen.

Folgende Kapitel im Abschlussdokument der Agenda 21 sind bei naturnahen Konzeptionen, so wie sie das FFS-Konzept realisiert, angesprochen:

Kapitel 4 Veränderung der Konsumgewohnheiten
Kapitel 6 Schutz und Förderung der menschlichen Gesundheit
Kapitel 8 Integration von Umwelt- und Entwicklungszielen in der Entscheidungsfindung
Kapitel 15 Erhaltung der biologischen Vielfalt
Kapitel 25 Kinder und Jugendliche und nachhaltige Entwicklung

Dementsprechend leistet das naturnahe Schulpausenhofkonzept auch einen Beitrag zur Umsetzung der Agenda 21, zu dem sich in Rio de Janeiro 179 Staaten der Welt bekannt und deren Herausforderung für sich angenommen haben. Zu den jeweiligen Themen, die sich aus der Konzeption entwickeln lassen, wurden bereits unter „Willensbildung und verbindliche Vereinbarungen der pädagogisch Beteiligten" beispielhaft Ausführungen vorgetragen. Das erweiterte Lehrplanmodell kann dabei als regionaler Beitrag für die Agenda 21 verstanden und anderen Schulen zur individuellen Anpassung zur Verfügung gestellt werden.

◆ Dokumentation, Austausch und Transparenz mit anderen Schulen

Geht die Schule mit einer solchen Einteilung und den entsprechenden Aufgabenstellungen konform bzw. hat sie diese auf die eigenen Zielsetzungen abgeändert, sollte schulintern hinterfragt werden, welche Nutzungsqualitäten diese einzelnen Bausteine für Lerneinheiten haben.

Hierzu wurden unter „Willensbildung und verbindliche Vereinbarungen der pädagogisch Beteiligten" bereits erste Impulse und Möglichkeiten aufgezeigt. Diese sind im LehrerInnenkollektiv auszuformulieren und schriftlich festzuhalten sowie fortzuschreiben. Anschließende Erfahrungsberichte dienen der Modifizierung und Weiterentwicklung. Sie dienen aber auch zum Wissensaustausch mit anderen Schulen. Auch dieser Sachverhalt soll als Prozess verstanden werden.

◆ Weiterbildung im Rahmen fakultätsübergreifender Zielfindungen

Neben den Lerninhalten bieten sich auch erzieherische Aufgabenstellungen an, die sich mit der Pflege und Wartung der einzelnen Bausteine beschäftigen. Eine Kombination von älteren und jüngeren Schülern ist erstrebenswert. Auch hierzu wurden bereits erste Begründungen formuliert. Grundsätzlich kann für alle Kleinbereiche verbindlich gelten, dass die Wertstoffentsorgung (Müllproblematik) künftig von den SchülerInnen eigenverantwortlich übernommen werden kann. Hierzu bieten sich übrigens begleitend interessante Themen für Unterrichtseinheiten an (Müllproblematik über sichtbare Objekte transparent machen, die durchaus künstlerische Akzente auf Zeit setzen können etc.). Das bedarf jedoch gewisser Weiterbildungsmaßnahmen, die sowohl fakultätsübergreifend innerhalb der Schule als auch extern wahrgenommen werden sollten.

Wartung und Pflege als Teil des „Pädagogischen Konzeptes"

Wichtig für die Bereitschaft der SchülerInnen, sich aktiv an der Pflege „ihres Pausenhofes" zu beteiligen, ist das Herstellen einer auch emotional gesteuerten Identifikation mit dem Schulpausenhofgelände. Das kann sich nur dann dauerhaft aufbauen und entwickeln, wenn der naturnahe Schulpausenhof zum Unterrichtsgegenstand wird und SchülerInnen wie LehrerInnen darin arbeiten. Demnach kann sich der Aufenthalt nicht nur auf die Pausenzeiten begrenzen.
Je intensiver und anhaltender junge Menschen diesen überdimensionalen pädagogischen Raum erleben, umso stärker werden sich auch soziale Kontrolle und der Wunsch nach Werterhalt einstellen.

Da die Pflege- und Wartungsarbeiten nicht nur miteinander koordiniert werden sollten, sondern auch kontrolliert werden müssen, empfiehlt sich das Aufstellen eines festen Zeitplans für diese Arbeiten. Nicht bewährt hat sich ein gemeinsamer, fester Termin für alle verantwortlichen Klassen, da diese in einem solchen Falle oftmals durch die anderen Gruppen abgelenkt und nicht mehr verantwortungsbewusst arbeiten können. Auch dieser Sachverhalt sollte vorher mit den SchülerInnen abgeklärt und entsprechend vereinbart sein.

Wichtig ist in jedem Falle, dass junge Menschen erkennen, dass der Pflege- und Wartungsaufwand Teil des Schullebens ist. Das Bewusstsein sollte dementsprechend geprägt und diese Herausforderung als pädagogischer und bedeutsamer Beitrag verstanden werden, der auch mit Wertevermittlung zu tun hat. In Kombination mit der praxisorientierten Themenwahl zum Bildungsauftrag innerhalb des naturnahen Schulpausenhofgeländes kann aus der Sicht der FFS somit auch der den Schulen in Auftrag gegebene Erziehungsauftrag „life" und durchaus motivationsanregend für die jungen Menschen nachvollzogen werden.
Wir empfehlen allen interessierten Schulen, gemeinsam mit den SchülerInnen einmal unter den vorgestellten Fragestellungen im naturnahen Schulpausenhof auf Entdeckungsreise zu gehen.

- Nehmen Sie sich dafür Zeit.
- Legen Sie zuvor nur ganz wenige Fragen fest, welche es zu beantworten gilt. Einige Fragen an die jungen Menschen sollten die Pflege, Wartung und den Vandalismus nebst Lösungsmöglichkeiten betreffen.
- Suchen Sie dabei die Kleingruppenarbeit.
- Sammeln Sie die Ergebnisse und vergleichen diese mit anderen Klassenlösungen.

Erst nach Auswertung der Ergebnisse sollten die jeweiligen Aufgaben den einzelnen Schulklassen verantwortlich übergeben werden.
Wichtig ist, dass parallel mit den Pflege- und Wartungsaufgaben auch mit den praxisorientierten Themen zu den jeweiligen Unterrichtseinheiten begonnen wird, der Schulpausenhof als Lernort in den Schulalltag einbezogen wird. Wird dieser Sachverhalt vernachlässigt, werden die SchülerInnen den erzieherischen Hintergrund nicht (be-)greifen und wenig lustvoll mitarbeiten.

Beispiel: Theißtalschule Niedernhausen in Mittelhessen

Das umgestaltete Gelände der Theißtalschule in Niedernhausen soll im Folgenden zum einen als Beispiel und Anregung dafür dienen, wie ein Gesamtkonzept über die Planung einzelner Gestaltungsbausteine erfolgreich in eine naturnahe Schulpausenhofgestaltung umgesetzt werden konnte und wie auch Wartung und Pflege – neben der täglichen Nutzung als Spiel-, Lern- und Begegnungsraum – über die von den SchülerInnen übernommenen Aufgabenstellungen fester Bestandteil ihres Schulalltags werden kann.

Der naturnahe Schulpausenhof wurde dafür in einzelne und für die SchülerInnen, je nach Altersstufe, überschaubare Parzellierungen aufgeteilt. Diese sollten sich nicht nur auf entsprechende Kleinflächen, sondern inhaltlich auch auf Spiel- und Aufenthaltszonen konzentrieren.

Die Pflege und Wartung der Teilbereiche übernehmen SchülerInnengruppen bzw. Klassengemeinschaften verantwortlich. Ein ausgearbeiteter Zeitplan dient zum einen der Koordination anfallender Arbeiten und zum anderen der Organisation, damit sich nicht zu viele SchülerInnen gleichzeitig in ihrer Arbeit behindern können.

Zu allen Aufgabengebieten – und deshalb im Folgenden nicht mehr gesondert aufgeführt – gehören:

- Die Beobachtung der Nutzung während der Pausen.
- Festhalten des Spiel- und Kommunikationsverhaltens mithilfe von dafür entwickelten Beobachtungsbögen.
- Ergebnisse in der Schule für die anderen transparent machen. Diese können als Anregungen und Diskussionsgrundlagen dienen weitere Ideen, bzw. notwendige Maßnahmen zur Veränderung aufzugreifen.
- Verantwortung für die Müllentsorgung und Mülltrennung übernehmen.

Hinweis: Die hier beispielhaft beschriebenen Aufgabenfelder zu den jeweiligen Bausteinen können und wollen nur als Anregungen verstanden werden. Die tatsächlichen Arbeiten, welche sich als notwendig abzeichnen und Teil einer pädagogischen Konzeption sind, sollen kein Regelwerk sein und nicht als Zwang für die SchülerInnen verstanden werden.

Beispielhaft wird an Hand der naturnahen Schulpausenhofgestaltung für die Theißtalschule in Niedernhausen eine solche Flächeneinteilung auf der CD-ROM vorgestellt.
Sie finden dort die Gesamtkonzeption auf den Gesamtplänen 5, 21 und 31. Die einzelnen Bausteine (Teilbereiche1 bis 35) können Sie durch einfaches Anklicken oder mit Hilfe der Lupenfunktion vergrößert anschauen. Des weiteren finden Sie auf der CDR Bilder, die Ihnen einen Eindruck von den Umgestaltungsmaßnahmen vermitteln. Siehe dazu:
Kapitel 3, 5. Dia-Schau, Modellprojekt Theißtalschule
Eine Übersicht über das Gesamtgelände finden Sie unter:
Kapitel 3, 5. Pläne, Beispiel „Naturnaher Schulpausenhof Theißtalschule"

Nähere Informationen zu den im Folgenden angesprochenen „Bausteinen" finden Sie im Handbuch in Kapitel 2 „Beispiel für einen naturnahen Spiel- und Begegnungsraum im Kindergarten" (S. 39 ff.) und in Kapitel 4 „Spielgeräte und Naturmaterial" (S. 130 ff.) ausführlich beschrieben.
Die Planung und Umsetzung erfolgte unter „SchülerInnen-Eltern-Beteiligung". Ausführungen dazu finden Sie in Kapitel 5, Die Methode der Bürgerbeteiligung – Kinder und Jugendpartizipation, (S. 167 ff.) und in Kapitel 6 „Planung und Praxis" (S. 180 ff.).

◆ Baustein „Sitzrondell als zentraler Treff und Kommunikationsort"

siehe dazu:
Kapitel 3, 5. Beispiel „Naturnaher Schulpausenhof Theißtalschule", A) Gesamtplan 5, 21, 31, Übersichtsplan 5, Teilbereich 1

MÖGLICHE AUFGABENSTELLUNGEN

- Prüfen der Hölzer.
- Prüfen der Natursteinpflasterfläche.
- Bei Beschädigungen ggf. „Technikgruppe" informieren und sanieren lassen.
- Absprachen treffen zum zeitlichen Sanierungsablauf nebst Kontrolle.

◆ Baustein „Freifläche mit Sitzpodest, Ballkuhlen und Naturzaunbegrenzung"

siehe dazu:
Kapitel 3, 5. Beispiel „Naturnaher Schulpausenhof Theißtalschule", A) Gesamtplan 5, 21, 31, Übersichtsplan 5, Teilbereich 2

MÖGLICHE AUFGABENSTELLUNGEN

- Pflanzung überwachen und ggf. während den Pausen eingreifen.
- Laub rechen, Boden ausgleichen, Steine einsammeln und entsorgen.
- Sitzpodest überprüfen inkl. Müllentsorgung im Einbaubereich.
- Gestalteten Naturzaun auf Standfestigkeit und Stabilität überprüfen und ggf. Wartung an „Technikgruppe" übergeben.
- Absprachen treffen zum zeitlichen Sanierungsablauf nebst Kontrolle.

◆ Baustein „Kleines Ballspielfeld mit Seilschlangenpaar"

siehe dazu:
Kapitel 3, 5. Beispiel „Naturnaher Schulpausenhof Theißtalschule", A) Gesamtplan 5, 21, 31, Übersichtsplan 5, Teilbereich 3

MÖGLICHE AUFGABENSTELLUNGEN

- Rasenfläche rechen und Planum erhalten.
- Randbepflanzung überprüfen, im Herbst Laub rechen, Steine einsammeln, Wildkraut jäten und entsorgen.
- Verbindung der Rasenfläche zum Festbelag sauber halten.
- Seilschlangenpaar auf Funktion überprüfen.
- Funktionsfähigkeit der Wiesenfläche prüfen und ggf. Sanierungsarbeiten veranlassen.

◆ Baustein „Sandgrube mit Anlauffläche und Naturpergola"

siehe dazu:
Kapitel 3, 5. Beispiel „Naturnaher Schulpausenhof Theißtalschule", A) Gesamtplan 5, 21, 31, Übersichtsplan 5, Teilbereich 4

MÖGLICHE AUFGABENSTELLUNGEN

- Naturhölzer und die wassergebundene Decke überprüfen.
- Bodenbelag bei der Anlauffläche rechen und Randbereiche säubern.
- Pflanzung überprüfen und Wildkraut jäten.
- Rindenmulch zurück- und einrechen.
- Sandfläche rechen und ggf. nachfüllen.
- Naturpergola nebst Sitzgruppe überprüfen und bei Sanierungsmaßnahmen Technikklasse informieren.
- Absprachen treffen zum zeitlichen Sanierungsablauf nebst Kontrolle.

◆ Baustein „Sinnesweg"

siehe dazu:
Kapitel 3, 5. Beispiel „Naturnaher Schulpausenhof Theißtalschule", A) Gesamtplan 5, 21, 31, Übersichtsplan 5, Teilbereich 5

MÖGLICHE AUFGABENSTELLUNGEN

- Erlebnisflächen überprüfen und auf Stolperfallen achten.
- Oberflächen abkehren.
- Lose Materialien wieder befestigen.
- Die Funktionsflächen nebst Materialübergängen auch während den Schulpausen kontrollieren sowie ggf. eingreifen.
- Weidentunnel sanieren, stabilisieren und während der Nutzung kontrollieren sowie ggf. eingreifen.
- Randbereiche sauber halten und Wildkraut jäten.
- Pflanzung kontrollieren.

◆ Baustein „Wiesenfläche als Feuerwehrzufahrt"

siehe dazu:
Kapitel 3, 5. Beispiel „Naturnaher Schulpausenhof Theißtalschule", A) Gesamtplan 5, 21, 31, Übersichtsplan 5, Teilbereich 6

MÖGLICHE AUFGABENSTELLUNGEN

- Blumenschotterrasen kontrollieren, ggf. an den Randbereichen abmähen und Rasenschnitt fachgerecht entsorgen.
- Geplante Absperrung kontrollieren und bei Missachtung eingreifen.
- Wildkraut jäten.
- Wassergebundene Decke rechen und sauber halten.
- Übergänge zum Festbelag fegen.

◆ Baustein „Die Kletterbereiche im Hügel inkl. Sitzsteinen"

siehe dazu:
Kapitel 3, 5. Beispiel „Naturnaher Schulpausenhof Theißtalschule", A) Gesamtplan 5, 21, 31, Übersichtsplan 5, Teilbereich 14

MÖGLICHE AUFGABENSTELLUNGEN

- Naturhölzer, Parcourshölzer und Klettersteine auf Funktionsfähigkeit überprüfen.
- Zwischenbereiche in notwendigen Intervallen mit Rechen und Hacke ausgleichen.
- Wildkraut an den Rändern entfernen und entsorgen.
- Spielverhalten beobachten und ggf. da und dort noch ein Naturholz senkrecht einbauen. (ACHTUNG! Auf Sicherheitsabstände achten.)
- Fallschutzmaterial prüfen und ggf. mit Rechen wieder ins Zentrum bringen.

◆ Baustein „Grünes Klassenzimmer mit Weidenhäusern"

siehe dazu:
Kapitel 3, 5. Beispiel „Naturnaher Schulpausenhof Theißtalschule", A) Gesamtplan 5, 21, 31, Übersichtsplan 5, Teilbereich 10

MÖGLICHE AUFGABENSTELLUNGEN

- Böschungsbereiche abrechen und Unrat entsorgen.
- Sitzsteine und Naturhölzer auf Funktion überprüfen.
- Weidenhäuser sanieren und laufend kontrollieren.
- Wildkraut jäten und Pflanzbereiche als Rückzugsräume überprüfen.

◆ Baustein „Holm-Breit-Hangrutsche mit Naturpergola und direktes Umfeld"

siehe dazu:
Kapitel 3, 5. Beispiel „Naturnaher Schulpausenhof Theißtalschule", A) Gesamtplan 5, 21, 31, Übersichtsplan 5, Teilbereich 12 und 13

MÖGLICHE AUFGABENSTELLUNGEN

- Holm-Breit-Rutsche und Pergola ständig auf Funktionsfähigkeit überprüfen.
- Fallschutzbereich überprüfen und Fallschutzmaterial ggf. nachfüllen.
- Einstiegsbereich überprüfen.
- Randbereiche bei den Rutschwangen und im Einstiegsbereich abrechen und die Aufstiegselemente kontrollieren.
- Bodenmaterial bei Bedarf auffüllen und verdichten.
- Bei Sanierungsbedarf Technikklasse informieren.
- Absprachen treffen zum zeitlichen Sanierungsablauf nebst Kontrolle.
- Wildkraut im Umfeld jäten und Steine absammeln.

◆ Baustein „Kiosk und sein direktes Umfeld"

siehe dazu:
Kapitel 3, 5. Beispiel „Naturnaher Schulpausenhof Theißtalschule", A) Gesamtplan 5, 21, 31, Übersichtsplan 5, Teilbereich 17

MÖGLICHE AUFGABENSTELLUNGEN
- Holzverschalung prüfen.
- Lose Bretter fachgerecht befestigen.
- Direktes Umfeld von Wildkraut frei halten.
- Innenbereich sauber halten.
- Auf hygienische Bedingungen achten.
- Randbepflanzung und Dachbegrünung kontrollieren und ggf. eingreifen.

◆ Baustein „Tischtennisbereich (Sechseck Tischtennisplatte) und Kommunikationsnischen"

siehe dazu:
- **Kapitel 3, 5. Beispiel „Naturnaher Schulpausenhof Theißtalschule", A) Gesamtplan 5, 21, 31, Übersichtsplan 5, Teilbereich 16**
- **Kapitel 3, 5. Beispiel „Naturnaher Schulpausenhof Theißtalschule", A) Gesamtplan 5, 21, 31, Übersichtsplan 31, Teilbereich 30**

MÖGLICHE AUFGABENSTELLUNGEN
- Pflasterfläche prüfen und ggf. sanieren.
- Randeinfassung verstärkt kontrollieren.
- Tischtennisplatte auf Funktionsfähigkeit überprüfen.
- Kommunikationsnischen von Wildkraut an den Rändern frei halten. Zwischenräume in gewissen Intervallen mit Rechen und Hacke ausgleichen.
- Rindenmulchabdeckung von Zeit zu Zeit erneuern (bis sich eine funktionsfähige Abdeckung gebildet hat).
- Palisaden- und Naturholzabgrenzung prüfen und abgefallene Rindenteile entsorgen.
- Fläche fegen und loses Material entfernen.

◆ Baustein „Mosaikschlange und das direkte Umfeld"

siehe dazu:
Kapitel 3, 5. Beispiel „Naturnaher Schulpausenhof Theißtalschule", A) Gesamtplan 5, 21, 31, Übersichtsplan 21, Teilbereich 23

MÖGLICHE AUFGABENSTELLUNGEN
- Sitz- und Spielobjekt überprüfen und ggf. lose Teile erneuern.
- Grobkies prüfen und von Wildkraut frei halten.
- Verteilten Grobkies einsammeln und wieder in die Grobkiesschüttung einbringen.

◆ Baustein „Bambus- und Kräutergarten"

siehe dazu:
Kapitel 3, 5. Beispiel „Naturnaher Schulpausenhof Theißtalschule", A) Gesamtplan 5, 21, 31, Übersichtsplan 21, Teilbereich 23

MÖGLICHE AUFGABENSTELLUNGEN
- Pflanzen überwachen.
- Grobkiesschüttung kontrollieren.
- Integrierte Wegebereiche überprüfen und ggf. sanieren.
- Grobkies einsammeln und wieder in die Grobkiesschüttung bringen.
- Kräutergarten pflegen und gießen.
- Gestalteten Zaun auf Funktionsfähigkeit überprüfen und ggf. lose Holzlatten wieder fachgerecht befestigen. Auch hierbei kann die Technikgruppe Hilfen geben.

◆ Baustein „Sitzrondell mit ‚Grünem Klassenzimmer' und Anbindung"

siehe dazu:
Kapitel 3, 5. Beispiel „Naturnaher Schulpausenhof Theißtalschule", A) Gesamtplan 5, 21, 31, Übersichtsplan 21, Teilbereich 24

MÖGLICHE AUFGABENSTELLUNGEN

- Holz Terrassierung und Holzverbindungen überprüfen und ggf. Technikklasse informieren.
- Natursteinpflasterflächen überprüfen und ggf. lose Steine wieder befestigen.
- Wildkraut an den Rändern entfernen und entsorgen. Flächen sauber halten.
- Randbepflanzung kontrollieren und von Unrat säubern.
- Obere Fläche zeitweise abrechen und Boden lockern.

◆ Baustein „Buswartehalle und direktes Umfeld"

siehe dazu:
Kapitel 3, 5. Beispiel „Naturnaher Schulpausenhof Theißtalschule", A) Gesamtplan 5, 21, 31, Übersichtsplan 21, Teilbereich 26

MÖGLICHE AUFGABENSTELLUNGEN

- Konstruktion der Buswartehalle auf Beschädigungen kontrollieren und Hausmeister bzw. Technikgruppe informieren.
- Natursteinpflasterfläche kontrollieren und ggf. lose Steine wieder befestigen.
- Sitzgelegenheiten überprüfen und ggf. festgestellte Mängel den Haumeistern melden.
- Fläche sauber halten.
- Dachbegrünung kontrollieren.

◆ Baustein „Rasenpflasterfläche mit Treppe und Innenbepflanzung"

siehe dazu:
Kapitel 3, 5. Beispiel „Naturnaher Schulpausenhof Theißtalschule", A) Gesamtplan 5, 21, 31, Übersichtsplan 5, Teilbereich 27

MÖGLICHE AUFGABENSTELLUNGEN

- Rasenpflaster auf Funktionsfähigkeit kontrollieren.
- Wildkraut fachgerecht entfernen.
- Fläche sauber halten.
- Gestaltete Treppenanlage kontrollieren. Randbereiche einbeziehen.
- Innenbepflanzung kontrollieren.

◆ Baustein „Der Erlebnis-Steinlehrpfad"

siehe dazu:
Kapitel 3, 5. Beispiel „Naturnaher Schulpausenhof Theißtalschule", A) Gesamtplan 5, 21, 31, Übersichtsplan 21, Teilbereich 29

MÖGLICHE AUFGABENSTELLUNGEN

- Natursteine auf Beschädigung überprüfen.
- Direktes Umfeld sauber halten.
- Wildkraut an den Rändern entfernen.
- Überprüfung der direkten Pflasterflächen um die jeweiligen Natursteine.
- Andere MitschülerInnen auf die Steinart hinweisen. Geschichten erzählen.

◆ Baustein „Skater-Feld und Kommunikationsnischen"

siehe dazu:

- **Kapitel 3, 5. Beispiel „Naturnaher Schulpausenhof Theißtalschule", A) Gesamtplan 5, 21, 31, Übersichtsplan 31, Teilbereich 32**
- **Kapitel 3, 5. Beispiel „Naturnaher Schulpausenhof Theißtalschule", B) Detailpläne „Terrassierung" und Bereich Turnhalle, Plan 33**

MÖGLICHE AUFGABENSTELLUNGEN

- Auf Flächenbeschädigung kontrollieren und ggf. Hausmeister informieren.
- Kommunikationsbereiche auf Beschädigung überprüfen.
- Wildkraut und Unrat entfernen.
- Aufenthaltsregeln besprechen und Konsens herstellen.
- In jedem Falle Absprachen kontrollieren und ggf. eingreifen.

◆ Baustein „Fußwege-verbindungen"

**siehe Standorthinweise in den Übersichtsplänen:
Kapitel 3, 5. Beispiel „Naturnaher Schulpausenhof Theißtalschule", A) Gesamtplan 5, 21, 31**

MÖGLICHE AUFGABENSTELLUNGEN

- Unrat und lose Steine absammeln.
- Fläche fegen.
- Übergänge zur Rasenfläche kontrollieren und ggf. über Bodenauftrag einrechen.
- Wildkraut an den Randbereichen jäten.

◆ Baustein „Bepflanzung"

**siehe Standorthinweise in den Übersichtsplänen:
Kapitel 3, 5. Beispiel „Naturnaher Schulpausenhof Theißtalschule", A) Gesamtplan 5, 21, 31**

MÖGLICHE AUFGABENSTELLUNGEN

- Sich als übergeordnete Zielgruppe verstehen.
- Sanierungsbauleitung während der Pflege und Wartung übernehmen.
- Jeweils Absprachen mit den zuständigen Gruppen in ihren Verantwortungsbereichen treffen.

◆ Baustein „Vorbereiche bei Gebäuden/Terrassen"

siehe dazu:

- **Standorthinweise in den Übersichtplänen:
Kapitel 3, 5. Beispiel „Naturnaher Schulpausenhof Theißtalschule", A) Gesamtplan 5, 21, 31**
- **Terrassierung:
Kapitel 3, 5. Beispiel „Naturnaher Schulpausenhof Theißtalschule", B) Detailpläne „Terrassierung" und Bereich Turnhalle, Anlage 22**

MÖGLICHE AUFGABENSTELLUNGEN

- Abstandsflächen abrechen, Wildkraut jäten und Bodenmaterial funktionsfähig halten.
- Übergänge zum Festbelag kontrollieren und sauber halten.
- Pflanzung bei den Terrassen kontrollieren und Weidenstecklinge pflegen bzw. sanieren.

Naturnaher Pausenhof – eine Chance für die Schule

Bei einer ersten Beschäftigung mit dem pädagogischen Konzept naturnaher Pausenhofgestaltung kann es zunächst schwer fallen, sich von bisher bewährten inhaltlichen und methodischen Strukturen zu lösen, es können Zweifel aufkommen, inwieweit eine solche pädagogische Konzeption überhaupt funktionieren kann.
Bezogen auf den eigenen Schulalltag erscheint die Umsetzung manchmal unrealistisch und wird auch aus Zeitgründen als kaum lösbar eingestuft. Das betrifft sicherlich konkret die Schulorganisation, das Meinungsbild mancher Eltern und bestimmt auch einiger Schülerinnen und Schüler, die Kommunikation innerhalb des Lehrerkollegiums und den Aufbau neuer Lerninhalte, die mit dem gültigen Lehrplan konform gehen sollen.

Dem ist aber nicht so, wenn Sie ihren bisherigen Lehrauftrag auch fakultätsübergreifend und offen verfolgt haben. Die Planung bringt zu Beginn natürlich einen vermeintlich zusätzlichen Zeitaufwand mit sich, der realistisch einkalkuliert werden muss.
Aber auch bisher brauchte es Zeit, angepasst an die jeweiligen Anforderungen, neue und dem Zeitgeist gemäße Themeninhalte zu suchen, das entsprechende didaktische Material zusammenzustellen und Unterrichtseinheiten neu auszuarbeiten. Und immer sind Sie als Lehrende dabei auch „Mitlernende".
Lehrt man jedoch immer nur das einmal für sich aufgearbeitete und — wenn man so will — eingefahrene Wissen, so mangelt es an der entsprechenden Flexibilität und man hat nicht erkannt, dass es sich beim Lehrerberufsbild um die Aufgabe handelt, junge Menschen in das Leben der Erwachsenenwelt kritikfähig führen zu wollen und man wird es schwer haben, damit umzugehen.
Denn ein pädagogisches Konzept für den naturnahen Schulpausenhof ist mehr als nur ein Instrument zugunsten praxisorientiertem Lernen. Es ist als zukunftssichernder Beitrag zu verstehen, der globales Denken und lokales Handeln von allen Beteiligten abverlangt und so das Schulleben innovativ beleben kann. Es geht dabei um eine geistig belebte und bewegte Schule. Eine Chance für die Schülerinnen und Schüler, unserer Zukunftsgeneration, aber auch für das Lehrerkollegium als funktionierendes Team und insbesondere auch für die Eltern der Kinder und Jugendlichen, die so ihren neuen Orientierungsrahmen innerhalb der familiären Erziehung neu abstecken können.

Wir wünschen dabei jeder Schule eine anregende, aufregende und kritisch geführte Diskussion im Vorfeld. Vergessen Sie zu keiner Zeit, auch die jungen Menschen in diesen Prozess einzubinden. Sie werden überrascht sein, was da an verantwortungsbereiten und konstruktiven Vorschlägen formuliert wird und sich dadurch Schulleben positiv verändern lässt.
Gehen Sie Hand in Hand in die Zukunftsschule!

Kapitel 4

Wir widmen das Kapitel allen Mitbürgerinnen und Mitbürgern nicht deutscher Herkunft in unserem Land. Wir meinen damit alle! Kinder, Jugendliche und Erwachsene, gleich welcher Nationalität, Hautfarbe und Glaubens. In diese Widmung sollen besonders diejenigen eingeschlossen werden, die in unserem Land verfolgt, geschlagen und gepeinigt, ja sogar ermordet wurden. Dadurch wollen wir „Gesicht zeigen“ und einen Beitrag leisten für ein weltoffenes Deutschland.

Naturnahe Spielraumplanung im öffentlichen Raum

Der generationsübergreifende Ansatz – Naturnaher Spielbereich als Begegnungsraum

Insbesondere in der heutigen Zeit, dem Zustand unserer urbanen Räume und der daraus resultierenden Verhaltensstrukturen der Menschen, erlangt der generationsübergreifende Ansatz zunehmend an Bedeutung. Immer mehr Menschen isolieren sich von anderen und es wird eher die Privatheit in Haus und Garten gesucht. Wer kennt nicht die erschreckenden Beispiele aus der Berichterstattung, wo Menschen vereinsamen und Nachbarschaft mehr und mehr zur Anonymität verkommt? Im ländlichen Raum vermutet man, dass dieses gegen den Menschen und sich selbst gerichtete Sozialverhalten noch nicht so stark ausgeprägt ist. Richtig ist sicherlich, dass dort das Gemeinschaftsleben durch das Vereins- und Kirchengemeindeleben noch eher funktioniert als in der Stadt mit ihren überwiegend sozialfeindlichen Freiräumen und Quartieren, die zwangsläufig bei den Menschen zu Isolation führen müssen. Doch auch auf dem Lande gibt es längst keine heile Welt mehr, auch wenn man das gerne so sehen will.

Wir brauchen nur die neuen Bebauungsgebiete zu betrachten. Dort leben überwiegend Zugezogene, Fremde, „Nicht-Einheimische“. Meist sind es jüngere Familien, die an ganz anderen geografischen Orten ihre sozialen Verbindungen haben. Kontaktfindung ist für sie am Anfang kaum möglich, sofern sie nicht bereit sind, sich im Vereinsleben oder bei den kirchlichen Organisationen zu engagieren. Kaum jemand kennt den anderen wirklich näher.

Durch den vorbeschriebenen Trend der „inneren Einkehr“ treten verstärkt soziale Mangelerscheinungen ein. Diese bleiben nicht ohne Wirkung auf das sich einstellende Gesamtverhalten gegenüber der Nachbarschaft und der einheimischen Wohnbevölkerung. Desillusioniert vom Leben auf dem Lande beginnt sich Desinteresse einzustellen, was den Rückzug ins Private noch mehr verstärkt. Eine solche Entwicklung können Kommunalpolitiker nicht wollen. Nur ein funktionierendes Gemeinwohl schafft Heimatverbundenheit. Bei den Zugezogenen muss das erst wachsen. Das ist nur dann möglich, wenn Begegnung aller zum Lebensalltag gehört.
Entsprechende Hilfen müssten demnach angeboten werden. „Naturnahe Spiel- und Begegnungsräume für alle Generationen“ können dabei einen ganz wesentlichen Beitrag leisten.

Ausführungen zu diesem Thema finden Sie auch unter „Spiel als generationsübergreifender Ansatz“ (S. 19) und „Der Mensch als soziales Wesen“ (S. 21). Zudem haben wir uns bei „Spiel als zentrale Lebensäußerung des Menschen“ (S. 14) gleichfalls mit diesem Thema auseinander gesetzt und nachgewiesen, dass Spiel nicht nur auf das Kind im Rahmen der kindlichen Entwicklung reduziert werden kann. Es betrifft alle Generationsgruppen und begleitet uns ein Leben lang.

Spiel und Begegnung in und mit der Natur

„Als Kind zog mir meine Mutter Lederhosen an und immer auch alte Hemden sowie stabiles Schuhwerk. Andere Kleidungsstücke hätten mein aufregendes und forschendes Spielen in der Natur kaum ausgehalten. Am Rande der Großstadt von Stuttgart, im Stadtgarten mit vielen Obstbäumen (es waren noch lauter Hochstämme) und zwischen ungemähten Wiesen mit verwilderten Hecken fand ich meine Spielwelt. Es muss die Zeit um 1948/1949 gewesen sein. Kaum ein Tag verging, an dem ich mit meinen Spielkameraden nicht neue Entdeckungen gemacht hätte. Besonders gut sehe ich noch die vielen Holzstangen vor meinen Augen, die um mehrere Bäume gestellt waren. Sie dienten den Erwachsenen dazu, Äste abstützen zu können, wenn sie voller Früchte hingen. Das war jedes Jahr der Fall. Die großen Butterbirnen, die wir heimlich ernteten, werden mir stets in Erinnerung bleiben. Zu keiner späteren Zeit habe ich jemals wieder dergleichen herrliche Früchte mit solcher Gier verspeist. Der Grund war sicherlich auch der, dass wir Jungs und Mädchen in diesem Eldorado von den Erwachsenen natürlich nicht gerne gesehen waren.

Immer wieder tauchte der damalige Feldschütz auf, vor dem wir uns in unserem selbst gebauten ‚Lägerle', das wir mit großer Mühe inmitten der Holzstangen eingerichtet hatten, toll verstecken konnten.

Wir kletterten in den Bäumen herum, beobachteten die Vögel und entdeckten hautnah die vielen kleinen Insekten wie Käfer, Ameisen und Spinnen. Niemals wären wir auf die Idee gekommen, diese Tiere in ihrer Arbeit zu stören. Uns interessierte vielmehr das Zusammenspiel. Ohne Raum- und Zeitgefühl, völlig angespannt, erlebten wir, mit welch raffinierten Tricks der Buntspecht die Insekten überlistete. Das Klopfen kann ich heute noch hören. Wir beobachteten Spinnen, wie sie blitzschnell ihre Beute einfingen, und wir sahen in die wachen Augen der Elster, die keine Ruhe zu finden schien.
Plötzlich wurden wir durch das Rascheln im Gras aus unseren hochkonzentrierten Beobachtungen aufgeschreckt. Aus dem Augenwinkel konnten wir gerade noch den Störenfried, die kleine Feldmaus entdecken. Nun hatte sie unsere Neugier geweckt und wir suchten alle Mäuselöcher ab, in der Hoffnung, dass sie irgendwo wieder auftauchen würde.
In diesem Zusammenspiel begegneten wir auch der Erdhummel, sahen Eidechsen und Blindschleichen, Grashüpfer und viele bunte Schmetterlinge. Dabei verbrachten wir viel Zeit. Wir lagen bäuchlings, den Kopf mit den Ellenbogen abgestützt, einen Grashalm kauend, lauernd im Gras, damit wir nahe genug am Geschehen sein konnten. Ganz nebenbei hörten wir aber auch die harmonischen Gesänge der Vögel und das Rauschen der Blätter. Es war eine Melodie, die kein Orchester hervorbringen kann und die uns innere Zufriedenheit und Ruhe gab. Alles zusammen haben wir nicht separat erlebt. Wir waren eins mit der Natur, die wir in vollen Zügen und innerer Freiheit genossen.

Nicht weit vom Stadtgarten entfernt gab es einen kleinen steinigen Hang, der völlig mit Weißdorn- und Schlehenhecken zugewachsen war. Unterhalb lag ein Bauernhof. Etwa zehn Meter von diesem Hang entfernt lief ein Fußweg, der von der Endstation der Straßenbahn in die Wohnsiedlung führte, in der meine Eltern, meine ältere Schwester und ich wohnten. Diese Hecken waren unser zweites Spielrevier, das nur uns gehörte. Dort wurde ein anderes Spiel organisiert. Es war der Platz, wo wir unsere gesammelten Schätze lagerten und vor den Erwachsenen versteckten. An dieser Stelle brüteten wir neue Unternehmungen aus. Wir wussten genau, dass die Dornen der Büsche und der steinige Hang keinen Erwachsenen veranlassen würde, sich in unsere grüne Höhle zu wagen. Es wäre viel zu mühsam gewesen. So akzeptierten wir ohne Probleme die Nähe des Bauernhofes mit dem Wachhund an der Kette und den Fußweg, der zu manchen Zeiten stark von Erwachsenen frequentiert war. Das hat uns jedoch als Kinder wenig gestört. Bevor sie in unsere Nähe kamen, wurden wir stets rechtzeitig gewarnt – wir hörten sie sprechen. Einige Zeit zuvor war es die ankommende Straßenbahn mit ihrem quietschenden Geräusch der Räder, wenn sie ihre letzte Kurve zur Endstation nahm. Längst hatte sich bei uns dieses Warnsignal eingeprägt und ich meine, dass wir uns dann immer noch tiefer in unser Heckenlager zurückgezogen haben.
Diese Augenblicke waren für uns Kinder von hoher Spannung. Wir duckten uns ganz tief in das Gebüsch, flüsterten nur noch miteinander und begannen die Leute zu beobachten. So nahmen wir viele Geheimnisse der Erwachsenenwelt auf und versuchten diese nachzuahmen, sobald wir wieder unter uns waren."

(Kindheitserinnerungen, Seeger 1996)

Diese Kindheitserinnerung wurde im Januar 1996 niedergeschrieben. Sie ist weder nostalgisch oder wehmütig zu verstehen, sondern sie saß nach 45 Jahren immer noch tief im Herzen und ist eingegraben in eine Erwachsenenseele. Jeder Tag der Rückbesinnung bringt neue Erinnerungen und Impulse für die tägliche Arbeit bei der Auseinandersetzung mit naturnahen Spielräumen. Wehmut kommt aber dann auf, wenn in dieser Arbeit der Frage nachgegangen wird, wie unsere heutigen Kinder spielen und spielen können und vor allem, wie unsere Kinder heute Erwachsene als Vorbilder erleben.

Inzwischen hat sich die Spielwelt der Kinder in der Stadt und auf dem Land radikal verändert. Die „Freizeit" wird immer mehr zur „Pflichtzeit" für Ballettstunden, Musik- und Reitschulen, die „Spielstunden" wandeln sich zu „Übungsstunden" und die „Erlebniswelt" hat sich in eine „Konsumwelt" verwandelt. (Naturschutzzentrum 1993). Diese Feststellung kommt von ganz kompetenter Stelle – vom Naturschutzzentrum Nordrhein-Westfalen, der Landesanstalt für Ökologie, Landschaftsentwicklung und Forstplanung (LÖLF). Betrachtet man die Publikationen der letzten fünf Jahre, die sich mit dem Thema beschäftigten, so werden deckungsgleiche Aussagen getroffen. Für jedermann ist es unübersehbar geworden, dass die Welt der Kinder immer mehr verplant, ihre Wohnumwelt zunehmend anregungsärmer und für andere Interessen ausgeplündert wird. Dadurch wurden „wilde" Spiele der Kinder von uns Erwachsenen nahezu abgeschafft. Der Kinderspielplatz mit seinem bereits diskutierten Gerätekonzept ist die einzige Alternative, die in den Freiräumen in Städten und Gemeinden zum Spielen übriggeblieben ist. Kinder haben aber noch eine revolutionäre innere Kraft. Sie lassen sich nicht so einfach anpassen und aus unserer Erwachsenenwelt abschieben. Martha Muchow (a.a.O.) wies bereits in den dreißiger Jahren darauf hin, dass das Spiel der Kinder als kindgemäße Form der Weltaneignung zu verstehen ist.

Kinder lassen sich bei dieser für sie bedeutsamen Ernsthaftigkeit, in unsere Welt hineinwachsen zu können, nicht auf die ihnen zugewiesenen Räume beschränken. Roger Hart (a.a.O) kam in den siebziger Jahren zu ähnlichen Ergebnissen. Auch er stellte fest, dass sich die Hauptaktivitäten spielender Kinder nicht in festgelegten Plätzen, sondern in der Gesamtumgebung des näheren Wohnumfeldes abspielten.
Oberholzer und Lässer (a.a.O.) berichten Ende der achtziger Jahre erneut darüber. Auch sie weisen auf die heutigen Probleme und Schwierigkeiten hin und zeigen die vielen Behinderungen auf, die wir Erwachsenen unseren Kindern zumuten. Bei beiden Autoren besteht jedoch gegenüber den meisten anderen Publizisten ein großer Unterschied. Sie berichten aus vielen Beispielen und Projekten in der Schweiz, mit welch einfachen Materialien und Mitteln Kinder ihre noch schlummernden Fähigkeiten und Fertigkeiten „entdecken, entwickeln, ausschöpfen" (a.a.O. S. 21).
Klug und Roth (a.a.O.) veröffentlichen diese Ergebnisse in einer zusammenfassenden Einschätzung in ihrem Buch „Spielräume für Kinder", gestützt aus Untersuchungen von Otterstädt (a.a.O.), einer Aktion der „Gesellschaft für urbanes Wohnen" (a.a.O.) und Nohl (a.a.O.), die hier im Auszug wiedergegeben werden sollen.

- Kinder benutzen nicht nur einen ihnen zugewiesenen Spielplatz, sondern suchen vielfältige Spielplätze in ihrem gesamten Wohnumfeld.
- Der Aktionsradius der Kinder ist begrenzt durch Alter, Geschlecht und Bildungsgrad.
- Die Freiraumaneignung der Kinder wird durch Restriktionen der Erwachsenen und Gefahren in öffentlichen Anlagen zusätzlich eingeschränkt.
- Kinderfreiraum umfasst zwei zunächst widersprüchliche Funktionen: Einerseits suchen die Kinder die Welt der Erwachsenen, andererseits brauchen sie von den Erwachsenen ungestörte Räume, um sich von ihnen abzugrenzen und ihre Erfahrungen in Ruhe (im Spiel) zu verarbeiten.
- Kinder lieben Orte, die sie entdecken, verändern und sich ungestört aneignen können.
- Von Kindern bevorzugte Restflächen, z. B. Brachen, nehmen im Zuge der Stadterweiterung und -gestaltung immer mehr ab.
- Kinder bevorzugen im Freiraum veränderbare, natürliche Materialien wie Wasser, Erde, Pflanzen und Tiere.
- Es gibt nur wenige (öffentlich zugängliche) Freiräume, in denen Naturaneignung möglich ist.
- Die Qualität der (Natur-)Freiräume ist oft schlecht (Verschmutzung, Ausstattung, Gestaltung).
- Private Flächen wie Gärten, Industriegelände etc. sind für Kinder nur begrenzt zugänglich.
- Umweltentdecken und Umweltaneignung gehören zu den zentralen Bedürfnissen der Kinder in ihrem Wohnumfeld. Hierbei handelt es sich jedoch nicht nur um die Entdeckung der sozialen Umwelt, sondern auch um die Entdeckung der Natur.

Zu wichtigen Naturerfahrungen gehören:
- Kennenlernen der Naturbestandteile Boden, Wasser, Klima, Vegetation und Tierwelt und ihre Wechselbeziehungen untereinander.
- Kennenlernen der Veränderungen in der Natur (Jahreszeiten, Vegetationsabfolgen, Entwicklung eines Baumes).
- Kennenlernen, dass Natur veränderbar ist.

Ein solches Kennenlernen erfolgt vor allem über Sinneserfahrungen. Dazu gehören neben dem Sehen und Hören auch das Riechen, Tasten und Schmecken Dies ist für Stadtkinder eine fast unlösbare Aufgabe. Wer nachforscht, wo Kinder in der Stadt heute noch barfuß herumlaufen können, ob sie irgendwo noch Blumen riechen oder Naturgeräusche hören können, kommt bald zu dem Ergebnis, dass solche Erlebnisse in der Stadt nicht mehr bzw. nur noch selten zu finden sind. Dramatisch bestätigt wird diese letzte Aussage von Klug und Roth (a.a.O.) durch eine 1995 bekannt gewordene Umfrage bei Stadt- und Landkindern, die nach der Farbe von Kühen gefragt wurden. Über 70 % davon gaben an, dass die Farbe der Kuh lila sei (Zeitungsbericht 1995 a.a.O.).

Diese Leistung wurde durch Werbung im Fernsehen hervorgebracht. Scheinbar unbedeutend in der Aussage für uns Erwachsene, über die wir herzhaft lachen, zeigt es doch, wie intensiv das zweidimensionale Fernseherleben auf das kindliche Bewusstsein einwirken kann, wenn keine realen Erfahrungen mehr gemacht werden können. Für die Werbemacher sind die 70 Prozent eine positive Aussage, die sie in ihrer künftigen Arbeit bestärken wird, noch intensiver solche Werbespots zu schalten, da das Ziel der Manipulation und Einprägung eines Produktes eindrucksvoll erreicht wurde.

Das Beispiel mit den lila Kühen war ein letzter Anstoß für meine Frau Christina und mich, dieses Handbuch zu schreiben und unsere Erfahrungen, die innerhalb von 22 Jahren auch von anderen zusammengetragen wurden, weiterzugeben. In dieser ganzen Zeit haben wir Höhen und Tiefen erlebt. Wir wurden angefeindet und teilweise verspottet. Das änderte sich jedoch schlagartig, als wir damit begannen, naturnahe Spielräume nicht mehr nur als „Kinder-Traum-Räume" zu beschreiben, sondern dort auch die Bedürfnisse und Interessen von Erwachsenen mit einzubeziehen und als wir darauf hinwiesen, dass Kinderspielplätze alter Prägung zu „Spiel- und Begegnungsräumen für alle Generationen" umgestaltet werden können.
Dieser generationsübergreifende Ansatz berücksichtigt auch ältere Menschen und deren Bedürfnisse. In diesen Räumen treffen sich junge Familien und pflegen so Nachbarschaften. Es gibt dort aber auch Treffs für Jugendliche und überall sind es die Kinder, die von den anderen Generationsgruppen lernen. Das gilt natürlich auch umgekehrt für die anderen Altersgruppen, die sich kaum noch vorstellen können, dass uns Kinder einen Lernzugewinn anbieten, sofern wir sie als vollwertige Mitglieder unserer Gemeinschaft akzeptieren.

Diese neue Herausforderung und der sicherlich notwendige Umdenkungsprozess können anspornen. Nicht mehr länger muss ein Teil der Energie dazu verwandt werden, immer neue Gründe für kindgerechte Spielräume zu suchen, sondern die gesamte Energie kann sich jetzt ganz dieser generationsübergreifenden Aufgabe widmen. Ganz nebenbei werden öffentliche Haushaltsmittel besser gebündelt, da nicht mehr länger für jede Altersgruppe eigene Freiräume vorgehalten werden müssen. Die Kinder bilden dabei das Bindeglied der sozialen Vernetzung zwischen den Generationen. Wie intensiv das stattfinden kann, geht sicherlich aus den beschriebenen Texten hervor, die sich bewusst auch bei dieser Auseinandersetzung auf das Kinderspiel konzentriert haben.

Spielgeräte und Naturmaterial

Naturnahe Spiel- und Begegnungsräume für alle Generationen benötigen nicht nur weniger Freiflächen, da alle Generationsgruppen innerhalb dieser Konzeption gleichermaßen angesprochen werden können. Sie benötigen auch deutlich weniger Spielgeräte, da ein Großteil der Spielangebote aus Naturmaterialien besteht. Das kann nahezu immer am Ort, zumindest im Nahumfeld kostengünstig beschafft werden. Ganz nebenbei fördert man die regionale Wirtschaft. Ein bedeutsames Ziel auch der Agenda 21.

Automatisch stellt sich durch diese wirtschaftlich interessanten Voraussetzungen für Kommunen auch das Interesse der regionalen Unternehmen ein, sich an solchen Projekten zu beteiligen und über deren weitgreifende Inhalte zu informieren.

Neben den allgemein gültigen wirtschaftlichen Faktoren für Unternehmen gibt es aber noch einen ganz motivationsstarken Grund für sie, volles Engagement einzubringen – das Bürgerbeteiligungsmodell. Durch die aktive Beteiligung vieler Menschen, die auch als potenzielle Kunden gesehen werden, sehen Unternehmen in dem Konzept mit seiner methodischen Besonderheit einen spannenden Werbeträger für das eigene Unternehmen.

Die nachfolgenden Beschreibungen sollen Anregung geben und Impulse für alternative Möglichkeiten anbieten. Mit der Auflistung der Spielgeräte möchten wir an einigen Beispielen aufzeigen, dass es weniger auf die Anzahl der Spielgeräte ankommt als vielmehr auf die Frage des tatsächlichen Spielwerts. Dieser drückt sich weniger an der Bunt- und Begrenztheit der Nutzungsmöglichkeiten aus als vielmehr in den Möglichkeiten, sozialintegrative, frei gewählte Spielaktivitäten für möglichst alle Generationsgruppen eingehen zu können. Dabei ist das Spielgerät nur ein ergänzender Teil eines Ganzen, das lediglich unterstützenden Charakter besitzt.

Vor jeder Kaufentscheidung sollte aus diesem Grunde überprüft werden, ob ein Spielgerät überhaupt für ganz bestimmte Spielangebote benötigt wird und welche Möglichkeiten es bietet, mehrfunktionalen Bedingungen Stand zu halten. Gemeint ist die gleichzeitige Anregung und Förderung von sozialem, generationsübergreifendem, experimentellem, veränderbarem, fantasieanregendem und entdeckendem Spielen, das auch noch eine Vielzahl von grob- und feinmotorischen Fähigkeiten abverlangt.

Nicht favorisiert werden bei der nachfolgenden beispielhaften Aufzählung mit kurzen Beschreibungen vorgefertigte Spiellandschaften und Kombinationsspielgeräte. Diese werden sowohl aus spielrelevanter als auch aus ökonomischer Sicht von der Autorengruppe als wenig geeignet eingestuft. Eine abschließende Bewertung dieser Angebote soll jedoch jedem selbst überlassen bleiben.

◆ Sandseen- und Flusslandschaft – Alternative zu Sandkästen

Gestaltete Sandbereiche entsprechen naturnahen Konzeptionen. Sie lösen sich von den üblichen, technisch orientierten Sandkisten mit ihren in der Regel rechteckigen Winkeln und an den Rändern montierten Ablageflächen, bei denen sich ständig der Sand nach außen spielt. Das schafft dem Betreiber erhebliche Probleme in der Wartung und somit auch in den Folgekosten.

Sand in Kindereinrichtungen und öffentlichen Spielbereichen wird insbesondere für die kleineren Kinder als wichtiges Spielmaterial anerkannt. Wo immer möglich, sollte dabei auch ein Wasserangebot nicht fehlen. Kinder bauen und experimentieren damit. Es handelt sich um ein eher ruhebetontes Spielen. Aus diesen Gründen sollte auch für genügend Schattenbereiche gesorgt sein. Das kann über Naturpergolen oder geeignete Randmodellierungen mit entsprechender Bepflanzung erreicht werden. Das ausgewogene Verhältnis von Besonnung und Beschattung sorgt gleichzeitig für eine verbesserte Sandqualität. Bietet die Randeinfassung eine Vielfalt an Anregungsmöglichkeiten, können weitere spontane und fantasievolle Spielerlebnisse eigenverantwortlich durch die Kinder selbst arrangiert werden. Wichtig dabei ist auch die Sandtiefe zum Buddeln. So wird der Sand im Rahmen des Bauspielens ständig und kostenfrei belüftet. In Verbindung mit einer sich anschließenden gestalteten Flusslandschaft, als „reißender Fluss" in der Fantasie der Kinder, verstärkt man diesen Ansatz noch wirkungsvoll. Inzwischen gibt es Unternehmen, die hierfür Bauelemente anbieten. FreiraumplanerInnen haben so kreative Gestaltungsmöglichkeiten, Naturnähe wieder in die Stadt zu bringen.

Siehe dazu: Kapitel 2 „Sand, Kies und Wasser zum Bauen und Experimentieren", S. 27 ff.

Der Wasser-Matsch-Bereich – Alternative zu Spielgeräten

Das pädagogische Konzept „Wasser-Matsch-Bereich" will neben dem Spaß am Matschen, Schmieren und Bauen den Kindern bereits in einer frühen Phase ihres Lebens vermitteln, dass es sich bei Wasser um ein „bedeutsames Lebensmittel" handelt, das uns nicht unbegrenzt zur Verfügung steht.

Angeboten werden deshalb spezielle Wasserreservoire. Diese liegen unter einem Holzpodest, auf dem sich eine Schwengelpumpe befindet. Das Saugrohr führt in den vorbeschriebenen Behälter, der im öffentlichen Raum an die Wasserleitung angeschlossen ist. Die Wassermenge zum Spielen kann entsprechend reguliert werden. Umweltpädagogisch leistet das Kinderspiel dadurch eine gewisse Bewusstseinsveränderung. Das Wasser-Matsch-Konzept sieht neben diesen genannten pädagogischen Fragestellungen aber auch vor, dass Kinder im experimentellen Spielen Wasser in seiner Urkraft und als Fließgewässer mit anderen gemeinsam erleben können. Aus diesem Grunde sollte das Wasserangebot integraler Bestandteil der angrenzenden Landschaftsgestaltung sein. So kann zum Beispiel mit abgestuften Natursteinen vor dem Podest noch ein kleiner Wasserfall entstehen, der das Wasser in einen Sandsee oder Kiesfluss ableitet.

An dieser Stelle soll kritisch angemerkt werden, dass diese Wasserbaustelle Trinkwasser benötigt. Für umweltbewusste Menschen dürfte der Sachverhalt schwer nachvollziehbar sein, wie Kindern so vermittelt werden soll, dass es sich bei Wasser um ein wichtiges „Lebensmittel" handelt. Besser geeignet wären Konzeptionen, welche Regenwassernutzung vorsehen.

Dieses Angebot könnte als zukunftssichernde Maßnahme begriffen werden. Leider wird der Ansatz nahezu in allen Bundesländern von den zuständigen Behörden bis heute mit Erfolg aus hygienischen und gesundheitsschädlichen Gründen verhindert. Andererseits wird es kaum Erwachsene geben, die ihren Kindern verbieten in Regenpfützen zu springen. Es wäre wünschenswert, wenn es künftig mehr Gesundheitsämter geben würde, die diesen Sachverhalt im globalen Zusammenhang neu überdenken und nicht nur aus medizinisch-hygienischer Sicht heraus argumentieren würden. Erste Ansätze liefert hierzu die DIN 18034.

Spielhügellandschaft – Alternative zu Klettergeräten

Als Zentrum einer Freifläche kann eine mehrfach strukturierte Spielhügellandschaft geplant werden. Sie gliedert eine Fläche und dient als überdimensionales Kletterobjekt. Natursteine, senkrecht und waagrecht eingebaute Naturhölzer (Hartholz, z. B. Eiche) und ein hochmotivierender Stelzenparcours können zwischen Gehölzpflanzungen eine Unmenge Anregungen zum Klettern und Balancieren geben. Auch eine Natursteinwand für das Free Climbing integriert in eine solche gebaute Landschaft ist denkbar. Kletterseile dienen den kleineren Bergsteigern als Hilfe. Fallschutz ist zum Beispiel über eine ausreichende Rindenmulchfläche gewährleistet.

Ist der Spielhügel so angelegt, dass ein Höhlengang durch den Hügel führt, ermöglicht dieser einen weiteren spannenden Spielverlauf oder bildet einen geschützten Rückzugsraum. Für Absturzsicherungen ist bei einem solchen Angebot zu sorgen.

Den höchsten Punkt bildet möglicherweise ein Plateau mit einer Steinkruste zum Verweilen, welche sich in der Sonne erwärmt und dadurch die Verweildauer noch erhöhen wird. Vom Plateau führt nun eine lange, breite Holm-Rutsche. Sie führt nach unten ins Tal. Eine Urwaldüberdachung sorgt dafür, dass sich die Holm-Breit-Rutsche an heißen Sommertagen nicht erhitzen kann.

Durch die besondere Konstruktion dieser Urwaldüberdachung können beidseitig der Rutsche noch zwei „Grüne Tunnels" integriert werden. Erreicht wird dieser Ansatz durch heimische Gehölzpflanzungen.

Seitlich der Rutsche, die als Hangrutsche konzipiert ist und somit keinen Leiteraufstieg mehr braucht, markieren wieder Kletterhilfen den Spielverlauf nach oben. Wenngleich für diese Spielhügellandschaft überwiegend Naturmaterial zum Bauen verwendet

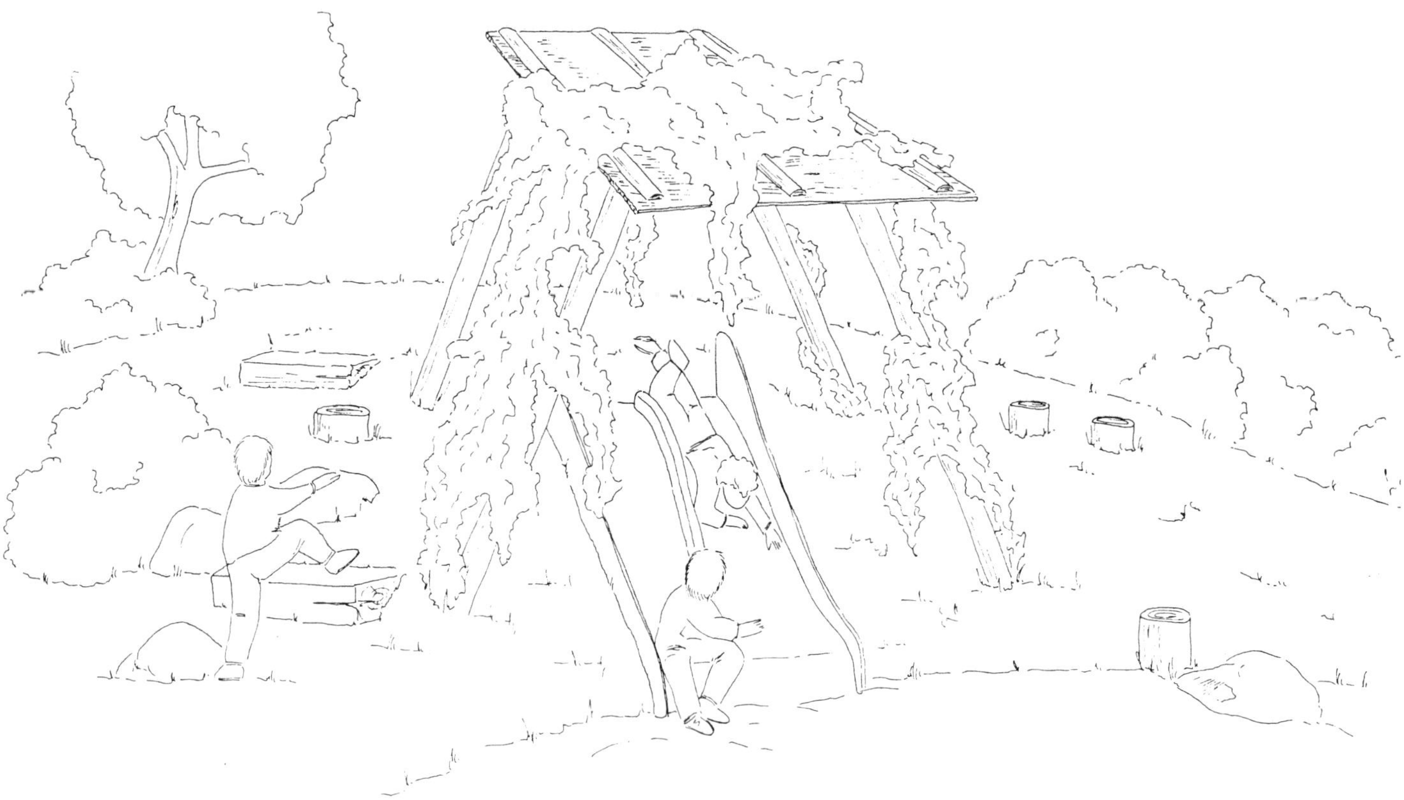

Einfach konstruiert, als Bausatz erhältlich, entsteht kostengünstig eine anregende Urwaldpergola mit zwei „grünen Höhlen“ als Aufstieg zur Holm-Breit-Rutsche

wird, werden, folgt man der Kurzbeschreibung, diverse Spielgeräteangebote und Ausstattungsgegenstände benötigt. Das betrifft in diesem Falle den Stelzenparcours, die Kletterseile, die Absturzsicherungen am erwähnten Höhlengang und die Holm-Breit-Rutsche oder Noppenrutsche.

Höhlen aus Betonringen

Höhlengänge, durch den Hang geführt, sind für Kinder im Spiel ein besonders spannendes Erlebnis. Sie können verschiedene Spielzonen miteinander verbinden, und an einer Seite entsprechend vorgepflanzt, entstehen so auch noch sinnliche Eindrücke von Licht und Schatten.

Eine kostengünstige Variante für den Höhlengang, der wenigstens einen Durchmesser von einem Meter haben sollte, sind Betonringe (WICHTIG! Ohne Steigeisen), die zu jeder gewünschten Länge zu montieren sind.

Spannend ist auch, wenn die Röhre in Neigung eingebaut wird, was automatisch einen Selbstreinigungseffekt hat und den Spielwert erhöht.

Um den konsequent naturnahen Ansatz zu verfolgen, sollten die montierten Betonringe nun überschüttet werden. Dadurch entsteht erst der eigentliche Spielreiz und Höhlencharakter. Damit sich das Bodenmaterial nicht wegspielen kann, ist für eine Stützmauer an den jeweiligen Zugängen zu sorgen. Eine schnelle, wirkungsvolle und kostengünstige Lösung bilden Abgrenzungsmodule (Achtung! Kein Nachbau möglich. Die Module sind patentrechtlich geschützt). Auch ist dafür zu sorgen, dass entsprechende Absturzsicherungen nach den gültigen DIN-Bestimmungen eingeplant werden. Ist der Höhlengang fertiggestellt und die Freianlage in Betrieb, wird man feststellen, dass dieses gebaute Spielobjekt ständig und hoch als Rückzugsraum oder bewegungsaktives Angebot frequentiert wird.

Holm-Breit-Rutsche oder Noppenrutsche – Alternative zu den Standardrutschen

Die Holm-Breit-Rutsche und die Noppenrutsche sind ganz besondere Spielobjekte. Beide bestehen aus VA-Material, einem rostfreien Stahl, der praktisch wartungsfrei ist. Bei einer Breite von einem Meter können mehrere Kinder gemeinsam rutschen.

Der Holm dient als weitere Spielanregung. Die Kinder rutschen darauf, wie wir es zu früheren Zeiten an Treppengeländern taten und vermutlich die Kinder auch heute noch tun. Andererseits dient der Holm den kleineren Kindern als Orientierungs- und Koordinationshilfe.

Unten beim Rutschenauslauf, wo die Kinder sich treffen und keine intensive Rutschbewegung mehr stattfindet, wird dann noch das emotionale Element im Spiel verstärkt, indem direkter Körperkontakt hergestellt wird. Parallel zu diesen Aktivitäten können die spielenden Kinder wieder von außen nach oben klettern, was sie uns übrigens an jeder Rutsche zeigen. Durch die Konzeption der Hangrutsche ist dabei seitlich kein Fallschutz mehr erforderlich. Demnach handelt es sich bei diesem Spielgerät neben der motorischen Förderung auch um ein Angebot, das intensiv das soziale und experimentelle Spielen anregt.

Bei der Noppenrutsche fehlt der mittlere Holm. An seine Stelle treten linsenförmig angebrachte Hindernisse. Auch diese bieten Koordinationshilfen. Über durchgeführte Wirkungsanalysen konnte bei diesem Spielgerät festgestellt werden, dass durch solche ergänzenden Spielreize insbesondere das experimentelle Spielen in einem wesentlich höheren Maße gefördert wird.

Noppenrutsche

Stehwippe – Alternative zur herkömmlichen Balkenwippe

Bei der Stehwippe handelt es sich um ein hochmotivierendes soziales Spielobjekt. Es ist mit herkömmlichen Balkenwippen nicht vergleichbar. Bewegungsaktives Agieren mit anderen ist hier möglich.

Bei breiter angelegten Untersuchungen an diesen Spielobjekten wurden nicht selten bis zu 15 junge Menschen verschiedenster Altersgruppen gezählt, die miteinander gespielt hatten. Beim Spielen und Experimentieren mit der Körperkoordination stehen die Personen auf einer in der Mitte gelagerten Fläche. Halt finden sie an Metallbügeln und den beteiligten Mitspielern. Auch der Anreiz durch (Rest-)Risiko ist möglich, da sie auch auf- und abspringen können. Bewusst muss der Körperkontakt zu den anderen hergestellt werden.

Die Stehwippe kann als klassischer Spielpunkt, der neben Kindern auch Jugendliche und jung gebliebene Erwachsene in hohem Maße zum Ausprobieren motiviert, bezeichnet werden. Der Grund liegt in der ganzheitlichen Herausforderung verschiedener motorischer Fähigkeiten und im Miteinander-spielen-können.

Hängemattenschaukel – Alternative zu Einzel- und Doppelschaukeln

Die Hängemattenschaukel entspricht den gleichen Zielsetzungen wie bei Holm-Breit-Rutschen oder der beschriebenen Stehwippe. Robust gebaut, können auch an diesem Objekt bis zu 20 Kinder, durchaus aber auch Jugendliche und Erwachsene damit spielen. Beobachtungen an solchen Spielobjekten zeigen, dass hier neben einem positiven Sozialverhalten auch das experimentelle Spielen favorisiert wird. Sitzen mehrere Kinder in der Hängematte, können sie die Schaukelbewegung nicht mehr gemeinsam koordinieren, Hilfe von außen wird notwendig. Darin steckt eine weitere Zielsetzung bei diesem Angebot. So wird im Umgang ein ständiger Wechsel von innen nach außen und umgekehrt stattfinden und so erneut, aber in anderer Art und Weise, die motorische Förderung angeregt. Das gilt auch für die Sprachförderung, da neben der langen Verweildauer, gemeinsam mit anderen Kindern und Erwachsenen, ständig neue Spielregeln erfunden und ausprobiert werden.

Dem entgegen stehen die bekannten Einzel- oder Doppelschaukeln. Maximal zwei Kinder können diese Geräte nutzen. Für die Jüngeren besteht dann oftmals keine Chance mitzuspielen, wenn die Erwachsenen nicht zwischendurch in das Spiel eingreifen. Genau das sollte im Kinderspiel jedoch nicht notwendig sein. Jugendliche sprechen Hängemattenschaukeln ebenfalls in hohem Maße an. Das gilt sowohl für ein ruhebetontes Verweilen wie auch für kraftvolle Experimente an diesem Spielgerät.

Sechseckige Tischtennisplatte

Die sechseckige Tischtennisplatte ist ideal geeignet, vielen MitspielerInnen zeitgleich die Gelegenheit zum Spielen zu ermöglichen. Eigene Regelfindungen werden so untereinander arrangiert. Gespielt wird über eine Linse und nicht mehr über ein Netz, das anfällig gegen Zerstörung ist.

Bis zu drei Bälle gleichzeitig können über Kreuz zum Einsatz kommen. Das erfordert eine hohe Konzentration der Aktiven. Trotzdem ist die Spielplatte geeignet, auch zu zweit und nach Turnierregeln zu spielen. In der Summe aller Vorteile gegenüber konventionellen Tischtennisplatten, die eher sportorientierte Angebote machen, handelt es sich bei diesem Spielgerät um ein sozialintegratives Angebot, das zudem als klassischer Jugendtreff genutzt werden kann, welches die Bedürfnisse und spezifischen Verhaltensstrukturen dieser Generationsgruppe abdeckt. Dabei vereint die sechseckige Tischtennisplatte drei konventionelle Platten in sich, wobei der Platzbedarf nur unwesentlich höher liegt als bei einer konventionellen Tischtennisplatte.

Die Spielkette – multifunktionales Spielangebot

Die Spielkette, auch Plaisir genannt, dient zum Balancieren und Klettern. Dabei kann in hohem Maße auch die Körperkoordination eingeübt werden. Im öffentlichen Raum wird sie schnell zum Jugendtreff und in der Schule dient sie neben den freien Spielvarianten auch als „Grünes Klassenzimmer". Die Form ist von den spielenden Kindern und Jugendlichen veränderbar. Das geht jedoch nur dann, wenn mehrere zusammenarbeiten. Die Spielkette ist ein spannender Kommunikations- und Spielpunkt, der wenig Platz benötigt, allen Sicherheitsvorschriften entspricht, Risikokompetenzen zulässt und auch noch kostengünstig zu bekommen ist.

◆ Sitzrondell – Alternative zu Bänken

Konzeptionen wie das Sitzrondell sind ideal geeignet, einen multifunktionalen Begegnungsraum entstehen zu lassen. Über Bausätze aus Holz erreicht man schnelle Ergebnisse. In sich abgestuft dienen sie einerseits als Sitzmöglichkeiten und andererseits als Kletterobjekte mit Spielverlauf in das angrenzende Spielgelände. Seitlich angebundene Natursteine können als hochmotivierende Kletterobjekte mit Restrisiko definiert werden. Dieser planerische Ansatz wurde in der Vergangenheit überwiegend vernachlässigt. Er ist aber in der DIN 18034 nicht ohne Grund nachzulesen. Wir sollten wieder begreifen, dass hochmotiviertes und konzentriertes Spielen nur dann anhaltend entsteht, wenn Kinder und Jugendliche auch mit für sie berechenbaren Gefahren umgehen können. Eine empirische Untersuchung aus Frankfurt/Main (Kunz 1993 a.a.O.) belegt, dass in solchen Spielräumen die Unfallhäufigkeit zum Beispiel geringer ist als bei den herkömmlichen Gerätespielplätzen.

In Verbindung mit dem Sitzrondell kann eine vorgelagerte Erlebnisfläche als weiteres sinnlich anregendes Spielobjekt dienen. Ein so entstandener Platz wird in Kombination mit Schatten spendenden Gehölzen am Rande zu einem zentralen Raum der Begegnung.

Pflanzenauswahl und Naturhölzer

An dieser Stelle soll noch einmal grundsätzlich darauf hingewiesen werden, dass auch im öffentlichen Freiraum die Verwendung von heimischen Pflanzen und Naturmaterial sowohl aus ökologischer wie auch aus ökonomischer Sicht sinnvoll ist.

Heckengehölze und Bäume

So sind zum Beispiel Spielhecken aus der Sicht Naturnaher Spiel- und Begegnungsräume für alle Generationen eines der wichtigsten Spiel- und Aufenthaltsangebote überhaupt. Überall dort, wo Heckengehölze vorzufinden sind, sind immer auch Benutzerspuren der Kinder zu entdecken.
Werden solche Streifräume inmitten lebendiger Natur angelegt oder ergänzt, sollten heimische, spielfreundliche und robuste Gehölze ausgewählt werden. Ungeeignet sind alle Koniferenarten und dornigen Gehölze (insbesondere Feuerdorn und Berberitzen). Eingesetzt werden Pflanzen, die bereits eine bestimmte Größe haben, da die Kinder die Hecken über ihr Neugierverhalten gleich zu Beginn aktiv in ihr Spiel einbeziehen. Wenngleich aus ökologischer Sicht der Einsatz kleinerer Pflanzen sinnvoll wäre, so halten diese jedoch dem Ansturm der Kinder nicht stand. Eine wichtige Erfahrung aus der Vergangenheit, die neben Frust dann auch noch erneute Folgekosten produzierte.
Auch die Vielfalt beim Angebot spielt bei Spielhecken eine bedeutende Rolle. Eine breite Auswahl an Gehölzen gestaltet den jahreszeitlichen Verlauf, verschiedene Grünfärbungen bieten Abwechslung und selbst bedeutsame Kleinbiotope für Vögel und Insekten entstehen.

Werden Wege in die Hecken geführt und da und dort eine kleine Lichtung gelassen – verbunden mit einem Solitärstein als Sitzgelegenheit oder Ablagefläche – tauchen die Kinder automatisch in eine spannende Fantasiewelt ein. An diesen geheimen Orten, abseits der Beobachtung von Erwachsenenaugen und deren pädagogischer Eingriffe, findet dann das Spielen statt, an das sich manche Erwachsene noch als Spielort erinnern, der für sie als Kinder am aufregendsten war.

Auch die Begegnungsräume unter dem Aspekt des generationsübergreifenden Ansatzes unterliegen vergleichbaren Bedingungen. Pflanzen und integriertes Naturmaterial, in Vielfalt angeboten, regen unsere Sinne ganzheitlich an. Das schafft nicht nur Wohlbefinden, sondern erhöht auch die Aufenthaltsdauer. Gut geeignet für diese Teilstandorte sind Duftgehölze und Themengärten, in denen unsere heimische Flora und Fauna bei uns wieder Kindheitserinnerungen hervorzaubert, uns dabei entspannt abtauchen lässt und zur Kommunikation anregt.

Bewährte Bäume und Hecken für Naturspielräume

HOCHSTÄMME

Blut-Ahorn	*Acer planatoides 'Faassen's Black'*	Hainbuche	*Carpinus betulus*
Bergahorn	*Acer pseudoplatanus*	Trompetenbaum	*Catalpa bignonioides*
Kugelahorn	*Acer planatoides 'Globosum'*	Baumhasel	*Corylus colurna*
Feldahorn	*Acer campestre*	Esche	*Fraxinus excelsior 'Westhof's Glorie'*
Feldahorn	*Acer campestre 'Elsrijk'*	Ahornblättrige Platane	*Platanus x acerifolia*
Spitzahorn	*Acer platanoides 'Emerald Queen'*	Vogelkirsche	*Prunus avium*
Rotahorn	*Acer rubrum*	Stiel-Eiche	*Quercus robur*
Rosskastanie	*Aesculus hippocastanum*	Robinia, Scheinakazie	*Robinia pseudoacacia 'Semperflorens'*
Scharlach-Rosskastanie	*Aesculus x carnea 'Briotii'*	Eberesche	*Sorbus aucuparia*
Weißbirke	*Betula pendula*	Winterlinde	*Tilia cordata*
Hängebirke	*Betula 'Tristis'*	Krimlinde	*Tilia x euchlora*
Edel-Kastanie	*Castanea sativa*		

HECKENGEHÖLZE

Feldahorn	*Acer campestre*	Schlehe / Schwarzdorn	*Prunus spinosa*
Kupferfelsenbirne	*Amelanchier lamarckii*	Gemeinder Faulbaum	*Rhamnus frangula*
Sommerflieder	*Buddleia alternifolia*	Hunds-Rose	*Rosa canina*
Sommerflieder	*Buddleia davidii*	Gold-Johannisbeere	*Ribes aureum*
Hainbuche	*Carpinus betulus*	Blut-Johannisbeere	*Ribes sanguineum 'Atrorubens'*
Weißer Hartriegel	*Cornus alba*	Weiß-Weide	*Salix alba*
Kornelkirsche	*Cornus mas*	Ohr-Weide	*Salix aurita*
Roter Hartriegel	*Cornus sanguinea*	Korbweide	*Salix viminalis*
Haselnuss	*Corylus avellana*	Purpur-Weide	*Salix purpurea*
Korkenzieherhasel	*Corylus avellana 'Contorta'*	Korkenzieherweide	*Salix matsudana 'Tortuosa'*
Purpur-Hasel / Bluthasel	*Corylus maxima 'Purpurea'*	Schwarzer Holunder	*Sambucus nigra*
Rotbuche	*Fagus sylvatica*	Eberesche	*Sorbus auccuparia*
Forsythie	*Forsythia intermedia*	Prachspiere	*Spirea vanhouttei*
Ranunkelstrauch	*Kerria japonica*	Bogenflieder	*Syringa reflexa*
Kolkwitzie	*Kolkwitzia amabilis*	Wildflieder	*Syringa vulgaris*
Pfeifenstrauch / Falscher Jasmin	*Philadelphus coronarius*	Schneeball	*Viburnum opulus*
Blutpflaume	*Prunus cerasifera 'Nigra'*	Liebliche Weigelie	*Weigela florida*
Traubenkirsche	*Prunus padus*	Weigelie	*Weigelia hybr. 'Bristol Ruby'*
Steinweichsel	*Prunus mahaleb*		

Spielhäuser und Kommunikationsnischen aus Naturmaterial

Neben den Raum bildenden Maßnahmen durch heimische Pflanzungen gibt es auch Möglichkeiten, Spielhäuser und Kommunikationsnischen aus Naturmaterial in Kombination mit Pflanzen anzubieten. Insbesondere Naturpergolen aus Weiden für Erwachsene bieten dabei dauerhafte Lösungen. Die Form kann frei gewählt und den Zielsetzungen des Freiraumes angepasst werden. Bei einem Naturhaus zum Spielen ist es bei der Grundkonstruktion wichtig darauf zu achten, die Statik für die Kinder sichtbar, nachvollziehbar und erlebbar zu zeigen. Auch dieser Aspekt hat mit kindlicher Entwicklung und Intelligenzförderung zu tun. Alte handwerkliche Techniken werden in einem solchen Falle verwendet und den Kindern wieder näher gebracht.

Interessant beim Bau von Naturbauten sind Weidenstecklinge. Bereits zu früheren Zeiten wurde diese „Zauberpflanze" verwendet. Bekannt sind noch immer die alten Lehmbauten, bei denen u. a. Weiden zwischen die Gefache geflochten wurden. Wir kennen weiter die alte Handwerkskunst des Korbflechtens oder die Verwendung der Weide bei der Sicherung von Uferböschungen. Weniger bekannt und erst im Naturspielraum neu belebt, ist der Bau von Weidenhäusern als Rückzugs- und Rollenspielbereich.

Bei der Wahl dieses Materials ist Vorsicht und Fachkenntnis geboten. Nicht jede Weidenart ist dafür geeignet. Auch muss dabei die Grundtechnik im Einbau und der Zeitpunkt des Weidenschnitts unbedingt beachtet werden. Fachmännisch gebaut und gepflegt, entsteht nach kurzer Zeit ein Naturhaus, in dem die Kinder inmitten der Natur spielen und in ihrer Fantasiewelt auf Entdeckungsreise gehen können.

Naturpergolen bieten windgeschützten Schattenraum.
Duftgehölze an den Seiten sorgen für ein anhaltendes Wohlbefinden.

Geeignete Weidenarten zum Bauen in naturnahen Spiel- und Begegnungsräumen:

Alle Weiden werden zur Gattung **Salix** zusammengefasst. Ihre nächsten Verwandten sind die Pappeln (**Salicaceae**). Auf Deutsch könnte man das mit „Weidenartige" aus dem lateinischen übersetzen. Nun gibt es in Deutschland und den jeweiligen Regionen eine für den Laien kaum überschaubare Anzahl von Weiden, geschätzt wird die Zahl der Arten mit ihren Unterarten und ihren Bastarden auf über 130.
Aber längst nicht alle Weidenarten sind zum Bauen in Naturspielräumen geeignet.
Im Folgenden sind diejenigen Weiden aufgeführt, die man suchen und zum Bauen verwenden kann.

Gut geeignet:
1. Die Silberweide *(Salix alba)* mit ihren langgestreckten lanzettlichen Blättern
2. Purpurweide *(Salix purpurea)* dito wie 1
3. Korbweide, Hanfweide *(Salix vimenalis)* dito wie 1

Bedingt geeignet:
4. Bruchweide, Knackweide *(Salix fragilis)* dito wie 1
5. Salweide *(Salix caprea)* mit ihren rundlichen Blättern
6. Ohrweide *(Salix aurita)* dito wie 5

Wegen der eher schwierigen Bestimmung empfehlen wir, sich Weiden zum Bauen von lebenden Naturhäusern, Tunnels und Zäunen zu suchen, die schmale, lanzettlich geformte Blätter haben. Diese sind in der Regel geeignet, während sich die anderen mit rundlichen Blättern eher weniger eignen.

Anmerkung: Zum Verständnis soll noch erwähnt werden, dass es sich bei dem Begriff Kopfweide um keine spezielle Weidenart handelt. Es sind kultivierte Weiden, deren Weidenruten zum Flechten von Körben und in früheren Zeiten im Weinbau zum Befestigen der Rebstöcke verwendet wurden.

Neben Weiden eignen sich, wie bereits erwähnt, auch noch andere Naturmaterialien beim Bau von Naturspielräumen. Gerne verwendet man Naturhölzer der Resistenzklasse 1 und 2. Die Hölzer sollten entrindet und oberflächenbehandelt sein, denn sonst setzen sich nach kurzer Einbaudauer an die Hölzer Pilze. Wenngleich diese nicht gefährlich für die Kinder sind und durchaus dem naturnahen Ansatz ihren speziellen Charakter geben, reagieren manche Menschen darauf eher skeptisch und ablehnend. Natürlich geht es bei der Verwendung von entrindetem und behandeltem Naturholz immer auch um Mehrkosten. Das ist oft einer der Gründe, warum im öffentlichen Raum dennoch Naturhölzer mit Rinde verbaut werden, zumal häufig eigene Wälder vorhanden sind oder zumindest ein guter Kontakt zum Forstamt besteht.

Heimische Holzarten die sich für den Bau im Naturspielraum eignen:

Holzarten lassen sich in verschiedene Klassifikationen einteilen. Man spricht zum Beispiel
- vom „Charakter" des Holzes: Porigkeit, Maserung, Farbton ...
- den „Eigenschaften": Elastizität, Witterungsempfindlichkeit, Schwund ...
- und vom „Einsatzbereich": Außenfassade, Treppen, Fußböden, Deckenverkleidung ...

Eine andere Qualifizierung der Holzarten spricht von Resistenzklassen. Diese Anhaltspunkte sind besonders dafür geeignet, das richtige Holz für den Bau von Naturspielräumen aussuchen zu können, da damit auch die Haltbarkeit nach dem Einbau bestimmt wird. Tropenhölzer sollten keinesfalls favorisiert werden, auch wenn es dafür inzwischen Gütesiegel (FSC, Foest Stewardship Council) gibt. Wir meinen, dass unsere heimischen Wälder ausreichend Holzarten bereithalten, die sich für den Bau von Naturspielräumen eignen. Das hat auch etwas mit nachhaltigem Denken und Handeln zu tun und entspricht zudem den Zielsetzungen der Agenda 21.

Geeignet sind folgende Holzarten:

- **Eiche** *(Quercus robur),* Laubholz
  Härter und schwerer als Nadelhölzer. Ausgezeichnete Festigkeits- und Elastizitätseigenschaften. Hohe natürliche Dauerhaftigkeit des Kernholzes. Gebrauchsdauer 10 bis 25 Jahre.
- **Douglasie** *(Pooudotouga monziooii),* Nadelholz
  Besonders gutes Stehvermögen. Gute Witterungsfestigkeit. Gebrauchsdauer 10 bis 15 Jahre.
- **Robinie** *(Robinia pseudoacacia),* Laubholz
  Ausgezeichnete Festigkeitseigenschaften bei gleichzeitig hoher Elastizität und gutem Stehvermögen. Unter allen heimischen Holzarten besitzt die Robinie die höchste Dauerhaftigkeit. Leider steht der heimische Holzartenbesitz sehr begrenzt zur Verfügung. Gebrauchsdauer über 30 Jahre.
- **Lärche** *(Larix decidus),* Nadelholz
  Lärchenholz ist härter als Kiefernholz und Fichtenholz. Es zeichnet sich aus durch hohe Festigkeitswerte und Elastizitätseigenschaften. Gebrauchsdauer 10 bis 20 Jahre.
- **Rüster, Ulme** *(Ulmus carinifolla),* Laubholz
  Gute Festigkeitseigenschaften und gutes Stehvermögen. Dauerhaftigkeit in Feuchtzonen gut. Gebrauchsdauer 10 bis 20 Jahre.
- **Edelkastanie** *(Castanea sativa),* Laubholz
  Festigkeits- und Elastizitätseigenschaften sind gut. Nach Trocknung befriedigendes Stehvermögen. Witterungsfestigkeit und Dauerhaftigkeit bei ständigem Wasser- und Erdkontakt ist gut. Leider gibt es nur geringe Verfügbarkeit. Von daher wird die Edelkastanie nur selten eingesetzt.

Holz ist ein natürlicher Baustoff. Es rastet zu keiner Zeit und verändert dabei auch sein Aussehen.
Treffend hat Walter Holthusen das in seinem Gedicht beschrieben:

Das nie rastende Holz

Gott schuf das Holz, mal hart, mal weich,
doch ein's – sprach er – ist immer gleich,
es wird nie rasten und nie ruh'n,
wird arbeiten, wird stets was tun.

Und so gab er dem Holz die Zellen,
jetzt konnt' es schwinden und auch quellen,
doch als es schwand, wurd's plötzlich klar,
da war ein Stück, wo nichts mehr war.

Und da sprach unser Herr, der kluge:
Mein liebes Holz, das ist die Fuge.
Trag' sie mit Achtung und mit Stolz,
an ihr erkennt man dich als Holz,
auch Fugen sind ein Stück Natur,
begreif' es, Mensch, sei nicht so stur.

Auch **Natursteine** sind beliebte Naturmaterialien, welche Landschaftsgestaltungen interessant und vandalismussicher, insbesondere aber spannend und spielanregend ergänzen können. In vielen Regionen Deutschlands gibt es hierfür geeignetes Material.

Roter oder gelber Sandstein, sofern in der Nähe kostengünstig zu bekommen, eignet sich besonders, da er leicht nachbearbeitet werden kann, denn Natursteine dürfen keinesfalls scharfkantig eingebaut werden. Auch ist beim Einbau auf die Schichtverläufe der Steine zu achten, damit sie im Winter nicht durch Frost geschädigt werden. Nicht selten entstanden so in den letzten Jahren hohe Bergsteigerwände, die mehr bieten als die gekauften Kletterwände aus Kunststoffen, auch wenn diese der Werbung für Recyclingkunststoffe dienen, die nicht mehr sind als komprimierter Sondermüll.

Der naturnahe Spiel- und Begegnungsraum für alle Generationen

Auf die Zielsetzungen und Vorteile von naturnahen Räumen wurde zwischenzeitlich in den Vortexten gleich mehrfach eingegangen. Man wollte dadurch erreichen, diese Fragestellung aus den verschiedensten Blickwinkeln künftig vortragen und diskutieren zu können. Auch der Spielbereich als Begegnungsraum für alle Generationen wurde fakultätsübergreifend betrachtet und dabei die Stärken aus sozialökonomischer Sicht bewertet.

Es ist schon eine merkwürdige Sache; seit über zwei Jahrzehnten läuft die Umweltdiskussion auf Hochtouren. Immer neue Positionen werden beschrieben, und es wird festgestellt, dass wir uns gegenüber der Natur falsch verhalten und uns gegen sie stellen. Kaum jemand bedenkt dabei, dass der Mensch untrennbar ein Teil davon ist und nur im Einklang mit ihr dauerhaft existieren kann. Diese Ignoranz und Fehleinschätzung beginnt bereits damit, dass wir unsere Zeit anders wie in der Natur vorgegeben einteilen.

Der Rhythmus des Menschen ist in 24-Stunden-Intervalle unterteilt. Die Woche hat sieben Tage, und davon erkennen wir zwei als Freizeit am Wochenende an. Auf das ganze Jahr gesehen haben wir so und so viele Urlaubstage, die viele Menschen zwischenzeitlich in fernen Kontinenten verbringen. Es gibt eine Zeitordnung für das Krabbelkind und wann ein Kind in den Kindergarten soll. Die Schulzeit ist eingeteilt im 45-Minuten-Rhythmus und beginnt mit dem sechsten Lebensjahr. Mit dem 18. Jahr beginnt die Zeit der Volljährigkeit, und mit dem 60. Lebensjahr gehört ein Mensch zur Generation der Älteren, ab dem 75. Lebensjahr zu den Alten und mit 90 Jahren zur hochbetagten Generation. So zumindest hat die Weltorganisation den 3. Lebensabschnitt in Lebenszeiten eingeteilt. Politik wird in Legislaturperioden entschieden. Diese dauert in der Regel vier bis fünf Jahre. Für die Natur ist das aber nur ein Augenblick. Sie kennt andere Zeitbegriffe, die sich über Millionen von Jahren harmonisch entwickelten, und jedes Detail wurde auf das andere abgestimmt. Der Mensch hat sich davon losgelöst. Für ihn ist Zeit nicht mehr als die Dauer eines Menschenlebens.

In dieser Spanne von weniger als hundert Jahren reagiert er machtergreifend und gefräßig und sieht sich als intelligentesten Mittelpunkt der Welt, der alles zum Wohle von sich selbst neu ordnen und besser machen will. Die geführte philosophische Diskussion zu diesem Thema legt Zeugnis davon ab, indem darüber geredet wird, ob es darum geht, die Natur der Natur oder des Menschen wegen zu erhalten.
So kommt es, dass wir in den letzten hundert Jahren, so lange dauert ein langes Menschenleben, eine Menge getan haben, die Natur auszurauben, die „Existenz Mensch" zu gefährden, indem wir die heimische Natur aus unseren Städten und Gemeinden ausgeschlossen haben.

Nur ein Aspekt von vielen soll hier herausgegriffen werden, da die Vielzahl anderer Beispiele inzwischen mehr als ein Bücherregal füllen würde. Es gab und gibt durchaus auch genug wissende Menschen, die solche Überheblichkeiten von uns erkannt und kritisch niedergeschrieben haben. Hier geht es um die Frage, wie gut oder schlecht es uns in den letzten fünfzig Jahren gelungen ist, im Rahmen des Wiederaufbaus nach 1945, unsere durch Bomben zerstörten Städte und Gemeinden mit und nicht gegen die Natur wiederaufzubauen. Dabei ist anzumerken, dass es Bomben waren, die Menschen gegen die Natur und gegen uns selbst entwickelt haben. Sie wurden mit hohem technischem Aufwand und vermeintlicher Intelligenz gebaut, um unsere selbsternannten Menschenfeinde wirkungsvoll vernichten zu können. Gelernt haben wir ganz offensichtlich aus der Katastrophe des 2. Weltkriegs nicht viel. Nehmen wir bei uns in Europa den Krieg im ehemaligen Jugoslawien, bei dem plötzlich und über Nacht Christen und Moslems zu Todfeinden wurden und sich gegenseitig bekämpften. Nehmen wir zuvor den Krieg in Kuwait, bei dem es weniger um die dort lebenden Menschen, als vielmehr um den Rohstoff Erdöl ging, das viele Teile unseres „Pseudofortschritts" in Gang hält. Nehmen wir die Kriegsschauplätze in Tschetschenien, Afghanistan und den Krieg der Religionen in Palästina und Israel, überall wurden auch Städte vernichtet.

Nehmen wir aber auch die Kriegsschauplätze in unserem eigenen Land, die manche Deutsche in ihren Wahnvorstellungen mit ausländischen und jüdischen MitbürgerInnen inszenieren und nehmen wir die zunehmende Gewaltbereitschaft gegen Andersdenkende, Kinder, Frauen und ältere Mitbürger, die häufig im Verborgenen bleibt.

Eine so differenzierte Einstellung von uns Menschen, mit eigener und ausländischer Ordnung, mit Freund- und Feindbildern, ist in Deutschland wieder aktueller denn je geworden. Wenn wir uns schon als Menschen untereinander bekriegen, wie sieht es dann erst im Verhältnis des Menschen zur Natur in unseren Städten und Gemeinden aus? In Anlehnung an das Buch von Alexander Mitscherlich „Die Unwirtlichkeit unserer Städte. Anstiftung zum Unfrieden", sollen auch hier keine Schuldigen gesucht werden; ganz im Gegenteil. Es wird versucht, uns an mehr Mitmenschlichkeit zu erinnern, an verloren gegangene Werte und wie wir diese wieder miteinander finden können. Das geht jedoch nicht ohne die Grundbereitschaft, uns wieder in Naturzusammenhänge einzubinden. Es funktioniert auch nur dann, wenn wir den Mut aufbringen, den Schöpfungs- oder Evolutionsgedanken als eine unumstößliche Größe zu akzeptieren und nicht weiter versuchen, uns gegen ihn zu richten. Darum sollten wir uns jeden Tag bemühen, die uns umgebende lebendige Natur als ein großes Geschenk anzuerkennen.

Städte und Gemeinden sind heute geprägt durch Urbanität. Dabei verstehen wir nicht die positive Bewertung im Sinne von „Attraktiv", sondern eher wie Mitscherlich: „Mehr und mehr einen kontrastlosen, einzigen und ausschließlichen Lebensraum für Millionen von Menschen" (a.a.O., S. 58). „So vollständig, dass auch alle Naturprodukte, alles was an Naturprozesse erinnert, in technischer Aufbereitung, Verpackung erscheint; oft nachdem dieses Naturprodukt weite Strecken hinter sich gebracht hat und kaum einer der Verbraucher die Gegend kennt, aus der es stammt" (a.a.O., S. 58).

Neben einer so von der Natur befreiten Unwirtlichkeit unserer Städte und Gemeinden wächst noch eine andere Gefahr, die durch hohe Umweltbelastungen gekennzeichnet ist. Sie kommt von einer jährlich zunehmenden Flächen verbrauchenden, dichten Besiedlung, dem Verkehrslärm, der Schadstoffemissionen aus Industrie, Kraftwerken und der Millionen von Kraftfahrzeugen, von denen es bei uns heute beinahe in jedem Haushalt gleich mehrere gibt. Wenngleich sich diese zunehmenden Probleme wie eine Tragödie lesen, bei der viel „lamentiert" und die Zustände „verflucht" werden, sollte man in Anlehnung an die griechische Tragödie auch nicht die dritte Hauptredensart anwenden und „die Schuld und Verantwortung für diesen Zustand anderen zuweisen".

Wir alle haben es trotz vieler Bemühungen bis heute nicht geschafft und ernst genug genommen, diese erkannten Mängel und Risiken zu ändern. So sterben auf deutschen Straßen Jahr für Jahr weit über Zehntausend Menschen durch Verkehrsunfälle. Kaum ein Aufschrei ist zu registrieren. Dieser ist aber dann vorhanden, wenn einmal ein Unfall auf einem Kinderspielplatz passiert. Mangelnde Bemühungen gelten auch für den Staat und die Regierenden, die auf ihrem hohen Abstraktionsniveau bis heute versäumt haben, global ausgerichtete Grundlagen zu schaffen, dem Rechtsanspruch des Bürgers auf mehr Naturschutz in der Stadt und auf dem Land durch eine wirkungsvolle und für alle verbindliche Rechtssprechung gerecht zu werden und dafür zu sorgen, dass ein solcher Rechtsanspruch auch umgesetzt wird.
Seit einigen Jahren haben jedoch Bürgerinnen und Bürger, Kinder und Jugendliche, unterstützt von kommunalen Trägern in mehreren Städten und Gemeinden Deutschlands, zur Mithilfe aufgerufen und ihre eigenen Vorstellungen von Naturnähe eingebracht. Dabei war es ausgerechnet der Kinderspielplatz, der ihnen als Betätigungsfeld diente. Es waren kleine Flächen im Kindergarten, auf Schulhöfen und bei öffentlichen Spielanlagen, die zu naturnahen Spiel- und Begegnungsräumen in Eigenverantwortung und im Rahmen von Bürgeraktionen umgestaltet wurden.

PLANUNGSBEISPIEL Stadt Höhr-Grenzhausen

„Naturnaher Spiel- und Begegnungsraum für alle Generationen: Ferbachtal"

Nachfolgend soll an einem Planungsbeispiel aus der Praxis aufgezeigt werden, welche Qualitätsmerkmale „Naturnahe Spiel- und Begegnungsräume für alle Generationen" haben können.

Das nun vorgestellte Planungsbeispiel ist jedoch weit mehr als nur eine Konzeption für den öffentlichen Raum.
Es entstand planerisch und in der Umsetzung unter aktiver Beteiligung aller Schulen in einer mittelgroßen Stadt in Rheinland-Pfalz und wurde zudem auch noch von dem Jugendzentrum, den Kindergärten, kirchlichen Gemeinden und unter anderem dem städtischen Bauhof begleitet.
Die nachfolgend aufgeführten Leistungen, bezogen auf die einzelnen Bausteine, möchten deutlich machen, zu was junge Menschen in der Lage und willens sind, werden sie ernst genommen und ihre Kompetenzen zugelassen.
Interessant war auch das im Vorfeld eingebrachte Engagement der Schulen und des Lehrerkollegiums sowie das der Eltern der Schülerinnen und Schüler. Alle zusammen haben bewiesen, dass Bürgersinn und Gemeinwohl dann groß geschrieben wird und funktioniert, wenn innerhalb aller Leistungsphasen Mitsprache gewährleistet ist und der politische Raum dabei seine ganze Unterstützung bereit stellt.
Das Ergebnis war ein großer Erfolg. Inzwischen wird das Projekt als Innovationsbeitrag gehandelt, der weit über die Grenzen von Rheinland-Pfalz hinaus diskutiert und zur Nachahmung empfohlen wird.

Auf der CD ROM finden Sie

- eine Gesamtübersicht über das Gelände und Bildausschnitte der im Folgenden beschriebenen Bereiche unter: Kapitel 4, 6. Gesamtplan
- einen Beispieltext für einen Elternbrief: Kapitel 4, 7. Textbaustein: Elternbrief
- einen Beispieltext für eine Teilnahme-Anmeldung für Mitbauwillige: Kapitel 4, 7. Textbaustein: Teilnahme-Anmeldung
- Musterseiten für ein Kontroll- bzw. Wartungsbuch, wie es nach Abschluss der Bauarbeiten regelmäßig geführt werden sollte: Kapitel 4, 7. Textbaustein: Kontrollblatt für Wartungsbuch
- Dias zu den SchülerInnen-Aktionen: Kapitel 4, 4. Dia-Schau: Schüleraktion ...

Im Folgenden werden die exemplarischen Planungsbausteine, deren Ziele und Aufgabenstellungen für die einzelnen SchülerInnengruppen vorgestellt.
Im Rahmen eines Schulleiter- und Kindergartenleiterinnen-Treffens wurden Möglichkeiten besprochen, welche Bausteine unter wessen fachlicher Anleitung übernommen werden können.
Alle Bereiche wurden inzwischen gebaut und der „Naturnahe Spiel- und Begegnungsraum für alle Generationen" seiner Bestimmung übergeben.

Geplant und gebaut wurden:

- Streetball-/Basketballbereich
- Ballspielbereich / kein klassischer Bolzplatz
- Sitzrondell
- Gestaltete Wegeverbindung
- Sandseen- und Flusslandschaft
- Bachlauf mit Gestaltungselementen
- Spielhügellandschaft mit Kletterelementen
- Kletterwand, Hangrutsche mit Urwaldpergola und seitlichen Aufstiegen
- eine Vielzahl von Kommunikationsnischen mit überdachten Pergolen einschließlich Jugendtreffs

Die folgenden Übersichten geben einen Überblick über die notwendigen Arbeiten, die in drei Planungseinheiten zusammengefasst wurden:

Planungseinheit 1

[1] Erlebnisfläche herstellen
  → Erlebnisfläche um den Basketballkorb

[2] Kommunikationsbereiche einbauen
  → Sitzpodeste
  → Sitzstangen
  → Sitzgruppe

[3] Naturtreppe und Natursteinmauer zum Sitzen bauen

[4] Sitzrondell herstellen, Bausätze montieren

[5] Kletterparcours aus Naturmaterial einbauen

Vor- und Nacharbeiten:

- Pflanzung roden
- Vorbereitung des Geländes für die Pflanzung und Raseneinsaat

Planungseinheit 2

[1] Setzen der Natursteinmauern

[2] Bau des Sandbereiches

[3] Kommunikationsbereiche einbauen
  → Sitzgruppe
  → Sitzsteine vor Pergola

[4] Aufbau der Naturpergola

[5] Bachlauf herstellen

[6] Natur- und Baumstammbrücke setzen und Randbereiche beim Bachlauf gestalten

Vor- und Nacharbeiten:

- Pflanzung roden
- Vorbereitung des Geländes für die Pflanzung und Raseneinsaat

Planungseinheit 3

[1] Hängemattenschaukel montieren und einbauen, Fallschutzfläche herstellen

[2] Montage und Aufbau des Hexenhauses

[3] Naturtreppe und Naturbrücke einbauen

[4] Umfeld vom Baumhaus herstellen

[5] Einbau der Hangrutsche mit Urwaldüberdachung

[6] Bau der Kletterwand aus Natursteinen mit Fallschutzfläche

[7] Kletterparcours einbauen

[8] Bachlauf ergänzen und Randbereiche beim Bachlauf gestalten

Vor- und Nacharbeiten:

- Pflanzung roden
- Vorbereitung des Geländes für die Pflanzung und Raseneinsaat

◆ Planungseinheit 1 – Aufgaben

1 Erlebnisfläche herstellen Erlebnisfläche um den Basketballkorb

Gebaut wurde eine Fläche aus verschiedenen Natursteinpflastern. Es handelt sich hierbei um eine kreative, künstlerisch ausgerichtete Arbeit. Hundertwasser und Kükelhaus hatten in ihren Konzepten solche Erlebnisflächen häufig verwendet.
Es ging dabei um Pflasterarbeiten einschließlich der Herstellung des Unterbaus (Bodenarbeiten, Schotter einbringen etc.)
Diese Arbeit kann von SchülerInnen ab dem 8. Schuljahr unter fachlicher Anleitung geleistet werden.

Anzahl der HelferInnen: Mittelwert 10 / 1 Tag

Aufbau Erlebnisfläche:
Kapitel 4, 6. Bauanleitungen einzelner Elemente, Plan 26

2 Kommunikationsbereiche einbauen

- Sitzpodeste
- Sitzstangen
- Sitzgruppe

Hier ging es vor allem um Einbauarbeiten. Zur Verfügung standen Bausätze, welche teilweise montiert werden mussten. Es ging aber auch um Boden- und Betonarbeiten inklusive der Umfeldgestaltung.
Diese Arbeiten konnten von SchülerInnen ab dem 8. Schuljahr unter fachlicher Anleitung geleistet werden.

Anzahl der HelferInnen: Mittelwert 12 / 1 Tag

siehe dazu:
Kapitel 4, 6. Gesamtplan: Höhr-Grenzhausen, Plan 6, Ausschnitt 27

3 Naturtreppe und Natursteinmauer zum Sitzen bauen

Gebaut wurde eine Naturtreppe aus Naturhölzern sowie eine Natursteinmauer am Rande der geplanten Wegeführung. Es ging dabei um Erd- und Bauarbeiten. Baumaschinen mit professionellen Fahrern standen zur Verfügung. Die Natursteine mussten mit Trasszement auch noch verfugt werden, was Geduld erforderte. Zu diesen Arbeiten kam auch noch die Umfeldgestaltung bei den genannten Flächen.
Diese Arbeiten konnten von SchülerInnen ab dem 8. Schuljahr unter fachlicher Anleitung geleistet werden.

Anzahl der HelferInnen: Mittelwert 8 / 1 Tag

siehe dazu: Detailplan Nr. 28
Kapitel 4, 6. Bauanleitungen einzelner Elemente, Plan 28

4 Sitzrondell herstellen, Bausätze montieren

Erdarbeiten und Vorbereitung der Fläche standen bei dieser Aufgabenstellung am Anfang. Anschließend wurden die Module für das Sitzrondell montiert (Holzarbeiten). Danach setzte man seitlich die Natursteine. Hierfür standen Baumaschinen zur Verfügung. Abschließend wurde das direkte Umfeld mitgestaltet (Modellierungsarbeiten).

Diese Arbeiten konnten von SchülerInnen ab dem 10. Schuljahr unter fachlicher Anleitung geleistet werden.

Anzahl der HelferInnen: Mittelwert 8 / 1 Tag

siehe dazu:
Kapitel 4, 6. Bauanleitungen einzelner Elemente, Plan 29

5 Kletterparcours aus Naturmaterial einbauen

Es ging bei dieser Aufgabe um Einbauarbeiten von Naturmaterial. Naturhölzer mussten senkrecht im Boden ohne Betonarbeiten eingebaut werden. Zudem wurden einzelne Natursteine gesetzt.
Diese Arbeiten konnten von SchülerInnen ab dem 7. Schuljahr unter fachlicher Anleitung geleistet werden.

Anzahl der HelferInnen: Mittelwert 8 / 1 Tag

siehe dazu:
Kapitel 4, 6. Gesamtplan: Höhr-Grenzhausen, Übersicht Plan 6, Ausschnitt 30

Vor- und Nacharbeiten

- Pflanzung roden
- Vorbereitung des Geländes für die Pflanzung und Raseneinsaat

Für diese Arbeiten wurden alle Kinder und Jugendlichen, die gerade keine spezielle Arbeit ausführen mussten, gebraucht. Es ging um das Roden der Pflanzen vor der eigentlichen Baumaßnahme am jeweiligen neuen Standort innerhalb der Gesamtmaßnahme.
Zudem ging es während der eigentlichen Bauphase um Bodenarbeiten. Hergestellt wurde ein weich modelliertes Freigelände, auf das anschließend gepflanzt und Rasen eingesät werden konnte. Hierzu gehörte auch, dass gröbere Steine aus dem Gelände abgelesen und Mutterboden mit dem Rechen verteilt wurde.
Diese Aufgabe konnte durch ganze Schulklassen oder Kindergartengruppen unter aktiver Beteiligung einiger Eltern und ErzieherInnen geleistet werden.
Fachliche Anleitung muss gewährleistet sein.

Anzahl der HelferInnen: Mehrere Schulklassen und Kindergartengruppen mit aktiven Eltern

◆ Planungseinheit 2 – Aufgaben

1 Setzen der Natursteinmauern

Gebaut wurden verschiedene Natursteinmauern am Rande der geplanten Wegeführung. Es ging dabei um Erd- und Bauarbeiten. Baumaschinen standen zur Verfügung.
Die Natursteine mussten mit Trasszement auch noch verfugt werden, was Geduld erforderte.
Zu diesen Arbeiten kam auch die Umfeldgestaltung bei den genannten Flächen.
Diese Arbeiten konnten von SchülerInnen ab dem 8. Schuljahr unter fachlicher Anleitung geleistet werden.

Anzahl der HelferInnen: Mittelwert 12 / 1 Tag

siehe dazu:
Kapitel 4, 6. Gesamtplan: Höhr-Grenzhausen, Übersicht Plan 6, Ausschnitt 31

2 Bau des Sandbereiches

Hergestellt wurde ein gestalteter Sandbereich. Die Einfassungen bestanden aus verschiedenen Naturmaterialien (Naturstämme, Palisadenmodule, Natursteine). Zuvor waren Erd- und Drainagearbeiten zu leisten. Anschließend wurde der Spielsand eingebracht und verteilt. Abschließend ging es noch um Modellierungsarbeiten im direkten Umfeld.
Diese Arbeiten konnten von SchülerInnen ab dem 10. Schuljahr unter fachlicher Anleitung geleistet werden.

Anzahl der HelferInnen: Mittelwert 15 / 1 Tag

siehe dazu:
Kapitel 4, 6. Bauanleitungen einzelner Elemente, Plan 32

3 Kommunikationsbereiche einbauen

- Sitzgruppe
- Sitzsteine vor Pergola

Es ging hier vor allem um Einbauarbeiten.
Zur Verfügung standen Bausätze, welche teilweise montiert werden mussten. Es ging aber auch um Boden- und Betonarbeiten inklusive der Umfeldgestaltung. Die gesetzten Natursteine mussten mit Trasszement noch ausgefugt werden.
Diese Arbeiten konnten von SchülerInnen ab dem 8. Schuljahr unter fachlicher Anleitung geleistet werden.

Anzahl der HelferInnen: Mittelwert 8 / 1 Tag

siehe dazu:
Kapitel 4, 6. Gesamtplan: Höhr-Grenzhausen, Übersicht Plan 6, Ausschnitt 33

4 Aufbau der Naturpergola

Diese Aufgabe erforderte technisches Verständnis und Teamarbeit.
Die Naturpergola wurde als Bausatz geliefert und vor Ort montiert.
Gefordert waren daneben noch Bau- und Drainagearbeiten, Beton- und Erdarbeiten sowie der Einbau der geplanten Kommunikationselemente.
Diese Arbeiten konnten von SchülerInnen ab dem 10. Schuljahr unter fachlicher Anleitung geleistet werden.

Anzahl der HelferInnen: Mittelwert 10 / 1 Tag

siehe dazu:
Kapitel 4, 6. Bauanleitungen einzelner Elemente, Plan 34

5 Bachlauf herstellen

Es ging hier hauptsächlich um Erdarbeiten.
Vorrangig wurden die Maschinenarbeiten unterstützt und der ausgehobene Bachlauf in die gewünschte Form und Profilierung gebracht.
Diese Arbeiten konnten von SchülerInnen ab dem 5. Schuljahr unter fachlicher Anleitung geleistet werden.

Anzahl der HelferInnen: Mittelwert 15 / 1 Tag

siehe dazu:
Kapitel 4, 6. Gesamtplan: Höhr-Grenzhausen, Übersicht Plan 6, Ausschnitt 35

6 Natur- und Baumstammbrücke setzen Randbereiche beim Bachlauf gestalten

Hier ging es um Montage- und Erdarbeiten. Hinzu kam das Setzen von Natursteinen und Naturhölzern. Für das Setzen der Baumstammbrücke stand eine Baumaschine zur Verfügung. Ansonsten konnten diese Arbeiten von SchülerInnen ab dem 5. Schuljahr unter fachlicher Anleitung geleistet werden.

Anzahl der HelferInnen: Mittelwert 12 / 1 Tag

Vor- und Nacharbeiten

- Pflanzung roden
- Vorbereitung des Geländes für die Pflanzung und Raseneinsaat

Für diese Arbeiten waren wieder alle Kinder und Jugendlichen geeignet. Es ging um das Roden der Pflanzen vor der eigentlichen Baumaßnahme. Diese Aufgabe wurde durch mehrere Schulklassen und Kindergartengruppen unter aktiver Beteiligung einiger Eltern und ErzieherInnen geleistet.
Fachliche Anleitung muss gewährleistet sein.

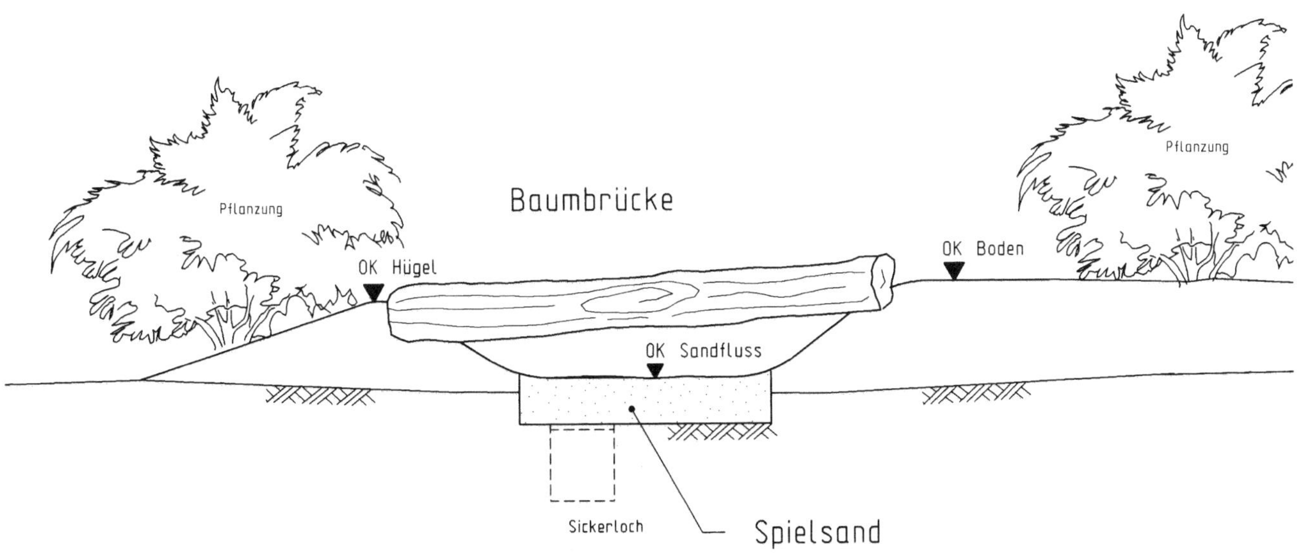

◆ Planungseinheit 3 – Aufgaben

1 Hängemattenschaukel montieren und einbauen, Fallschutzfläche herstellen

Für diese Aufgabe benötigte man technisches Verständnis, da die geplante Hängematte als Bausatz geliefert wurde. Zudem war handwerkliches Geschick gefragt. Hinzu kamen noch Erd- und Drainagearbeiten und das Einbringen des Fallschutzmaterials (Rindenmulch). Abschließend musste noch das direkte Umfeld modelliert und weich gestaltet werden. Diese Arbeiten konnten von SchülerInnen ab dem 10. Schuljahr unter fachlicher Anleitung geleistet werden.

Anzahl der HelferInnen: Mittelwert 15 / 1 Tag

siehe dazu:
Kapitel 4, 6. Bauanleitungen einzelner Elemente, Plan 37

2 Montage und Aufbau des Hexenhauses

Für diese Aufgabe benötigte man technisches Verständnis, da das geplante Hexenhaus als Bausatz geliefert wurde. Zudem war handwerkliches Geschick gefragt. Hinzu kamen noch Erd- und Drainagearbeiten. Abschließend musste das direkte Umfeld gestaltet werden.
Diese Arbeiten konnten von SchülerInnen ab dem 8. Schuljahr unter fachlicher Anleitung geleistet werden.

Anzahl der HelferInnen:
Mittelwert 8 / 1 Tag

siehe dazu:
Kapitel 4, 6. Gesamtplan: Höhr-Grenzhausen, Übersicht Plan 6, Ausschnitt 38

3 Naturtreppe und Naturbrücke einbauen

Gebaut wurde eine Naturtreppe aus Naturhölzern sowie eine Naturbrücke über den geplanten Bachlauf. Es ging um Erd- und Bauarbeiten. Zu diesen Arbeiten kam noch die Umfeldgestaltung bei den genannten Flächen.
Diese Arbeiten konnten von SchülerInnen ab dem 8. Schuljahr unter fachlicher Anleitung geleistet werden.

Anzahl der HelferInnen: Mittelwert 10 / 1 Tag

siehe dazu:
Kapitel 4, 6. Gesamtplan: Höhr-Grenzhausen, Übersicht Plan 6, Ausschnitt 39

4 Umfeld vom Baumhaus herstellen

Hier ging es um Erdarbeiten und das Einbringen von Fallschutzmaterial. Die Fläche wurde zuvor von Baumaschinen vorbereitet. Diese Arbeiten konnten von SchülerInnen ab dem 6. Schuljahr unter fachlicher Anleitung geleistet werden. Das Baumhaus selbst wurde von einer Fremdfirma eingebaut, da diese Arbeiten aufgrund der Verkehrssicherheit von den SchülerInnen nicht hätten eingebaut werden können.

Anzahl der HelferInnen: Mittelwert 15 / 1 Tag

Schnitt Baumhaus

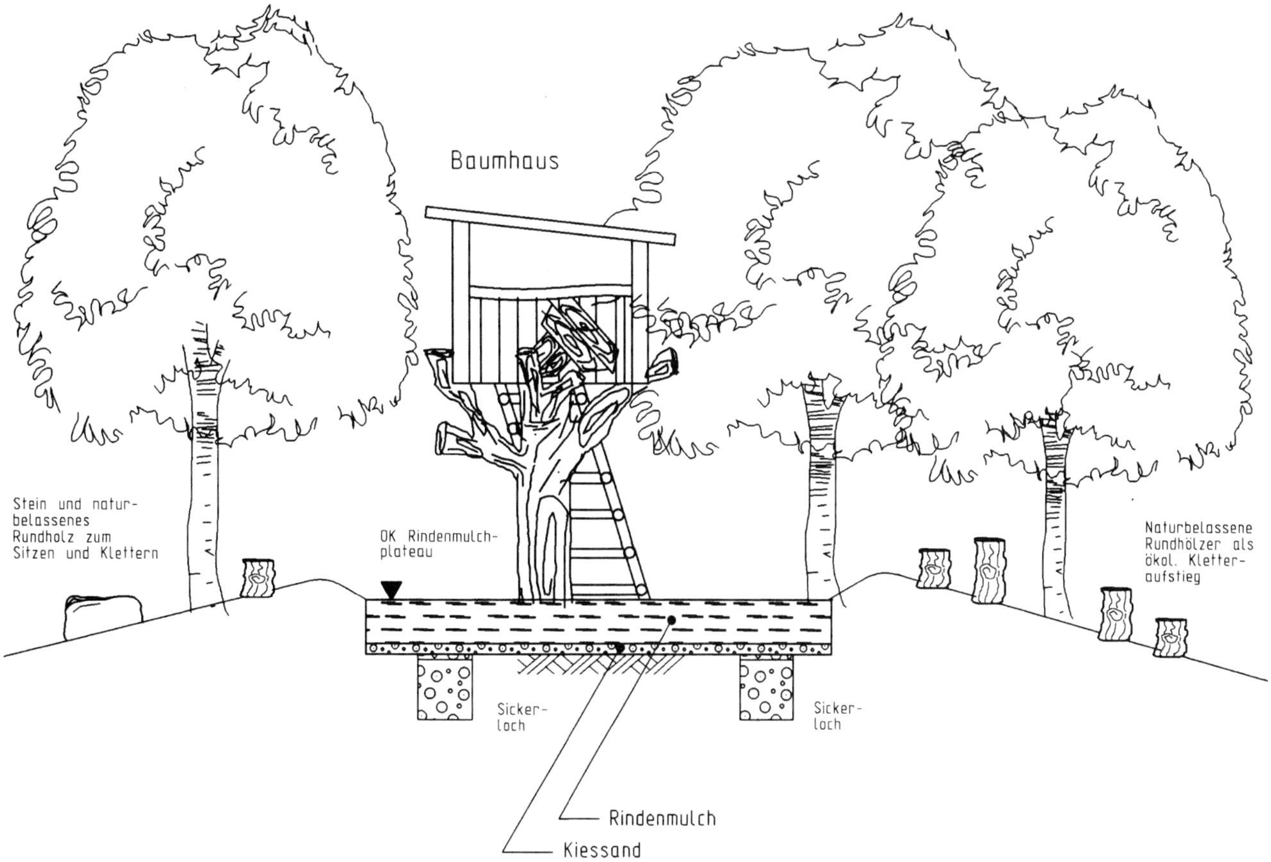

Holm-Breit-Rutsche mit Pergola
Schnitt

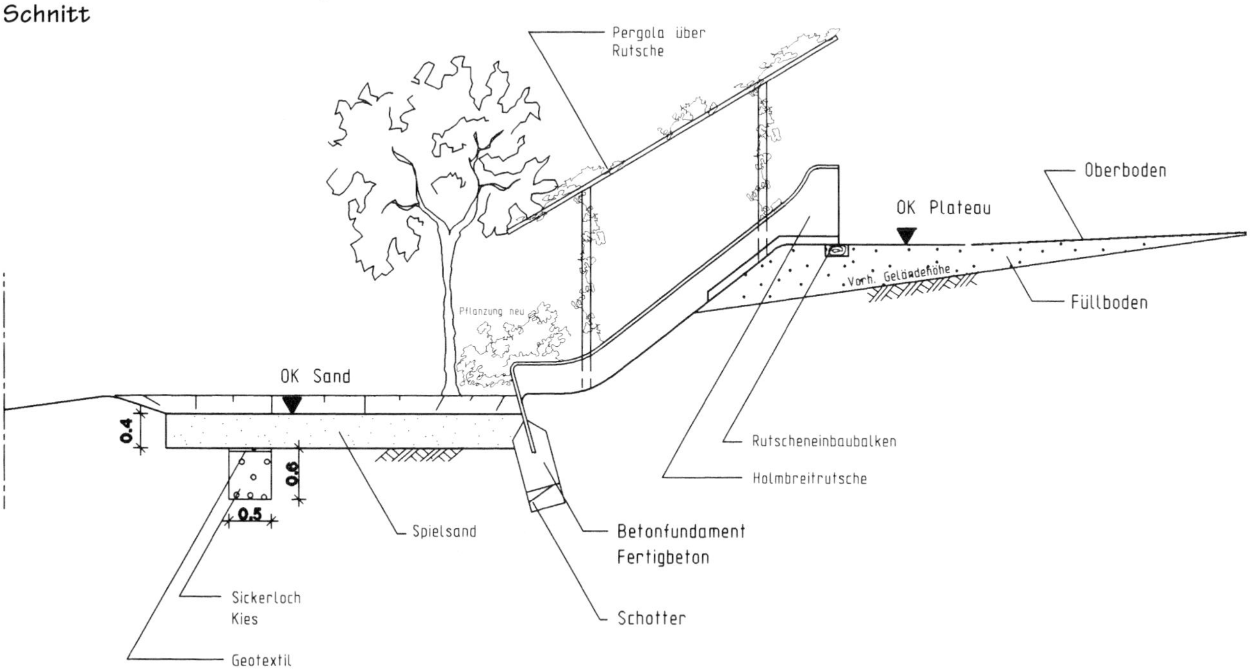

5 Einbau der Hangrutsche mit Urwaldüberdachung

Für diese Aufgabe benötigte man technisches Verständnis, da die geplante Urwaldüberdachung als Bausatz geliefert wurde. Zudem war handwerkliches Geschick gefragt. Hinzu kamen noch Erd-, Drainage- und Betonarbeiten. Abschließend musste noch das direkte Umfeld modelliert und weich gestaltet werden. Diese Arbeiten konnten von SchülerInnen ab dem 10. Schuljahr unter fachlicher Anleitung geleistet werden.

Anzahl der HelferInnen: Mittelwert 15 / 1 Tag

6 Bau der Kletterwand aus Natursteinen mit Fallschutzfläche

Für diese Arbeit benötigten wir Teamfähigkeit. Gemeinsam mit Baumaschinen wurde eine Free-Climbing-Wand aus Natursteinen gebaut. Die Steine mussten mit Trasszement verfugt werden. Das erfordert Geduld.
Ergänzend hierzu wurde noch das direkte Umfeld gestaltet und der Fallschutz eingebracht.
Diese Arbeiten konnten unter tatkräftiger Mithilfe des städtischen Bauhofes von SchülerInnen ab dem 10. Schuljahr unter fachlicher Anleitung geleistet werden.

Anzahl der HelferInnen: Mittelwert 15 / 2 Tage

siehe dazu:
Kapitel 4, 6. Bauanleitungen einzelner Elemente, Plan 42

7 Kletterparcours einbauen

Es ging bei dieser Aufgabe um Einbauarbeiten von Naturmaterial. Naturhölzer wurden senkrecht im Boden ohne Betonarbeiten eingebaut. Zudem wurden einzelne Natursteine gesetzt.
Diese Arbeiten konnten von SchülerInnen ab dem 7. Schuljahr unter fachlicher Anleitung geleistet werden.

Anzahl der HelferInnen: Mittelwert 12 / 1 Tag

siehe dazu:
Kapitel 4, 6. Gesamtplan: Höhr-Grenzhausen, Übersicht Plan 6, Ausschnitt 43

8 Bachlauf ergänzen Randbereiche beim Bachlauf gestalten

Es ging bei dieser Aufgabe um Erdarbeiten. Vorrangig wurden die Maschinenarbeiten unterstützt und der ausgehobene Bachlauf in die gewünschte Form und Profilierung gebracht. Zudem wurden größere Natursteine innerhalb des Bachlaufes gesetzt und Naturhölzer senkrecht als Tritte eingebaut.
Diese Arbeiten konnten von SchülerInnen ab dem 5. Schuljahr unter fachlicher Anleitung geleistet werden.

Anzahl der HelferInnen: Mittelwert 30 / 2 Tage

siehe dazu:
Kapitel 4, 6. Gesamtplan: Höhr-Grenzhausen, Übersicht Plan 6, Ausschnitt 44

Vor- und Nacharbeiten

- Pflanzung roden
- Vorbereitung des Geländes für die Pflanzung und Raseneinsaat

Für das Roden der Pflanzen konnten alle Kinder und Jugendlichen, die gerade frei waren, eingesetzt werden.
Es ging aber während der Bauphase auch um Bodenarbeiten. Hergestellt wurden weich gestaltete Flächen, um anschließend pflanzen und den Rasen einsäen zu können. Hierzu gehörte auch, dass gröbere Steine aus dem Gelände abgelesen und Mutterboden mit dem Rechen verteilt wurde.
Diese Aufgabe konnte durch mehrere Schulklassen unter aktiver Beteiligung einiger Eltern geleistet werden. Fachliche Anleitung war gewährleistet.

Anmerkung: Abschließend soll noch erwähnt werden, dass den beiden Autoren ein vergleichbares BürgerInnen und SchülerInnenbeteiligungsmodell, welches im Rahmen einer Projektwoche und ergänzend an zwei aufeinander folgenden Wochenenden (Freitag und Samstag) mit über 500 Menschen entstand, bisher europaweit noch nicht bekannt geworden ist.

Pflege und Wartung

Bei Diskussionen über naturnahe Spiel- und Begegnungsräume für alle Generationen im öffentlichen Raum werden häufig Argumente angeführt, welche einer solchen zukunftsweisenden und innovativen Konzeption einen zu hohen Kostenaufwand im Bau und insbesondere bei den Wartungs- und Folgekosten zuordnen. Geführt wird diese Diskussion in der Regel von Bauämtern und dem örtlichen Bauhof, unterstützt von Interessenvertretern der Spielgerätebranche, die sich bisher mit der Pflege und Wartung von konventionellen Gerätespielplätzen beschäftigt haben. Hinzu kommen noch Argumente in Bezug auf sicherheitstechnische Belange, die naturnahe Konzepte als nicht DIN-gemäß und somit als gefährlich einstufen.

Grundsätzlich kann jedoch gesagt werden, dass alle aufgeführten Argumente der Realität nicht standhalten, da naturnahe Spielraumplanungen keinesfalls einen höheren Pflege- und Wartungsaufwand im Vergleich zu Gerätespielplatzkonzeptionen benötigen. Bezüglich der Sicherheit gilt, dass zwischenzeitlich vorliegende Langzeituntersuchungen eindeutig belegen, dass naturnahe Freiraumplanungen im Vergleich zu Gerätespielplatzkonzeptionen einen deutlich höheren Sicherheitsstandard aufweisen, sofern die gültigen DIN-Bestimmungen bei der Planung und dem Bau eingehalten werden (Kunz, a.a.O.).

Die Gründe für die bis heute immer wieder geführte Kampagne gegen Naturspielräume sind vielfältig und in Teilen sicherlich auch nachvollziehbar. So kann zum Beispiel die Spielgeräteindustrie als Wirtschaftsunternehmen an der Weiterentwicklung von Naturspielräumen kein Interesse haben. Die von dort angebotenen Produkte werden zunehmend weniger gebraucht, zumindest bedarf es im bisherigen Spielgeräteangebot einer elementaren Umorientierung in einem eng gewordenen Markt. Auch Bauhof und Bauamt zögern zu Gunsten der Entscheidung für naturnahe Spielbereiche. Das Gerätespielplatzkonzept ist bekannt, ebenso wie die Aufgaben im Rahmen der Wartung und Pflege. Alles ist geregelt und die Arbeitsabläufe sind klar definiert. Naturnahe Spielräume sehen jedoch völlig anders aus. Wiesenflächen wechseln mit Geländemodellierungen. Man findet dort nicht mehr nur Abstandsgrün an den Rändern. Spielhecken zeigen sich nun auch im Innenraum. Sandkisten, in die wir bisher Kinder „hineingeparkt" haben, werden zu Sandseenlandschaften umgeplant. Kleinstrukturierte Räume mit einer Vielzahl von wechselnden Baumaterialien nehmen jetzt den Platz der bisher überschaubaren Flächen ein.
Das hat zur Konsequenz, dass sich sowohl Arbeitsabläufe bei der Pflege und Wartung verändern müssen und zudem die Aufgabenstellungen innerhalb der Arbeitsplatzbeschreibung neu zu ordnen sind. Das setzt natürlich einen Umdenkungsprozess voraus, der möglicherweise nicht ohne Widerstände überwunden werden kann.

Betrachten wir die erweiterten Zielsetzungen in einem naturnahen Spiel- und Begegnungsraum für alle Generationen, wie bereits umfassend dargestellt; akzeptieren wir den anderen Ordnungssinn, den uns Jahrhunderte lang die uns umgebende Natur aufgezeigt hat; lassen wir uns dabei auf sinnliche Wahrnehmungen ein, welche diese Räume ausstrahlen können und betrachten wir im Vergleich die tatsächlichen Spielorte unserer Kinder, wird der Wartungs- und Pflegeaufwand schnell relativiert.
Zuerst einmal darf festgestellt werden, dass der Nutzungswert, mit seinen sozialen, pädagogischen und ökologischen Vorteilen, unvergleichbar höher liegt als beim Gerätespielplatzkonzept. Diese Räume haben einen weitaus größeren Freizeitwert. Zudem schließen sie andere Generationsgruppen nicht mehr aus. Dadurch stellt sich soziale Kontrolle ein, die Vandalismusschäden zurückdrängt. Zudem bildet sich ein anderes Umweltbewusstsein aus, das wiederum zu mehr Naturnähe führt und da und dort auch Wildkräuter akzeptiert. Nicht mehr länger ist der „satt-

grüne Rasen" gefragt, sondern eine lebendige Landschaft, in der auch unsere heimische Flora und Fauna ihren Platz erhält. Alles steht dabei im Einklang mit der Natur.

Trotzdem handelt es sich nicht um Wildnis, die nicht mehr zu pflegen wäre. Das Gegenteil ist der Fall. Wir genießen die Harmonie der Natur, lassen uns von ihr inspirieren und entspannen dabei. Das gilt auch für Naturspielräume, die natürlich nicht mit den meisten Hausgärten und den dort wachsenden Friedhofsgehölzen zu vergleichen sind. Während in solchen Hausgärten während der Wachstumsperiode ununterbrochen „Unkraut" gejätet und der Rasen kurz gehalten werden muss, damit sich ja kein Löwenzahn zeigt, überlässt man hier wesentliche Teilbereiche des naturnahen Raumes der Natur. Das gilt auch im Frühjahr für den Heckenschnitt. Diese Arbeit ist über viele Jahre nicht nötig. Kinder sorgen kostenfrei für die Pflege und Wartung, da sie dort ihre beliebtesten Spielbehausungen eingerichtet haben und im Spiel dafür sorgen, dass die Hecken lange brauchen, wenn überhaupt, bis sie einen Rückschnitt benötigen. Es gibt auch keinen Grund, bei der Pflege und Wartung ständig dafür sorgen zu müssen, dass alles an seinem vorgesehenen Platz bleibt.

Naturnahe Räume vertragen eine gewisse Unordnung. Diese wird von spielenden Kindern gar nicht als solche gesehen. Nur Erwachsene meinen, dass ein kleines Erdloch, von Kinderhand mit viel körperlicher Anstrengung entstanden, sofort wieder zugeschüttet werden muss.

Wir versäumen bei diesem kleinen Beispiel darüber nachzudenken, wie viel Fantasiepotenzial dabei freigesetzt wurde und was es für die kindliche Entwicklung bedeutet hat, eigenverantwortlich etwas verändert und geschaffen zu haben.

Besteht Spiel nicht nur aus Verboten und festen Spielregeln, lässt man auch Kreativität und Eigendynamik zu, wird das den Sozialetat entlasten, wenn auch zeitversetzt.

Betrachten wir die vielen Vorteile naturnaher Spielräume global, die nicht alle sofort erkenn- und messbar sind, sollten wir die bisher gültigen und vorgetragenen Sachzwänge einmal gründlich überdenken.

Öffentliche Freiflächen zum Spielen, naturnahe Spiel- und Begegnungsräume für alle Generationen sind kein Selbstzweck, die sich an gewohnten Pflegevorgaben der Mitarbeiter des Bauhofes zu orientieren haben. Sie sind für Menschen gemacht, die einen Anspruch auf Erholung haben. Dabei haben unsere Kinder den Anspruch, sich physisch, psychisch, sozial, kognitiv und somit allumfassend im Rahmen ihrer kindlichen Entwicklung entfalten zu dürfen. Gerätespielplatzkonzepte als unstrukturierte Fläche angelegt, mit Spielgeräten bestückt, die kaum mehr als Sicherheitsabstände und Fallschutz beachten, alterslimitiert und zur Ausgrenzung verdammt, können diese Grundrechte nicht erfüllen.

Rechte und Normen

Auch für naturnahe Spiel- und Begegnungsräume gilt, dass sie nach Rechtsvorschriften geplant und gebaut werden müssen. Für den öffentlichen Raum gelten hauptsächlich zwei bestimmende Normen. Es handelt sich dabei um die DIN 18034 (a.a.O.) und um die DIN EN 1176, Teil 1 bis 7 (a.a.O.). Wer Spielräume plant und zu verantworten hat, muss diese genau kennen. Es können keine Kompromisse zu den inzwischen in ganz Europa verbindlichen Aussagen eingegangen werden.
Wer dem zuwider handelt, handelt fahrlässig und kann bis in die persönliche Haftung bei Unfällen genommen werden. Aufgrund der Bedeutsamkeit dieser Aussage wird noch einmal dringend angeraten, sich mit diesem Thema auseinander zu setzen oder Fachleute um Rat zu fragen, die sich darauf spezialisiert haben.

Auszüge der DIN 18034 können nachgelesen werden unter: Kapitel 2, 2. Textbaustein: Was versteht man unter „Naturnahen Spielräumen"?, Spielplätze und Freiräume zum Spielen – E-DIN 18034

Es gibt dort ausreichende und durchaus innovative Gestaltungsmöglichkeiten für naturnahe Freiraumkonzepte. In Teilen liest sich die DIN 18034 wie ein spannendes ökologisches Lehrbuch, das auch Aussagen zur kindlichen Entwicklung gibt. Man braucht sich eigentlich nur noch mit dem nötigen und fakultätsübergreifenden Hintergrundwissen beschäftigen.

Einerseits bestehen bezüglich der Normen Verbindlichkeiten, andererseits sind aber auch große Freiheiten beim kreativen und kindgerechten Planen gegeben, sofern man die Aussagen zu interpretieren versteht. Im Folgenden wird auf einige Aspekte eingegangen, die zu beachten sind. Das betrifft die Kontrolle und Verantwortung aus der Sicht der Betreiber und die Rahmenbedingungen einer Spielraumkontrolle.

◆ Kontrolle und Verantwortlichkeit

Beginnen wir mit der Kontrolle und Verantwortlichkeit und hinterfragen eine Unfallursache nach den möglichen Gründen.

§ 823 BGB, Schadensersatzpflicht
„Wer vorsätzlich oder fahrlässig das Leben, den Körper, die Gesundheit, die Freiheit, das Eigentum oder ein sonstiges Recht eines anderen widerrechtlich verletzt, ist dem anderen zum Ersatz des daraus entstehenden Schadens verpflichtet. Die gleiche Verpflichtung trifft denjenigen, welcher gegen ein den Schutz eines anderen bezweckendes Gesetz verstößt. Ist nach dem Inhalte des Gesetzes ein Verstoß gegen dieses auch ohne Verschulden möglich, so tritt die Ersatzpflicht nur im Falle des Verschuldens ein."

Es liegt nur ein Grund vor, der eine Haftung nach § 823 BGB vorsieht. Damit das nicht passieren kann, wurde auf die einschlägigen DIN-Normen bereits verwiesen.
Demnach sollte der Betreiber sein Augenmerk auf die Konstruktionsmerkmale von Spielgeräten und den fachgerechten Einbau anderer Ausstattungen lenken. Bei industriell gefertigten Spielgeräten kann in der Regel davon ausgegangen werden, dass sie ein Prüfzertifikat haben. Dieses sollte vor der Kaufentscheidung eingefordert bzw. als Bestandteil des Kaufes verlangt werden. Diese Gewähr ist im Vorfeld für den fachgerechten Einbau nicht zu prüfen. Jedoch vor Auftragsvergabe sollte die Möglichkeit genutzt bzw. verlangt werden, dass dieser Sachverhalt schriftlich vom Auftragnehmer gewährleistet wird.

Nach dem Bau wird dann noch ergänzend empfohlen, die Freianlage bei der Abnahme nach DIN von einer Fachstelle überprüfen zu lassen, sofern nicht selbst ausreichende Kenntnisse vorhanden sind.

Das gilt auch für den zweiten Aspekt, die Aufstellung mit den erforderlichen Sicherheitsabständen und die Wahl der Fallschutzmaterialien bzw. den Einbau.
Ganz anders sieht der dritte Teilaspekt aus. Hier geht es um die nachfolgende Pflege und Wartung der Freianlage.
Es ist wichtig zu wissen, dass der Gesetzgeber dem Träger hier eine Eigenverantwortung übertragen hat, die nur er alleine oder von ihm beauftragte Unternehmen leisten müssen.
Diese sind jedoch vom Träger zu kontrollieren. Es geht dabei um die Frage der Verkehrssicherungspflicht für die technische Sicherheit der Anlage mit allen Einrichtungen.
Um dieser vom Gesetzgeber vorgeschriebenen Verkehrssicherungspflicht nachkommen zu können, muss das entsprechende Personal verfügbar sein. Es wird verlangt, dass es fachkompetent ist. Zudem ist zu gewährleisten, dass die Kontrolle auch dokumentiert und überprüft wird. In der Fachsprache nennt man das ein **Wartungsbuch**. Daraus ist abzulesen, durch wen, wie oft, wann und mit welchen Ergebnissen kontrolliert und welche Verfahrensweisen zur Behebung festgestellter Mängel eingeleitet wurden.
Wer eine solche Organisation missachtet, wird es bei Unfällen schwer haben, den Nachweis zu erbringen, dass er die zumutbare Verkehrssicherungspflicht eingehalten hat. Auch der Deutsche Gemeindeverlag, Formularverlag W. Kohlhammer bietet neben anderen Verlagen ein Kontrollblatt / Mängelmeldung / Kinderspielplatz an, das dort zu bestellen ist.

siehe dazu:
Kapitel 4, 7. Textbaustein: Kontrollblatt für Wartungsbuch

Kapitel 5

Wir widmen das Kapitel Frau Marion Schmitz von der Nassauischen Heimstätte, Gesellschaft für innovative Projekte im Wohnungsbau mbH (nhgip).
Wir widmen es aber auch den vielen Kindern im Spessartviertel der Stadt Dietzenbach und den Bürgerinnen und Bürgern der Hans-Böckler-Siedlung in Offenbach, die uns so offen und freundlich begegnet sind und von denen wir viel lernen durften.

Naturnahe Spiel- und Freiraumplanung im „sozialen Wohnungsbau" und in „sozialen Brennpunktgebieten"

Wer selbst nicht im sozialen Wohnungsbau und in einem sozialen Brennpunktgebiet lebt, ist oft für die Bedürfnisse der dort lebenden Menschen nicht ausreichend sensibilisiert und kann schwer nachvollziehen, wo bei der Planung angesetzt werden soll. Es geht dabei um weit mehr, als nur um eine Wohnumfeldverbesserung.

Neben Architektur und Landschaftsplanung geht es immer auch um soziale Aspekte, die vermeintlich wenig mit dem eigentlichen Planungsauftrag zu tun haben. Es geht aber auch um emotionale Aspekte, welche es zu beachten gilt.

Darum müssen die verschiedensten Interessenskonflikte zuerst einmal aufgearbeitet und ausgeräumt werden. Es gilt sich dabei flexibel auch auf Inhalte einzustellen, die mit der eigentlichen Freiraumplanung nichts zu tun haben, die von den Betroffenen jedoch vorgetragen werden. Diese sind anfangs kaum in der Lage, zwischen der Projektierung und allgemeinen Mieterfragen differenzieren zu können bzw. zu wollen.

Es geht aber auch um ökologische Fragen, die insbesondere das Müllverhalten und die Sauberkeit betreffen. Auch generationsübergreifende Aspekte dominieren zu Beginn die Auseinandersetzung.

Multikulturelle Aspekte sind zu beachten, da in diesen Wohngebieten die ausländischen MitbürgerInnen oftmals mit Feindbildern assoziiert werden. Hinzu kommt, dass die ausländischen MitbürgerInnen auch untereinander, sofern sie aus unterschiedlichen Kulturkreisen und Ländern kommen, häufig non-konformes Verhalten zeigen.

Nach Abschluss der angesprochenen Partizipationsverfahren hat man ausreichend Informationen, in welche Richtung das naturnahe Freiraumkonzept beeinflusst werden muss. Neben den weiteren Vorgaben, die sich durch die Auseinandersetzung mit dem Träger und den Fachämtern ergeben, sollte nun ein qualifizierter Vorentwurf entstehen. Er ist so anzulegen und mit Detailplanungen zu versehen, dass auch Nichtbaufachleute damit umgehen und das Konzept verstehen können.

Grafische Beispiele zu den jeweiligen Aufenthaltszonen mit einer ausführlichen Objektbeschreibung sind hilfreiche Instrumente bei der anschließenden Bewertung.

Bei diesem Planungsstand ist es wichtig anzumerken, dass es sich noch um einen diskussionsfähigen Vorschlag handelt, wie der künftige Freiraum aussehen könnte. Demnach sollte die Bereitschaft bestehen, Inhalte noch zu modifizieren, sofern in der weiteren Diskussion im Rahmen der Mitwirkung beim Partizipationsverfahren Veränderungen gewünscht werden.

Die besondere Bedeutung und Feststellung von Bedürfnissen der verschiedenen sozialen Gruppen sowie deren Einbeziehung in die Planung von Anfang an

Bei der ersten Kontaktaufnahme mit den BewohnerInnen im Untersuchungsgebiet ist unbedingt darauf zu achten, offen und sensibel vorzugehen, da in der Regel der Fremde im Wohnbereich auf großes Misstrauen stößt. Also Vorsicht mit dem Fotoapparat!
Zunächst muss Vertrauen hergestellt werden. Beim ersten Kontakt mit den BewohnerInnen gilt es zu beachten, dass nicht zwangsläufig unsere deutsche Mentalität angebracht ist und sich das Rollenverständnis von Mann und Frau ganz wesentlich von dem unsrigen unterscheiden kann.
Direkte Kontakte und Gespräche sollten erst dann erfolgen, wenn zuvor genügend Informationen über das Planungsgebiet gesammelt wurden, um in den Gesprächen besser abschätzen zu können, wie weit die Meinungsunterschiede und kulturellen Gegebenheiten zwischen dem Träger, seinen VertreterInnen und den BewohnerInnen auseinander liegen.
Nicht alles, was man anfangs erfährt, hat Bestand, da nahezu immer auch negativ gelagerte Emotionen mitschwingen und objektive, globale Betrachtungsweisen zu Beginn kaum erwartet werden können. Gelingt es in den ersten Gesprächen nicht, für Ausgleich zu sorgen, wird es danach schwierig sein, den Prozess konstruktiv in Gang zu setzen. Das erfordert Geduld und nicht immer berechenbare Zeiteinheiten.
Wichtig ist auch zu beachten, dass in dieser Vorphase zur eigentlichen Objektplanung keinerlei Versprechungen zu möglichen Zielen und zeitlichen Abfolgen gemacht werden, um später nicht an den Aussagen gemessen zu werden, die möglicherweise nicht einzuhalten sind.
Soll der Freiraum naturnah umgestaltet werden, ist die inhaltliche Umsetzung einfach. Schwieriger wird es, sich sprachlich adäquat zu verständigen. In sozialen Brennpunktgebieten leben in der Regel neben sozial schwachen BürgerInnen auch überproportional viele ausländische MitbürgerInnen aus den verschiedensten ethnischen Gruppen.
Es ist ratsam, ein Kinder- und Jugendpartizipationsprojekt vorzuschalten, was bei dem hier beschriebenen Projekt gewährleistet war. Das hat gleich mehrere Vorteile. Kinder sind offen für Veränderung in ihrem direkten Umfeld. Sie sprechen in der Regel die deutsche Sprache und können so zu Multiplikatoren werden, indem sie ihre Eltern über das Vorhaben informieren.

Als Beispiel für eine erfolgreiche Umsetzung dient im Folgenden das Projekt Dietzenbach aus dem Jahre 2000, bei dem erst durch eine vorgeschaltete aktive Kinder- und Jugendbeteiligung das Projekt zum Erfolg geführt wurde.
Ganz wichtig zu erwähnen ist auch, dass in allen Beteiligungsschritten stets Transparenz gegenüber den Kindern gewährleistet war und alle Beteiligten sich dabei auf einen offenen Prozess eingelassen haben. Die Kinder und Jugendlichen und ihre Wünsche standen am Anfang ausschließlich im Vordergrund. Erst der offene Verlauf sollte die Ergebnisse erbringen, die Bestandteil der Grundlagenermittlung wurden.

siehe dazu:
Kapitel 5, 1. Textbaustein: Statistische Bestands- und Bedarfserhebung im Planungsgebiet Dietzenbach
2. Übersichtsplan und Detailpläne Dietzenbach

Bündeln von Kompetenzen und Teamarbeit

In diesem Planungsstadium kann es noch nicht um eine Konzeptentwicklung gehen, da sich soziale Brennpunktgebiete erst über einen längeren Zeitraum als solche entwickeln und dadurch von anderen, auch vergleichbaren Wohngebieten extrem unterscheiden können. Die Gründe hierfür liegen nicht nur in der angebotenen Architektur sondern auch in speziellen fehlgeleiteten gesellschaftsrelevanten Mechanismen, die bereits im ersten Abschnitt besprochen wurden.
Bei Planungen in einem sozialen Brennpunktgebiet ist die Bereitschaft und Fähigkeit zur Teamarbeit mitzubringen. Das ist eine notwendige Voraussetzung, da in der Regel bereits durch andere Gruppierungen in solchen Gebieten gearbeitet wurde.
Gelingt es, vorhandene Aktivitäten und Gruppierungen zur Mitarbeit zu gewinnen, lassen sich unschätzbare Kompetenzen bündeln und bereits bestehende Kontakte nutzen. Eine solche Aufgabe übernimmt das in solchen Wohngebieten zuvor installierte Wohnbereichsmanagement und, als Tandem zu verstehen, die Projektsteuerung, die auch noch die Aufgabe hat, ständige Transparenz zum Auftraggeber zu halten und dessen Interessen mit zu berücksichtigen.

Wohnbereichsmanagement und Projektsteuerung

Das nachfolgende tabellarisch dargestellte Aufgabenprofil zeigt am Beispiel der Projektsteuerung, wie relevant es ist, dass im sozialen Wohnungsbau und in sozialen Brennpunktgebieten neben Teamarbeit aller Akteure ein Kontrollorgan erforderlich ist, das alle Interessen und Meinungen bündelt und dafür sorgt, auch die Zielbestimmungen der Wohnungsbauträger gebührend zu beachten.

Wird auf ein solches Instrument verzichtet, und das gilt auch für das Wohnbereichsmanagement, ist die Wahrscheinlichkeit groß, dass das Bürgerbeteiligungsmodell scheitern wird. Es fehlt in einem solchen Falle an der erforderlichen Transparenz untereinander und an der Möglichkeit, ein aufgebautes und besonderes Vertrauensverhältnis auch wahren zu können. Erst dieser Sachverhalt wird übrigens zu einer konstruktiven Mitarbeit der BewohnerInnen führen.

Aufgabenprofil

A) Aufgabenbestimmung der Projektsteuerung, die sich auf die Koordination und Steuerung der Gesamtmaßnahme bezieht. Sie bezieht die organisatorische und zeitgerechte Abstimmung der Einzelmaßnahmen und des Planungsprozesses mit ein.

B) Aufgabe der Projektsteuerung ist auch die Beratung aller vor Ort beteiligten AkteurInnen sowie des Auftraggebers.

C) Das Leistungsspektrum bezieht sich auch auf die Konstituierung eines lokal ausgerichteten Entwicklungsnetzwerkes unter der Berücksichtigung bereits bestehender Strukturen. Eine Fortschreibung des integrierten Handlungskonzeptes ist während des Prozessverlaufs dabei unabdingbar.

D) Die Projektsteuerung moderiert den Entwicklungsprozess und versteht sich als Bindeglied und Vermittler für alle beteiligten Interessensgruppen. Das gilt auch während der Umsetzungsphase.

E) Erarbeitung eines Maßnahmekataloges mit Zeit-, Phasen- und Finanzierungsplänen.

F) Unterstützende Öffentlichkeitsarbeit und Schaffung einer Verbesserung des Images für das Erneuerungsgebiet.

G) Vorbereitung von Evaluation und Erfolgskontrolle.

Sammeln von Informationen

Bei der Sanierung im sozialen Wohnungsbau bedarf es neben planerischen Kompetenzen auch der Qualifikation übergeordneter und steuernder Ressourcen sowie des Bedarfs eines Wohnbereichsmanagements. Das setzt interdisziplinäres Arbeiten mit den gegebenen personellen Ressourcen voraus. Wichtig ist dabei darauf hinzuweisen, dass sich alle Handlungskonzepte im Planungsgebiet, sowohl sprachlich als auch methodisch, an den MieterInnen und ihren intellektuellen Möglichkeiten orientieren und sich keinesfalls im theoretischen und wissenschaftlichen Raum bewegen dürfen. Eine Kompetenz der und Anforderung an die PlanerInnen, die hoch angesiedelt werden muss. Wer solche Grundregeln missachtet, wird mit Sicherheit scheitern.

Vertrauensbildende Maßnahmen entwickeln sich nur dann, wenn alle sich auf das sprachliche und intellektuelle Niveau einlassen und dabei die Grundregeln beachten, welche durch die einzelnen ethnischen Gruppen vorgegeben sind. Nicht gemeint ist das Verlassen einer erforderlichen Distanz zu den BewohnerInnen. Die Menschen im Planungsgebiet müssen spüren, auch emotional, dass sie und ihre Belange ernst genommen werden. Das heißt nicht, sich auf verschiedenste soziale Ebenen zu begeben, es heißt lediglich die Menschen, gleich welche es sind, annehmen zu können und deren Gefühlsebene zu erreichen und zu akzeptieren. Wer so vorgeht und dazu mit eigener fachlicher Kompetenz, ohne Vorurteile auf die Menschen zugeht, wird eine Menge an Informationen erhalten und dabei auch eine Menge lernen.

Die beim Projekt Dietzenbach aufgelisteten Inhalte, Wünsche und Vorstellungen sind ein Beleg dafür, dass es auch in besonders schwierigen sozialen Brennpunktgebieten zu einem schnellen Erfolg kommen kann, der nachhaltig wirkt.

siehe dazu:
Kapitel 5: Naturnahe Spiel- und Freiraumplanung in „Sozialen Brennpunktgebieten", 1. Textbaustein: Statistische Bestands- und Bedarfserhebung im Planungsgebiet Dietzenbach

Die Methode der Bürgerbeteiligung – Kinder- und Jugendpartizipation

Partizipation versteht sich als Bürgeraktivierung. Es handelt sich um das mögliche Recht der Mitsprache, Mitwirkung und Mitbestimmung. Mitsprache nach Vilmar (Vilmar a.a.O., S. 339-344) findet dann statt, wenn man den Menschen Gelegenheit gibt, ihre Meinungen, Anliegen, Wünsche und Interessen zu benennen. Diese ersten Schritte sind der Anfang. Sie sorgen dafür, Stimmungen, Sorgen, überlegenswerte Vorschläge zu erfahren. Wer dabei die BürgerInnen ernst nimmt, schafft Vertrauen. Wurde neben dem Stimmungsbild eine möglichst repräsentative Wunschliste zusammen gestellt, beginnt der Beratungsprozess, wie diese Vorstellungen in der künftigen Planung realisiert werden können. Lässt man an dieser Stelle BürgerInnen zu, bietet man dadurch Mitsprache und Entscheidungsmöglichkeiten an. Kompetenzen werden so gebündelt.

Die Übergänge zwischen Mitsprache und Mitwirkung können bei konkreten Planungen durchaus fließend sein. Interessant und besonders motivationsanregend im Rahmen einer ernst gemeinten Partizipation ist es, wenn nun auch noch eine aktive Beteiligung am Entscheidungsprozess zugelassen wird. Sie gewährt das Recht, eigene Meinungen zu Gunsten anderer aufzugeben und sich dadurch konkret an den Wünschen und Vorstellungen der Menschen zu orientieren. Das hat mit bürgernaher Politik zu tun.

Beziehen wir Bürgerbeteiligungsmodelle auch auf Kinder und Jugendliche, setzen wir an einer Stelle an, die bereits 1990 in der UN-Kinderrechtskonvention (Artikel 12 bis 17) und nachfolgend 1991 im Kinder- und Jugendhilfegesetz (KJHG) festgeschrieben wurde. Dort wird der Anspruch formuliert, positive Lebensbedingungen für junge Menschen und deren Familien zu schaffen (§ 1, Abs. 3 KJHG) und bei der Auseinandersetzung Kinder und Jugendliche entsprechend ihrem Entwicklungsstand zu beteiligen (§ 8, Abs. 1 KJHG).

Leider geht in der Regel bisher die Kinder- und Jugendpartizipation kaum über das Mitwirkungsrecht hinaus. Alle vorausgehenden und nachfolgenden Entscheidungsprozesse bleiben dieser Altersgruppe verschlossen. Demnach findet keine wirkliche Einflussnahme statt. Dadurch kann sich auch kaum eine anhaltende Identifikation mit dem Projekt entwickeln, was häufig eher zu Desinteresse, ja sogar Ablehnung führen kann.

Am Beispiel der durchgeführten Kinder- und Jugendpartizipation der Stadt Dietzenbach aus dem Jahre 2000 wird nachgewiesen, dass ein offen geführtes Bürgerbeteiligungsmodell selbst in einem scheinbar besonders schwierigen Wohngebiet ausgesprochen erfolgreich verlaufen kann, wenn Kindern, Jugendlichen und Erwachsenen neben der Mitsprache auch Mitwirkung und Mitbestimmung gestattet werden.
Bei Freiraumplanungen bietet die Methode der offen geführten Planerrunde und in der Folge das Bürgerbeteiligungsmodell in der Umsetzung ein Gesamtkonzept an, das in der Lage ist, alle Voraussetzungen dafür zu schaffen. Aktiv und fachlich angeleitet haben sich zum Beispiel beim ersten Projektwochenende, bei dem der erste Bauabschnitt realisiert wurde, über 600 Menschen an drei ineinander verzahnten Bauabschnitten beteiligt.

Das Planungsbüro im Freien

Dietzenbach – Das sind wir alle!

Kinder- und Jugendbeteiligung bei der Bauaktion im Mai 2001

Aktiv mitgearbeitet haben:

Yamur, Özge, Demet, Uharda, Ülkif, Alper, Ali, Aptelrafut, Hadil, Sadam, Bille, Damla, Mohemed, Abdil, Ereiv, Roland, Mehmet, Virginia, Sandra, Mehmet, Andjela, Claudia, Ferdi, Christian, Yasin, Simone, Marion, Mohamed, Fortesa, Baran, Katja, David, Fatma, Ferdi, Samia, Christina, Esra, Heimo, Ludger, Aysegül, Gizem, Martin, Yasmin, Jamila, Norbert, Ilyas, Apos, Tuncay, Oguz, Resul, Elwis, Najim, Bernd, Mohamed, Murat, Vanessa, Giuilia, Bernhard, Henning, Kübra, Ali, Yusuf, Faissal, Özge, Mohamed, Gülistan, Michael, Nesrin, Hafid, Esra, Sevcan, Muhsin, Yeter, Ümit, Moad, Adnan, Imam, Rahul, Mustafa, Esra, Sofia, Mehtap, Said, Nioclai, Mussab, Remy, Fedli, Esra, Irfan, Nuri, Orhan, Nabil, Jeynep, Rachid, Isamir, Ferdi, Mohamed, Said, Abdelhalim, Scherif, Özkan, Hasan, Alen, Celik, Yilmaz, Elamet, Harmanci, Gündogdu, Osman, Said, Hayreddin, Mohamed, Mohamed, Ahmed, Begriyanig, Toni, Tano, Bekir, Django, Meltem, Ayse, Hakan, Melda, Moad, Valentino, Django, Ilhan, Mohamed, Onur, Zeynep, Scherif, Andro, Ahmet, Alen, Hayreddin, Murat, Said, Ümit, Güllu, Isil, Oktay, Izel, Selin, Imran, Mustafa, Ahmet, Hakan, Ancelika, Nino, Said, Hassan, Ferdi, Özge, Demet, Ülkif, Volkan, Uta, Sultan, Ümit, Ahmet, Ali, Yamur, Nessrin, Emine, Nadja, Mohamed, Hassan, Taseer, Isin, Sara, Youssef, Talip, Sultan, Samira, Cansenem, Fortessa, Yeter, Samir, Mohamed, Ali, Oussamo, Abdelrafik, Sait, Yassin, Esma, Rabit, Eren, Said, Gulia, Emine, Umut, Burak, Nabeel, Bobi, Eva, Kübra, Naiat, Özge, Onur, Mohsin, Abou, Uharda, Isin, Demet, Kemal, Najatz, Oktay, Ülkif, Brahim, Najat, Xuygu, Altes, Solak, Zimhand, Guella, Öztas, Frophiran, Mamdoui, Ünal, Kücukbudch, But, Eren, Fakir, Manbumbi, Erhoroz, Uli, Albin, Zeynep, Fatma, Sekina, Rashid, Evtan, Douda, Salim, Hasan, Gülcau, Nadja, Selim, Zeyness, Djini, Faruk, Ismail, Mert, Furkan, Mohamed, Okan, Ilias, Talip, Virginia, Pjny, Faruk, Ahmet, Mohamed, Ibo, Sülma, Brahim, Yasar, Cansenem, Hofid, Vinetu, Sulayma, Meyid, Kübra, Mustafa, Ertan, Ridiwan, Abdelrao, Ibrahim, Imam, Özge, Angela, Maria, Aysegül, Abdelaüm, Rossella, Hatim, Abosa, Gülistan, Bilal, Ferdi, Esma, Mehtap, Oktav, Sahin, Narcisa, Leonardo, Bekir, Fatima, Toni, Scherit, Abou, Sarif, Alex, Elvis, Enesa, Yetter, Isel, Mymy, Mehmet, Tarkan, Hossein, Ömer, Oguz, Somaya, Hamba, Zeynep, Pamla, Isuv, Dilan, Savida, Onur, Özge, Zakaria, Ersin, Raschid, Vassin, Isin, Isil, Süliman, Özer, Timur, Alpaer, Ögus, Murat, Yasin, Orhan, Naoman, Abdurrahma, Tarkan, Abdul, Asif, Öznur, Nur, Kasim, Sajib, Sucan, Gülcan, Ahmed, Amniar, Abeschun, Esma, Mimun, Abas, Mehmet, Mohamed, Alau, Hafid, Jusuf, Sucan, Madonna, Jango, Isil, Hamza, Isin, Esra, Ertan, Mohamed, Robin, Aziz, Khalid, Ali, Rosario, Sarah, Robi, Mohamed, Ismail, Osman, Abdl, Ahmed, Yowssef, Musap, Gamze, Atilla, Sofian, Melis, Angelica, Tano, Duggu, Armin, Enes, Ilias, Samira, Ihaliha, Said, Sebnm, Mejid, Fassial, Ali, Mohamed, Dilan, Alper, Marion, Mehtap, Ismal, Abnan, Elvis, Besir, Mohar, Sauad, Sevcan, Orhan, Resul, Baran, Isnail, Alen, Ali, Eduan, Virginia, Abou, Karima, Ümit, Nabil, Fati, Mahir, Sven, Eduard, Enes, Iljas, Furkan, Moad, Burak, Faruk, Nguyen, Ferdi, Özkan, Hasan, Murat, Nicolai, Hayreddin, Tuncay, Osman, Ata, Shakoor, Katrin, Doris, Ümran, Basmara, Buhut, Kübra, Coskum, Aysegül, Mahir, Vasi, Esra, Yasemin, Aalan, Tran, Nicola, Martin, Pham, Gezici, Melis, Jamila, Gizem, Dilan, Nicole, Silvia, Fatma, Cansenen, Meltem, Said, Senim, Enes, Khalid, Angelica, Eren, Takan, Alen, Faissal, Isuf, Mohamed, Elvis, Haidar, Akbar, Mohamed, Mergim, Mustafa, Mehmed, Usama, Zakaria, Mohamed, Färssal, Mohamed, Alpes, Alakan, Barau, Talip, Karim, Hakan, Isuf, Enes, Wava, Abraham, Nikolai, Ali, Karin, Jussuf, Benjamin, Amira, Esra, Sevcan, Ali, Nikolai, Alotto, Roberto, Fatima, Madonna, Daniela, Esmeralda, Karima, Ali, Abdulla, Emrah, Ertan, Abdraim, Jussuf, Memnun, Sarah, Elvis, Isuf, Atakan, Türkan, Günalmei, Gunalmisch, Alexander, Nino, Armin, Yussef, Ferdi, Aziz, Said, Orman, Sanina, Recep, Ahmed, Aymed, Moaed, Yeter, Selzan, Brahim, Abdel, Said, Sahin, Namsa, Jagmur, Gamse, Sajtche, Hayreddin, Adnan, Ali, Sanad, Gülistan, Mohamed, Mejid, Marina, Osamu, Bondi, Biulia, Vanesa, Gabiella, Ferdi, Hassan, Mesi, Muhsin, Said, Saimir, Asma, Adnan, Ahmed, Sümen, Alen, Django, Hasan, Özkan, Alper, Alex, Nino, Madonna, Sabrina, Esmeralda, Abdurachman, Abu, Dogan, Ümit, Osmon, Munir
und über weitere 250 Kinder der Dietzenbacher Grundschulen und angrenzenden Kindertagesstätten.

Die Stadt Dietzenbach, die nhgip und die Planergruppe FFS
danken allen jungen MitbürgerInnen für die vorbildliche und beispiellose Mitarbeit
bei der bisherigen Umgestaltung der Freianlagen im Spessartviertel.

Methodisches Vorgehen

Die Partizipationsgruppe als Kontroll- und Hilfsorgan (Kurzfassung)

1 **Festlegung einer Partizipationsgruppe** als Kontroll- und Hilfsorgan mit festgelegten Treffen.

Ziel war die Nutzung und Bündelung einer Vielzahl von Kompetenzen vor Ort. Durch dieses Instrument konnten eine Vielzahl von Anregungen gesammelt und die Zielsetzungen über das Planungsgebiet weitertransportiert werden.

Die Partizipationsgruppe war vertreten durch:

- Träger Stadt Dietzenbach (Jugend- und Sozialamt)
- Träger Nassauische Heimstätte. Hier: Gesellschaft für innovative Projekte im Wohnungsbau mbH (Projektleitung: Frau Marion Schmitz und Herr Winterstein als Projektbetreuer)
- Stadtteilwerkstatt
- Schulvertretungen/Sozialarbeit in der Schule (SiS)
- Kindertagesstättenvertretungen
- Ausländerbeirat
- Jugendzentrum (JUZ)
- Kinderschutzbund
- Bewohnerzentrum
- Beratungsstelle Schuldnerberatung
- Koordination Hausaufgabenhilfe
- Hausverwaltung
- **Leitung:** Forschungsstelle für Frei- und Spielraumplanung (FFS).

Aufbau einer **Planerinsel** über eine fachlich angeleitete „Kinderbaustelle" am 16. Juni 2000 als Treff und Orientierungspunkt im Wohngebiet.

2 Aufbau einer **Info-Wand**. Herstellung ständiger Transparenz zum Planungsstand.

3 **Wurfsendungen** / Briefkasten im Wohngebiet durch Kinder unter Begleitung der FFS. Information zu den Zielsetzungen.

4 **Plakatinformation** in den Hauseingängen, Stockwerken und teilweise in den Aufzügen.

5 **Einladung zur Mitarbeit** durch Hinweisschilder entlang der Laufacher Straße.

6 **Aushang** in den benachbarten Kindertagesstätten.

7 **Direkte Ansprache** der Kinder und Jugendlichen im Wohngebiet.

8 **Abfrage von Wünschen, Vorstellungen und Ideen** an der Planerinsel und in der Folge an wechselnden Standorten der jeweiligen Hochhäuser (Nähe Eingangsbereich).

9 **Gruppengespräche** entsprechend der jeweiligen Zielgruppen.

10 **Zeichnen** eigener Ideen und Wünsche. **Grafische Begleitung** durch FFS.

11 **Plakatgestaltung** und Nutzung der Kinderarbeiten.

12 **Fotodokumentation** naturnaher Bausteine als Hilfestellung zur erweiterten Ideenfindung.

13 **Standortuntersuchungen** in Kleingruppen. Meinungsabfrage zu den guten und weniger guten derzeit genutzten Spiel- und Aufenthaltsstandorten.

14 **Festlegung derzeitiger Flächennutzung** durch Kinder und Jugendliche.

15 Verteilung von **„Mitmach-Karten"** (Sammelkarten) zur Steigerung der Motivation jüngerer Kinder.

16 Angebot für ein **Lieblingsfoto** aus der Fotodokumentation mit Bestellkarte.

17 Nutzung **Bewohner-TV** / Kanal 40

18 **Reinigungsarbeiten** durch die Kinder und Jugendlichen im direkten Umfeld der Planerinsel bzw. der alternativ gewählten Standorte im Rahmen der Kinder- und Jugendpartizipation. Sensibilisierung pro Natur und nachhaltiges Denken.

19 **Transparenz** während der gesamten Planungstätigkeit mit den zuständigen Fachämtern, Gremien und Ausschüssen.

20 **Zwischenbericht** mit Teilergebnissen und nach Abschluss **Dokumentation**.

21 **Modellhafte Konzeptentwicklung** ggf. Modellbau mit den Kindern und Jugendlichen. Gesamtschau der gefundenen Lösungsvorschläge.

Anmerkungen:

zu 16: Konnte aufgrund technischer Gründe nicht weiter verfolgt werden. Wird in Teil 2 der Planungsaufgabe (Objektplanung) nachgeholt und intensiviert.

zu 17: Trotz Hinweis an die Kinder, dass im Bewohner-TV/Nachbarschafts-TV umfassende Informationen mit Bildmaterial aus der Kinderbaustelle vom 16. Juni 2000 zu sehen sind und man sich dort sein Lieblingsfoto aussuchen kann (Kanal 40), war dieses Motivationsangebot nicht erfolgreich. Die meisten Kinder kannten das TV-Angebot nicht. Auch hier wird im 2. Teil (Objektplanung) eine Strategie vorbereitet, damit das Medium bekannter wird.

Ergebnisorientierte Konzeption

Die Kinder und Jugendlichen zeigten im Untersuchungsgebiet „Östliches Spessartviertel (Rosenpark)“ in der Stadt Dietzenbach ein klar erkennbares Freiraumverhalten:
Teilflächen werden besetzt und genutzt. Gegenüber anderen Teilgruppen werden diese Freiflächen auch verteidigt. Eine Alters- bzw. ethnische Mischung wird von den Gruppen im Moment kaum zugelassen.
Die Zusammensetzungen und Flächennutzungen konzentrieren sich dabei auf das jeweilige Nahumfeld der jeweiligen Hochhäuser, die sich dadurch selbst segregieren. Der Grund liegt neben einer kulturell bedingten minimalen Akzeptanz der einzelnen ethnischen Gruppen untereinander sicherlich auch am Mangel an Spiel- und Kommunikationsmöglichkeiten im Wohngebiet.
Auf den Status Quo soll hier nicht näher eingegangen werden. Er entspricht vergleichbaren anderen Wohngebieten bzw. konventionell errichteten Gerätespielplätzen.

Es war für die künftige Objektplanung dringend angeraten, den vorab beschriebenen Sachverhalt zu berücksichtigen, da ansonsten eine Eskalation mit neuen Machtkämpfen unter den derzeit organisierten Gruppen zu erwarten war.

Andererseits sollte die künftige Objektplanung zielorientiert und in Absprache mit den Kindern und Jugendlichen versuchen ein Konzept zu erarbeiten, das neben der Altersmischung und künftigen Flächennutzung eine soziale Akzeptanz aller BewohnerInnen herbeiführt. Vor allem sollte dabei auch eines der wesentlichen Ziele im Rahmen der Verbesserung der sozialen Infrastruktur bei der Planung bedacht werden, die eine Aufhebung der Segregation innerhalb der vorhandenen ethnischen Gruppen vorsieht.

Das nachfolgend beschriebene modellhaft entwickelte naturnahe Freiraumkonzept möchte die genannten Sachverhalte exemplarisch verdeutlichen. Inhaltlich hat man sich bei der Konzeptentwicklung an den bedeutsamsten Wünschen, Vorstellungen und Ideen der Kinder und Jugendlichen orientiert, die am Partizipationsprozess aktiv mitgearbeitet haben.

Wenngleich das bei diesem Projekt noch nicht realisiert werden konnte, wäre es wünschenswert, wenn der erarbeitete „Naturnahe Spiel- und Begegnungsraum für alle Generationen“ von den Kindern und Jugendlichen unter fachlicher Anleitung als professionelles Modell entstehen könnte. Dadurch kann die räumliche Vorstellungskraft der jungen Menschen, aber auch der anderen Altersgruppen sowie der Entscheidungsträger verstärkt werden. Ein nicht zu unterschätzendes Angebot, das sicherlich für die Realisierungsphase von Bedeutung sein kann. Hinzu kommt, dass dieses methodische Vorgehen neben der fiktiven Plangrundlage ein sichtbares Ergebnis zeigt, das auch von Nichtfachleuten verstanden und besser bewertet werden kann.

Objektbeschreibung

Vorentwurf FFS – Stand: August 2000

Der vorgelegte Entwurf für einen Modellspielbereich ist das Resümee aller gefundenen Ergebnisse der Kinder- und Jugendpartizipation in der Stadt Dietzenbach/Östliches Spessartviertel für eine künftige Freiraumplanung. Spiel wird dabei als „zentrale Lebensäußerung des Menschen" und generationsübergreifend interpretiert. Das Konzept beinhaltet die bedeutsamsten Wünsche und Vorstellungen der Kinder und Jugendlichen, die unter Punkt 3 bis 7 in der Dokumentation aufgeschlüsselt wurden.

siehe dazu:
Kapitel 5: Naturnahe Spiel- und Freiraumplanung in „Sozialen Brennpunktgebieten", 1. Textbaustein: Statistische Bestands- und Bedarfserhebung im Planungsgebiet Dietzenbach

Besondere Beachtung fanden auch die spezifischen Interessen der Mädchen, was sich insbesondere am Beispiel der einzelnen Ballspielbereiche zeigt. Dieser Ansatz blieb in der Vergangenheit in Freiraumplanungen weitestgehend unberücksichtigt. Von daher darf dieser Modellspielbereich als innovativer Beitrag verstanden werden, der künftig sozial gerechtere und somit zukunftsweisende Impulse vermitteln soll, die es zwingend zu beachten gilt.

Das Deutsche Jugendinstitut hat seit Jahren auf diesen Mangel hingewiesen (Flade u. a., 1993). Leider findet man bis heute noch immer überwiegend Spielraumkonzeptionen, welche diese signifikanten Sachverhalte vernachlässigen und somit als sozial gering verträglich einzustufen sind. Entsprechend gering ist dadurch der Spiel- und Aufenthaltswert dieser konservativen Konzepte einzustufen. Gleiches gilt für den ökonomischen Aspekt, der Freiflächen alter Prägung im Grunde kaum rechtfertigt.

Aus der Sicht der FFS sollte diese Fragestellung künftig verstärkt und als zentrale, interdisziplinäre Aufgabenstellung Eingang finden in den Curricula der Universitäten und Fachhochschulen, in denen künftige LandespflegerInnen (LandschaftsarchitektenInnen) ausgebildet werden.

Bei dem im Folgenden beschriebenen Modell handelt es sich um eine Freifläche, welche in etwa der tatsächlich zur Verfügung stehenden Fläche im Wohngebiet entspricht, die sich zum Spielen und Begegnen eignet. Die reale Fläche ist jedoch mehrfach durch Wohnbebauung, Verkehrs- und Versorgungseinheiten sowie Parkflächen zergliedert.

Demnach kann der hier vorgelegte „Naturnahe Spiel- und Begegnungsraum für alle Generationen" in seiner dargestellten Art und Weise nicht 1 : 1 übertragen werden. Der Vorentwurf hat demnach Modellcharakter zur Interpretation der gefundenen Ergebnisse der Voruntersuchung und ist im Rahmen der angewendeten Methode auch so zu bewerten.

Auf der CD-ROM finden Sie zu dieser Objektplanung 5 große Übersichtspläne, auf denen Sie sich Planungsdetails mit Hilfe der Ziffern auf den Plänen bzw. mit Hilfe der Lupenfunktion genauer anschauen können:
Der im Planstempel sichtbare Nordpfeil dient der Orientierung bei der konkreten Objektbeschreibung für den Betrachter.
siehe dazu:
Kapitel 5: Naturnahe Spiel- und Freiraumplanung in „Sozialen Brennpunktgebieten", 2. Übersichtsplan und Detailpläne Dietzenbach

◆ Ballspielbereiche

Vorstellungen/Wünsche

Überproportional formulierten Jungen den Wunsch nach einem Bolzplatz mit Toren. Die dargestellten Prioritätenlisten zeigen das durchgängig innerhalb der jeweiligen Altersgruppen. Dem gegenüber haben Mädchen andere Vorstellungen von Ballspielbereichen. Die Konzentration liegt weniger beim Bolzen als vielmehr bei anderen Ballspielangeboten.
Außerdem werden Räume gewünscht, die konkret das Kommunikationsverhalten ansprechen. Diese Zielsetzung wünschen sich mehrheitlich Mädchen wie Jungen unter den Schulkindern und Jugendlichen.
Auf diese Gegebenheiten wurde bei der Erarbeitung des Modellspielbereiches eingegangen und hat nun auch Mädchen und deren Vorstellungen gleichrangig bei der Konzepterarbeitung behandelt.

◆ Ballwiese

Die geplante Freiraumkonzeption sieht im Nordosten ein **Ballspielfeld mit zwei Toren** vor. Rundum finden sich mehrere gestaltete Hügelstrukturen, welche die Ballspielwiese, vergleichbar einem Fußballstadion, einfassen und Spielverläufe in die angrenzenden Spiel- und Aufenthaltszonen markieren.

In die jeweiligen Plateaus der Hügellandschaft und rund um das Ballspielfeld integriert liegt eine **BMX-Bahn**. Als Belagsfläche wurde eine robust gebaute wassergebundene Decke mit Versickerungsflächen im Unterbau gewählt. Als Schikanen und bewusst eingeplante Risiken bei der Nutzung wurden Holzschwellen, Steilkurve, Natursteintreppe, Sandgraben, Kreuzungsbereiche sowie wechselnde Höhenunterschiede eingeplant.

Mit heimischen Gehölzen in Vielfalt und in Gruppen begrünt, kann von den Benutzern so auch der jahreszeitliche Verlauf der Natur erlebt und nachvollzogen werden. Gleichzeitig sorgen die **Gehölzpflanzungen** für Licht- und Schatteneffekte und Rückzugsräume mit integrierten Kommunikationsnischen.
Als Baustoffmaterial wurde Naturmaterial eingeplant (senkrecht und waagrecht eingebaute Naturstämme / Hartholz und Natursteine / frostsichere Qualität aus der Region). Das gilt auch für die auf den Hügeln eingeplanten größeren **Klettersteine**, die sich zum Beobachten, Verweilen und Gesehen eignen werden.

Ganz im Nordosten, eingebunden in eine begrünte Hügelstruktur, findet man eine **Stehwippe** als Spielpunkt sowie zwei angebundene Sitzstangen, die besonders auf das Sitzverhalten Jugendlicher eingehen. Von dort aus können sie die Ballspielaktivitäten passiv miterleben und gleichzeitig im sozialen Verbund mit anderen zusammen an der Stehwippe auf sich aufmerksam machen.

Stehwippe: Nähere Erläuterungen zu diesem Spielangebot finden Sie unter Kapitel 4 (S. 136)
Heimische Gehölzpflanzungen / Spielhecken: Nähere Erläuterungen zu diesem Spielangebot finden Sie unter Kapitel 4 (S. 141)

◆ Das Volleyballfeld im Süden

Auch diese Ballspielfläche wurde in eine Hügelstruktur mit naturnahen Kommunikationsnischen eingebunden. Sichtkontakt besteht zur Ballspielwiese. Durch diese alternative Ballspielvariante können sich Spielergruppen entzerren und Konflikte untereinander vermieden werden. Verstärkt wird diese bedeutsame Zielsetzung noch durch zwei eingeplante **Seilschlangen**, an denen man mitgebrachte Seile etc. befestigen kann. Durch die besondere Konstruktion des Seilschlangenpaares werden die Benutzer, gleich welchen Alters, in die Lage versetzt, auch noch andere Netzballspiele wie Volleyball für sich eigenverantwortlich zu arrangieren.

Bewusst wurde innerhalb der modellierten Landschaft um das benannte Ballspielfeld herum ein intensiveres und multifunktionales Spielangebot auch für jüngere Kinder eingeplant, damit Mädchen aus bestimmten ethnischen Gruppen vom Elternhaus her die Legitimation erhalten, sich auf dem Freigelände aufhalten zu dürfen, indem sie ihre jüngeren Geschwister mitnehmen und beaufsichtigen können. Ein weiterer Aspekt konventioneller Freiraumplanungen, der bisher nahezu immer unberücksichtigt geblieben ist und konkret mit Integration deutscher und ausländischer Mitbürger zu tun hat sowie als mittelfristiger Prozess zu verstehen ist.
So liegt im Südosten eine **Spielhügellandschaft** als überdimensionales Kletterobjekt. Die Materialien wurden auch hierfür überwiegend aus der Natur entnommen (Natursteine, Naturhölzer).
Am eingebundenen nördlich gelegenen Plateau wurde eine **Holm-Breit-Rutsche** als Hangrutsche vorgesehen. Sie führt in Richtung Norden ins Tal in Richtung **Sechseck-Schaukel**, die ebenfalls das soziale Spielen, das Spielen miteinander favorisiert.

Eine **Free-Climbing-Wand** im Südwesten der beschriebenen Spiel- und Aufenthaltszone ergänzt dabei den generationsübergreifenden Ansatz. Als Fallschutzmaterial wurde Rindenmulch nach DIN mit den entsprechenden Versickerungsflächen geplant.

Seilschlangen

Seilschlangen sind eine Stahl-Holz-Konstruktion, die im Boden einbetoniert sind und mit ökologisch verträglichem Holzschutz versehen werden, damit die Haltbarkeit erhöht wird. Soll die Fläche zu gewissen Zeiten auch anderen Nutzungen zugeführt werden, kann das Seilschlangenpaar auch in Hülsen, die im Boden fest verankert sind, eingebracht werden.
An zwei Holzpalisaden, die sich gegenüber liegen, sind mehrfach gebogene Metallrohre befestigt. Sie dienen der Befestigung von mobilen Seilen. Durch die verschiedenen Ausbuchtungen des Stahlrohres besteht nun für die Kinder, Jugendliche und Erwachsene die Möglichkeit, sich ihre improvisierten Netzballspiele selbst organisieren zu können. Vom Gummi-Twist über Feldtennis bis zum Volleyballspielen ist alles denkbar, da die Seilhöhe bei den Seilschlangen variierbar bleibt.

Nähere Erläuterungen zu diesem Spielangebot finden Sie in Kapitel 4 Spielhügellandschaft: S. 133, Holm-Breit-Rutsche: S. 135

◆ Das Beach-Volleyballfeld im Nordwesten

Für das Beach-Volleyballfeld gelten die gleichen Zielsetzungen und Zielgruppenintentionen wie beim vorbenannten Volleyballfeld im Südosten. Der Unterschied liegt in der verwendeten Bodenbeschaffenheit. Hier wurde eine Sandfläche geplant, die innerhalb einer natürlichen Einfassung liegt. Auch hier soll an Stelle der üblichen klassischen Netzbefestigungen ein Seilschlangenpaar zum Einsatz kommen. Es ist deutlich kostengünstiger und erlaubt allen Altersgruppen, auch den jüngeren, die Nutzung.

Dort angebunden findet sich im Süden ein **Sitzrondell**, vergleichbar einem Atrium. Es besteht aus Holz und Natursteinen und darf als klassischer Begegnungsraum bezeichnet werden. Schatten bieten drei großkronige Bäume.

Sitzrondell: Nähere Erläuterungen zu diesem Spielangebot finden Sie in Kapitel 4, S. 140

◆ Streetball und Jugendtreff

Dieser Teilbereich liegt im Nordwesten des vorbenannten Volleyballfeldes. Eingebunden in eine begrünte Hügelnische, die gleichzeitig auch multifunktional als Ballfangzaun funktioniert und dadurch Kos-

ten einspart, wurde für eine windgeschützte Spielzone mit hohem Aufenthaltswert gesorgt. Man findet dort einen Pflasterkreis mit Basketballkorb. Gegenüberliegend befindet sich eine **Dreieckspergola** als begrünte **Naturpergola** mit regensicherem Dach sowie Naturmaterial zum Sitzen in Kombination mit abgestuften Sitzstangen.
Aus Öko-Pflaster wurde ein **Kommunikationskreis** im Süden geplant. Im Zentrum steht eine **sechseckige Tischtennisplatte**, die zulässt, dass viele SpielerInnen sie zeitgleich nutzen.

Nähere Erläuterungen zu diesen Spielangeboten finden Sie unter Kapitel 4. Naturpergola: S. 143, sechseckige Tischtennisplatte: S. 138

Der kleinkind- und schulkindorientierte Bereich

Am fiktiven Zugang im Südwesten führt eine wassergebundene Decke zu einer **Naturpergola** mit Sitzgruppen. Diese liegt windgeschützt innerhalb einer sanften Hügelstruktur. Dominantes Spielangebot sind Sand, Kies in verschiedenen Körnungen und ein **Wasserspiel** mit Schwengelpumpe in robuster Konstruktion. Am Rande in Richtung Nordwesten wurde als bewegungsaktiver Spielpunkt eine **Hängemattenschaukel** vorgesehen. Zielorientiert plante man dort eine naturnahe Spielinsel ein, die experimentelles Bauspielen inmitten der Natur zulässt. Ergänzend hierzu finden die noch ganz kleinen Kinder (Krabbelkinder) einen angehobenen **Sandsee mit Naturüberdachung** in der Nähe des bereits erwähnten Kommunikationsortes, der speziell für deren Bezugspersonen eingeplant, jedoch auch von anderen Nutzergruppen aufgesucht werden kann.

Nähere Erläuterungen zu diesen Spielangeboten finden Sie unter Kapitel 4. Sandseen- und Flusslandschaft: S. 131, Der Wasser-Matsch-Bereich: S. 132, Hängemattenschaukel: S. 137

Weitere Details

Das Modellprojekt, entstanden aus der Kinder- und Jugendpartizipation im „Östlichen Spessartviertel/Rosenpark der Stadt Dietzenbach", ist nach unserer Einschätzung in Bausteine zerlegt, die auf das Wohngebiet in der künftigen Objektplanung in wesentlichen Teilen übertragbar sind.
Bei entsprechender Vorbereitung und fachlicher Anleitung der BewohnerInnen sind zudem wesentliche Planungsdetails als Wochenendaktionen nach der FFS-Methode im Rahmen von Bürgerbeteiligungsmodellen realisierbar. Belege dafür sind Hunderte solcher naturnaher Freiraumkonzepte in Deutschland und dem benachbarten Ausland, die zwischenzeitlich vom Team der FFS geplant, angeleitet und mit BürgerInnen realisiert werden konnten.
Auch in der Stadt Dietzenbach entstand eine solche Konzeption in der Vergangenheit im Einzugsgebiet der Planungsaufgabe in der Kindertagesstätte Kinderburg mit Erfolg. Zudem soll in diesem Zusammenhang noch einmal die Planerinsel als Kinderbaustelle erwähnt werden, die Indiz dafür sein soll, dass eine solche Vorgehensweise nicht nur funktioniert, sondern konkret mit Partizipation, also mit aktiver Bürgerbeteiligung zu tun hat.

Die Planerinsel und das Bürgerbüro

Häufig stellt sich am Beginn die Frage, wie die Menschen überhaupt zur aktiven Beteiligung erreicht werde können. Zunehmend wird diese Aufgabenstellung schwieriger, wenn es um ein Wohngebiet geht, in dem Tausende von Menschen leben, die kaum Kontakt zueinander haben und sich oftmals überhaupt nicht kennen. Nachbarschaftliche Bindungen sind eher unbekannt und werden oftmals auch nicht gewünscht. Hinzu kommen multikulturelle Besonderheiten der BewohnerInnen, die neben den Sprachbarrieren untereinander auch noch kulturelle Belange betreffen.

Einer von mehreren Wegen zur Kontaktaufnahme ist die persönliche Ansprache. Vorgeschaltet werden kann dabei ein an alle BewohnerInnen gerichtetes Informationsschreiben und Plakate an den Hauseingängen. Es sollte textlich einfach abgefasst und grafisch so hinterlegt werden, dass das Ziel bereits visuell erkennbar wird. Bei dieser Vorgehensweise wäre es illusorisch zu glauben, damit alle Menschen zu erreichen. Ganz im Gegenteil. Durch die Flut der Werbeprospekte, welche nahezu täglich in den Briefkästen landen, sind die Menschen inzwischen abgestumpft und nehmen häufig die gewünschte Botschaft nicht mehr zur Kenntnis. Wird deutlich, dass die Information vom Träger der Wohnanlage kommt, kann es durchaus sein, dass sich gleich zu Beginn Ablehnung einstellt, da der Kontakt bereits geprägt ist und nichts Gutes erwartet wird. Trotzdem spricht viel dafür, den Einstieg so zu wählen und durch das persönliche Gespräch einige BewohnerInnen als Multiplikatoren zu gewinnen, die die Informationen über das geplante Ziel weiter tragen.
Geht es um Freiraumkonzepte, die Spiel und Begegnung aller Generationen verfolgen, sind Kinder und Jugendliche als Ansprechpartner besonders geeignet, da dadurch immer auch die Eltern der Kinder, also die Erwachsenen, zu erreichen sind. Besonders effektiv und transparent wird der Prozessverlauf, wenn bei den persönlichen Gesprächen bereits darauf hingewiesen wird, wie das künftige Beteiligungsmodell in der praktischen Durchführung geplant ist.

Beim Projekt Dietzenbach waren nahezu 5000 Menschen, davon 1200 Kinder und Jugendliche bis zum 16. Lebensjahr zu erreichen. Es ging dort um die Überplanung einer Freifläche von nahezu 30000 Quadratmeter. Als methodisches Vorgehen bevorzugten wir das Konzept einer Planerinsel, die im Rahmen einer fachlich angeleiteten Kinderbaustelle an einem Tag entstand und woran wir über 200 Kinder aktiv beteiligen konnten. Es handelte sich um einen überdachten Treff mit Kommunikationsnischen, der Anlaufstelle für das eigentliche Kinder- und Jugendpartizipationsverfahren wurde. Dadurch wurde für alle BewohnerInnen ein sichtbares Zeichen gesetzt, das Signalwirkung hatte und auch in der Freizeit multifunktional genutzt werden konnte.
Erste Veränderungen im Freiraum wurden erkennbar, machten neugierig und setzten so den Kommunikationsprozess in Gang, der zeitgleich Mitsprache, Mitwirkung und Mitbestimmung ermöglichte.
In der Folgezeit war die Planerinsel, die fachlich zu gewissen Zeiten des Tages betreut wurde, das Bürgerbüro im Freien und Anlaufstelle für die BewohnerInnen, um ihre Meinungen, Vorstellungen und Wünsche artikulieren zu können. Kinder hatten zuvor die Bedingungen geschaffen, was emotional bei den Erwachsenen gut ankam und sich so eine breite Akzeptanz und Bereitschaft zur Mitarbeit zu Gunsten des Projektes in der Folgezeit entstehen ließ. Ganz nebenbei stellte sich an der Planerinsel übrigens auch eine soziale Kontrolle ein. Nichts wurde bis zur eigentlichen Umsetzungsphase zerstört. Verunreinigungen blieben weitestgehend aus. Viele Menschen, insbesondere ausländische Frauen, die zuvor nicht im Freien zu beobachten waren, nutzten jetzt mit ihren Kindern die Planerinsel als Kommunikationsort und Raum der Begegnung.

In einem anderen Planungsgebiet gingen wir einen anderen Weg. Die Bebauung war nicht durch Hochhausbebauung geprägt, sondern durch die typische Siedlungsbauweise der 60er und 70er Jahre. Zuerst wurde am schwarzen Brett jedes einzelnen Hauses ein Plakat angebracht, das den Hinweis gab, dass wir in den nächsten Tagen persönlich Kontakt mit den BewohnerInnen aufnehmen würden. Dann führten wir Gespräche im Haus und teilten dabei mit, dass wir miteinander und nicht gegeneinander ein Freiraumkonzept entwickeln möchten, das auch die Interessen aller MieterInnen berücksichtigen wird.
Eingeladen wurde bei diesen Gesprächen zu einer Planerrunde im Freien. Hierbei wurden immer mehrere Häuser zusammengefasst und nach einem Bausteinprinzip jeweils die Freifläche besprochen, die den Häusern zugeordnet war. Im Freien wurden am vereinbarten Planertag mehrere Biertischgarnituren mit großen Sonnenschirmen aufgestellt und eine kleine exemplarische Bildpräsentation aufgebaut. Diese diente der ersten Orientierung, da wir nicht davon ausgehen konnten, dass jeder weiß, was naturnahe Konzeptionen bedeuten und welche Möglichkeiten sie Jung und Alt bieten können. Wichtig bei dieser Vorgehensweise ist, dass die zeitlichen Abstände von Planerrunde zu Planerrunde kurz gehalten werden und zuvor alle MieterInnen ihre speziellen Planerrundentermine auch kennen. Zu große zeitliche Abstände und mangelnde Transparenz im Vorfeld führen zu Verwirrungen und schnell zu Fehlinterpretationen, die sich wie ein Lauffeuer im Wohngebiet verbreiten. Das wiederum sorgt für Unruhe und einem zeitlich kaum noch zu vertretenden Aufwand, um alle Falschmeldungen wieder ins richtige Licht zu rücken. Häufig ist eine solche Vorgehensweise ein besonders geeignetes Instrument, neben Vertrauen auch noch Menschen mobilisieren zu können, die danach als Mieterbeirat anerkannt werden und sich entsprechend engagieren.
Es braucht nicht näher erwähnt werden, dass vor Beginn einer solchen Partizipationsmaßnahme fest stehen muss, dass auch tatsächlich und in einer überschaubaren Zeit die geplante Sanierungsmaßnahme erfolgen wird und die Haushaltsmittel entsprechend bereit gestellt werden.
Ist das nicht der Fall, sollte man sich auf einen solchen Bürgerbeteiligungsprozess nicht einlassen, da sich ein Misserfolg gegen den Wohnungsbauträger und die Planergruppe richten wird.
Demnach brauchen Planer und Projektsteuerer bzw. das Wohnbereichsmanagement nicht nur ein Mandat, sondern auch abgesicherte Zeitschienen.

Nachbetreuung, Pflege und Wartung

Ist das Beteiligungsmodell durch die Bauphase abgeschlossen, sollten die Menschen noch eine gewisse Zeit nachbetreut werden. Wenngleich durch das Partizipationsverfahren und das Bürgerbeteiligungsmodell in der Umsetzung eine Menge Vertrauen untereinander aufgebaut werden konnte, bleiben noch viele ungelöste Probleme zurück. Diese kann man nicht einfach ignorieren. Die Menschen haben sich geöffnet, bisher unbekannte Sozialkompetenzen wurden erlernt und emotionale Bindungen haben sich entwickelt. Dadurch wurden durch das Projekt Bedingungen geschaffen, die nur dann nachhaltig wirken können, wenn es AnsprechpartnerInnen gibt, denen vertraut wird und die auch in der Lage sind zuzuhören und handeln bzw. vermitteln können. Ein Bürgerbüro, besetzt mit Kompetenzen, die auch bisher im Planungsprozess involviert waren, sollte demnach eingerichtet werden.

Geklärt werden muss auch, wer künftig für die Pflege und Wartung zuständig ist. Eine modifizierte Hausordnung kann dabei hilfreich sein. Auch hierbei kann das inzwischen bekannte Partizipationsverfahren bei den BürgerInnen ansetzen.

Durch Mitsprache, Mitwirkung und Mitbestimmung werden Regeln gefunden, so dass sich die Pflege und Wartung der Freianlage in ökonomischen Grenzen hält, weil zuvor selbst Hand angelegt wurde und nicht zugelassen wird, dass die aktiv mitbeeinflusste und in Teilen selbst geschaffene Anlage verkommt bzw. von anderen zerstört wird. Zu groß ist die Identifikation mit der zuvor sozial und emotional erlebten Gemeinschaftsarbeit, die zu innerer Bindung und Respekt anderen Menschen gegenüber geführt hat.

Kapitel 6

Planung und Praxis

Feststellung des Bestands: Vermessen des Freigeländes

Es dürfte für jede/n einsichtig sein, dass nur dann aussagekräftig geplant werden kann, wenn genau bekannt ist, wie groß das Gelände ist und was dort für Gegebenheiten vorzufinden sind. Bei Kinderhäusern gibt es Treppenanlagen, die ins Gebäude führen. Möglicherweise wechseln die Festbeläge. Dort wiederum sind Kanaldeckel und Abwasserschächte vorhanden. Vielleicht stehen auch irgendwo Bäume oder Bänke. Alles, was es dort gibt und wo es genau liegt, ist wichtig, damit die künftige Planung darauf abgestimmt werden kann. Hierzu braucht es eine genaue Vermessung, die als aktueller Bestandsplan bezeichnet wird.

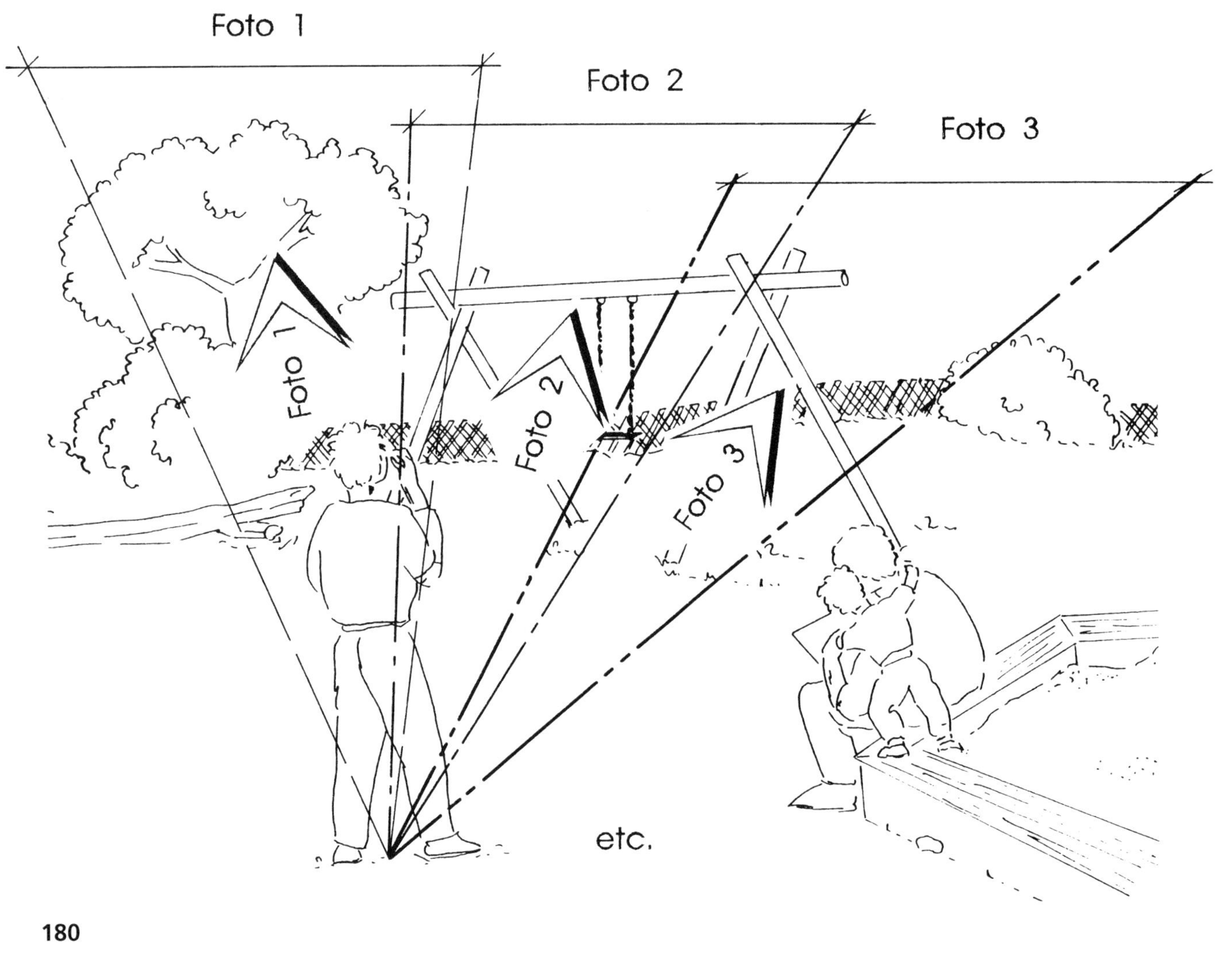

◆ Fotodokumentation

Als Einstieg in die Bearbeitung eines aktuellen Bestandsplanes empfiehlt sich zuvor eine Erkundung und Dokumentation des Freigeländes. Machen Sie dabei Fotos, besser Dias, damit später bei der Planung die Möglichkeit der Kontrolle gegeben ist. Alles sollte fotografiert werden; insbesondere auch Details, z. B. Gefahrenstellen.

Zudem wird so dokumentiert, wie das Gelände tatsächlich aussieht. Eine solche Erkundung bringt für die Teams und für den Träger oftmals interessante Ergebnisse, da das Freigelände unter völlig anderen Gesichtspunkten erlebt wird als beim üblichen Aufenthalt.

Untersucht werden dabei

- das Gebäude selbst,
- seine Lage im Gesamtgrundstück,
- die Zuordnung von Gruppen- bzw. Klassenräumen und den Zugängen in das Gebäude,
- vorhandene Wasseranschlüsse und die Dachentwässerung,
- Wegeführungen und Festbeläge am Gebäude und im Gelände,
- Kanaldeckel,
- Umzäunung,
- Bepflanzung (Bäume und Hecken),
- ggf. vorhandene Spielgeräte und Sitzgelegenheiten,
- Fahrradständer,
- Geländegestaltung, sofern vorhanden,
- Hauptzugänge in das Gebäude mit den jeweiligen Vorbereichen u.a.m.

Alle Details sind für die künftige Planung im Überblick wichtig.

Beim Fotomaterial sollte nicht gespart werden. Außer den Details wird empfohlen, zuerst eine Panoramaaufnahme von einem festgelegten Standort herzustellen.

◆ Bestandsplan erstellen

Waren für das Team oder die unterstützenden Eltern die Erstellung einer Fotodokumentation und die erste Erkundung noch relativ einfach zu lösen, so wird die nachfolgende Arbeit deutlich schwieriger sein, da jetzt ein maßstabgerechter Plan erstellt werden muss. Diese Aufgabe kann nur im Team und mit wenigstens zwei Personen realisiert werden. Um die Arbeit zu erleichtern, bekommen die angelernten VermesserInnen zuerst einen **Übersichtslageplan** an die Hand. Er ist mit Sicherheit beim Träger zu bekommen. Aus diesem Plan sind Lage und Abgrenzungen der Gebäude und des Grundstücks ersichtlich. Möglicherweise auch Angaben zu Versorgungsleitungen (Kanalstrangpläne, Leitungspläne für Strom, Wasser, Telefon, Gas).

Anhand des Übersichtslageplanes werden nun im Gelände die ersten Kontrollmaßen ermittelt. Dazu muss der Maßstab beachtet werden. So bedeutet z. B. der Maßstab 1 : 100, dass 1 cm im Plan 1 m im Gelände entspricht oder dass z. B. der Maßstab 1 : 200 angibt, dass 1 cm im Plan im Gelände 2 m entsprechen. Wichtig ist, sich nicht blind auf die Angaben im Übersichtslageplan zu verlassen. Manches hat sich vielleicht im Laufe der Jahre verändert.

Zur Durchführung benötigt man wenigstens ein DIN A 4 Blatt. Gut geeignet ist Millimeterpapier oder wenigstens kariertes Papier. Dadurch werden die Zentimetermaße bereits vorbestimmt. Zudem wird ein Maßband gebraucht, das wenigstens 30 Meter Länge hat. Auch eine feste Unterlage für das Papier ist wichtig, damit man genau zeichnen kann.

Begonnen wird mit der Arbeit, indem man zuerst einmal das Freigelände in zwei Richtungen abschreitet. Jeder Schritt sollte dabei ungefähr 1 Meter betragen. Dadurch erhält man ein grobes Maß der Größe der zu vermessenden Fläche. Diese Vorgehensweise hilft zu überprüfen, inwieweit das Millimeterpapier ausreicht, um den Gesamtplan herstellen zu können. Man erfährt grob, wie lang und wie breit das Gelände ist. Gibt es Winkel und angrenzende Teilflächen, muss man sich für mehrere Teilbestandspläne entscheiden, die später zu einem Plan zusammengefügt werden.

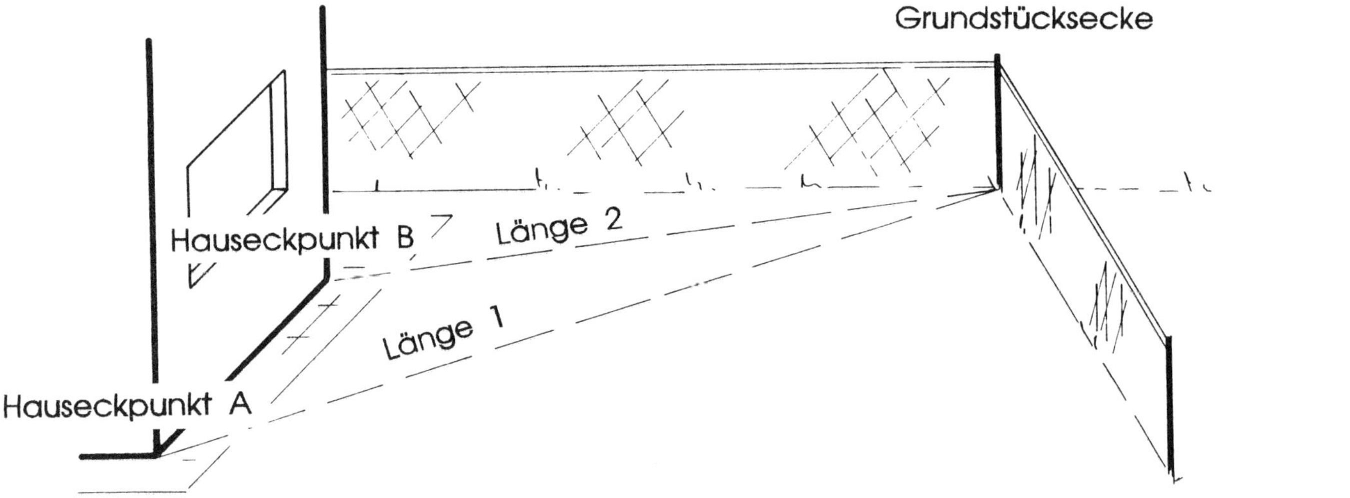

Zeichnerisch beginnt man damit die **Gebäudekanten** (der Schule, des Kindergartens...) mit den jeweiligen Zugängen maßstabgerecht einzuzeichnen. Alles wird nun vermaßt. Gibt es mehrere Gebäude, werden mehrere Pläne angelegt.

Ist diese Aufgabe gelöst, werden nachfolgend die **Grundstücksgrenzen** vermessen. Hierbei wird die „Dreiecksmethode" angewendet. Die Gebäudekanten dienen als Grundlinie für die Vermessung.

Dreiecksmethode

- Zum Einmessen der Grundstücksecke 1, die gegenüber der Hauswand A – B liegt, mit dem gestrafften Maßband die Entfernung vom Hauspunkt A zur Grundstücksecke 1 sowie vom Hauspunkt B zur Grundstücksecke 1 messen.
- Diese ermittelten Maße entsprechend dem gewählten Maßstab verkleinern, in der Regel 1 : 100, und die beiden Längen mit dem Zirkel abgreifen.
- Die Zirkelspitze auf dem Plan in den Hauseckpunk A setzen und einen Halbkreis schlagen.
- Ebenso mit der Länge vom Hauseckpunkt B zur Grundstücksecke 1 verfahren.
- Der Schnittpunkt beider Halbkreise ergibt nun die genaue Position der Grundstücksecke 1.

In gleicher Weise werden die anderen Grundstücksecken ermittelt.

Nun werden als nächstes die **Festbelagsflächen** und die **Zäune** in gleicher Art und Weise vermessen und auf den Plan übertragen. Beim Messen der Zaunanlage ist es wichtig, dass man im Plan auch beschreibt, was für Umzäunungen vorhanden und wie hoch diese sind (z. B. Jägerzaun, Maschendrahtzaun, Mauer, Stabgitterzaun etc.).

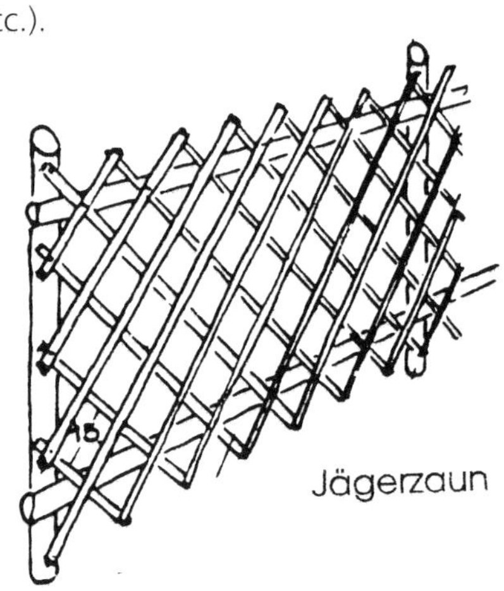

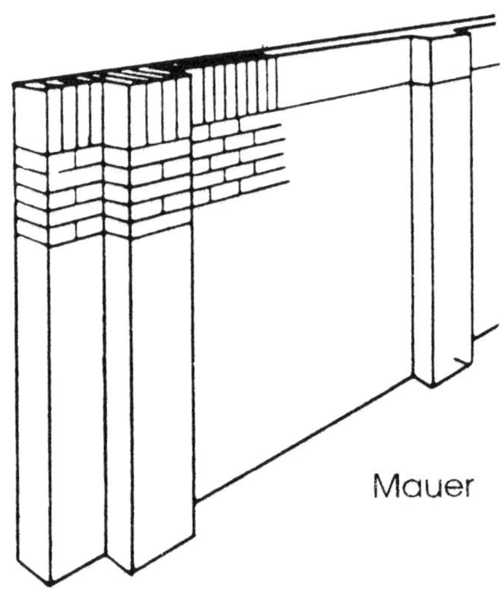

Jetzt ist die vorhandene **Bepflanzung** an der Reihe. Auch hier wird mit der Dreiecksmethode gemessen. Begonnen wird mit den Bäumen. Da auch Baumkronendurchmesser bzw. die Durchmesser der Sträucher für die künftige Planung wichtig sind, müssen diese Maße ebenfalls festgehalten werden.

- Beim Baum das Maß der Baumkrone festlegen. Diese kann man abschreiten.
- Den Radius des ermittelten und umgerechneten Maßes in den Zirkel übertragen und den Baumkronendurchmesser als Kreis auf dem Plan einzeichnen.
- Gut wäre, im Plan auch gleich zu vermerken, um was für einen Baum es sich handelt.

Bei Sträuchern wie bei den Bäumen verfahren. Auch hier sollte die Strauchart gleich bestimmt und eingetragen werden.

Wie bereits eingangs erwähnt, sind im Plan auch bereits vorhandene **Sitzgelegenheiten, Spielgeräte** und natürlich auch die **Standorte von Schächten, Wasserabläufen und Kanaldeckeln** einzumessen. Das Vermessungsverfahren ist immer gleich.

Gibt es im Gelände **Hügel** oder andere Modellierungen bzw. ein **Hanggelände**, werden im Plan auch Höhen benötigt. Diese können lediglich ungefähr ermittelt werden. Bei schwierigeren Geländeabschnitten empfiehlt es sich, einen Vermessungstechniker mit der entsprechenden technischen Ausstattung beizuziehen. Vielleicht gibt es eine solche Person unter den Beteiligten. Ansonsten muss man improvisieren.

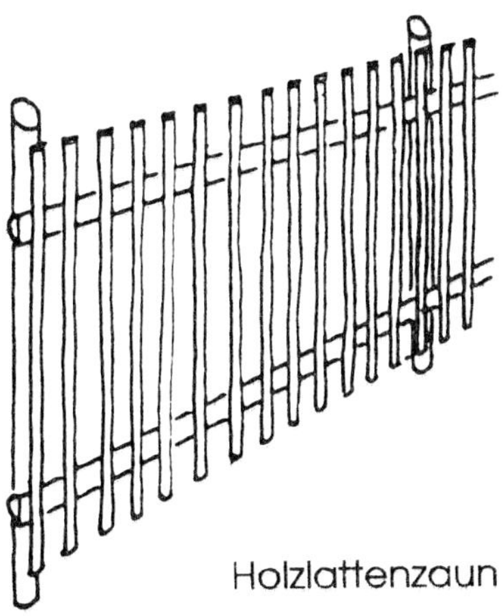

Holzlattenzaun

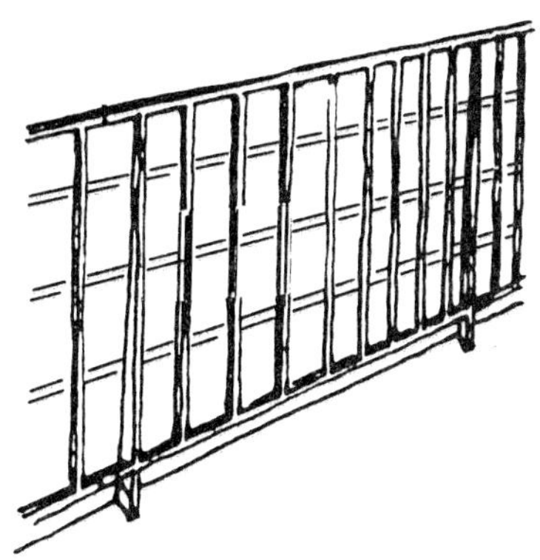

Stabgitterzaun

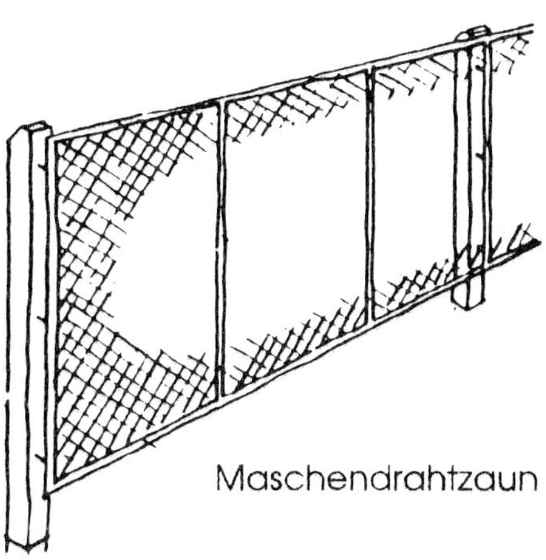

Maschendrahtzaun

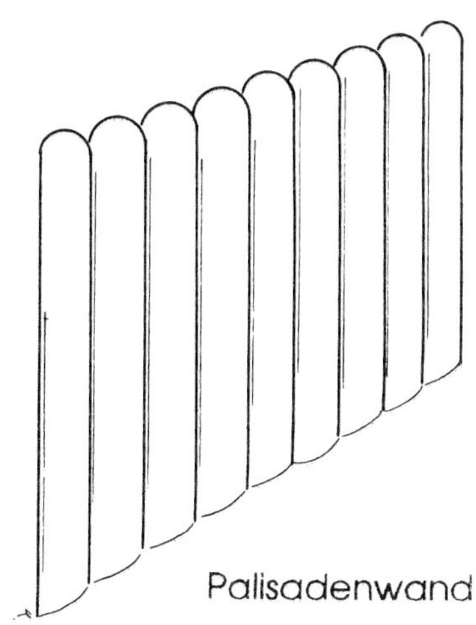

Palisadenwand

Kleinere Höhenunterschiede bis ungefähr 1,5 Meter können mit einer Maurerschnur ausgelotet werden.

- Die Schnur am höchsten Punkt der Erhebung befestigen und diese mit Hilfe einer Wasserwaage waagrecht bis zu dem Punkt spannen, wo das Gelände wieder eben wird.
- Mit einem Meterstab nun die ungefähre Höhe ablesen.
- Diese im Plan dort eingetragen, wo sich der höchste Punkt befindet.

Der Standort wurde zuvor über die Dreiecksmethode ermittelt.

Zum Schluss wird der aktuelle Bestandsplan noch genau bemaßt und beschriftet, sofern das nicht während der Vermessung bereits erfolgt ist (Betonbelag, Asphaltfläche, Pflaster, Kanaldeckel, Sitzgruppe, Wippe, Stufenreck usw. aber auch Ausgänge, Fenster, Wegeführung usw.). Zum Schluss wird im Plan noch die Nordrichtung eingetragen. Das löst man über einen Pfeil, der so im Plan festgelegt wird, dass die Pfeilspitze möglichst genau nach Norden zeigt. Ein großes „N" auf der Pfeilspitze markiert diese Himmelsrichtung.

Wurden alle Arbeiten erledigt und der Plan noch einmal auf Vollständigkeit überprüft, haben diejenigen eine durchaus große Herausforderung überstanden, die im Freigelände zum Vermessen aktiv waren. Sie haben die Grundlage dafür geschaffen, dem eigentlichen Planungsziel näher kommen zu können. Sie haben aber auch dafür gesorgt, dass die ersten Haushaltsmittel eingespart werden konnten, was durchaus auch mit Sponsoring zu tun hat, das noch ausführlicher beschrieben wird.

Das Beispiel eines Bestandsplans, angefertigt von einem Kindergartenteam und Eltern, finden Sie auf der CD-ROM unter:
Kapitel 6, 1. Feststellung des Bestands, a) Eltern Bestandsplan

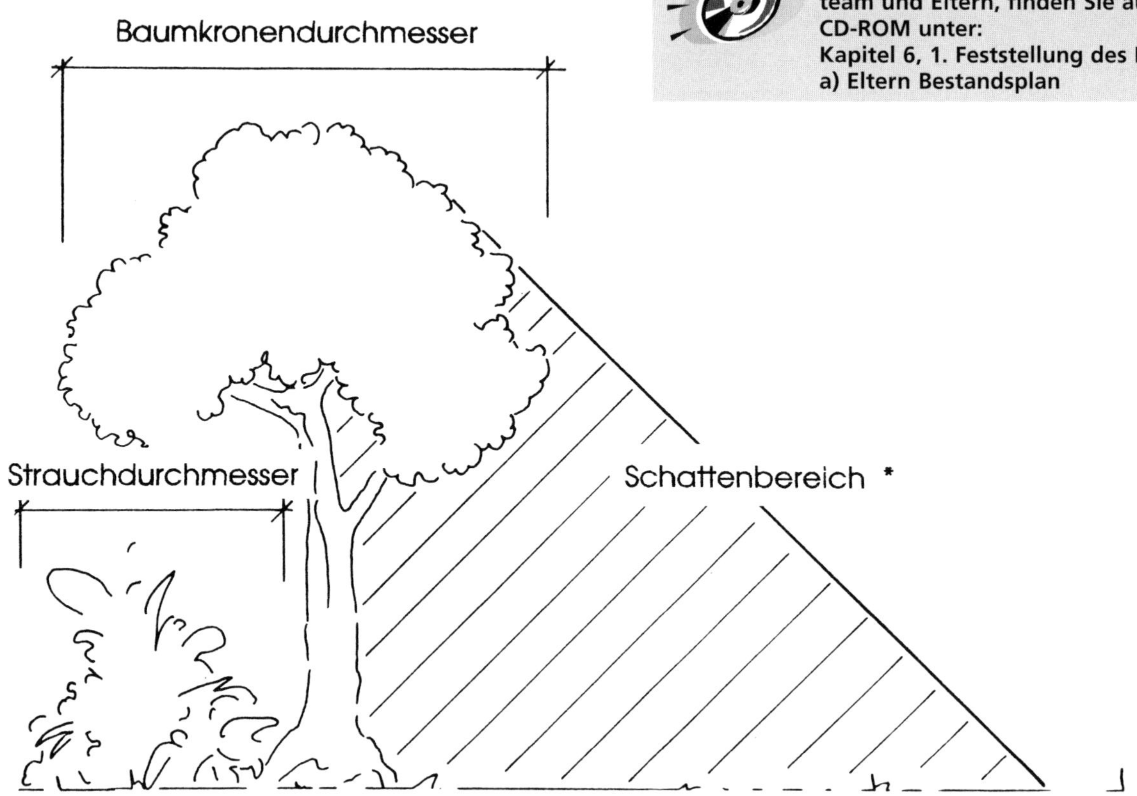

* wichtig für die Planung

Gemeinsam planen: Die Planerrunde unter Einbeziehung aller Zielgruppen

Bei der Planerrunde handelt es sich um eine besondere, von der Forschungsstelle für Frei- und Spielraumplanung (FFS) entwickelte Methode, die es ermöglicht, dass sich 20 bis 25 Menschen an der Realisierung eines naturnahen Freiraumkonzeptes aktiv beteiligen können. Dieser Personenkreis muss keinesfalls vom Baufach sein. Ganz im Gegenteil. Es ist sogar gewünscht, dass sich möglichst Menschen treffen, die aus den verschiedensten Berufsbildern kommen. Erst dadurch ist gewährleistet, interdisziplinäre Kompetenzen zu bündeln und im Freiraumkonzept berücksichtigen zu können. Eine gute Zusammensetzung der Planerrunde ist dann gewährleistet, wenn neben den BürgerInnen oder Eltern der Kinder und VertreterInnen des Teams bzw. Kollegiums aus dem Kinderhaus oder aus der Schule, auch VertreterInnen des Trägers bzw. der Bauverwaltung und des Bauhofes daran teilnehmen.

Bei öffentlichen Freiraumplanungen und Schulhofgestaltungen sollte man darauf achten, auch junge Menschen zu aktivieren und zur Teilnahme an der Planerrunde zu motivieren.

Die Projektsteuerung hat in dieser ersten konkreten Planungsphase die Aufgabe, Vorstellungen und Wünsche so zu koordinieren, dass sie, auch unter Berücksichtigung der Möglichkeiten des Auftraggebers, in einem zeichnerisch dargestellten Vorentwurf münden. Dazu benötigt das FFS-Modell einen Tag, den sich alle an der Planerrunde interessierten Personen reservieren und mitplanen. Am Ende des Planertages haben alle Beteiligten eine Menge gelernt. Eine homogene, das Thema betreffende Fachgruppe ist entstanden. Zudem wurde Konsens darüber hergestellt, was sich im Freiraum verändern bzw. wie er künftig ausgestaltet werden soll. Zudem entwickelte sich bereits bei diesem ersten Planungsschritt ein Gemeinschaftsgefühl, das nachhaltige Wirkung auf die Folgeschritte hat, da alle gleich am Anfang Einfluss auf das Konzept nehmen und Verantwortung übernehmen konnten. TeilnehmerInnen der Planergruppe verstehen sich nach dem gemeinsamen Planen in der Regel immer auch als Multiplikatoren, die das Konzept und die dahinter stehenden Möglichkeiten weiter transportieren und dafür sorgen, dass der Nachfolgeprozess nicht ins Stocken gerät.

Bevor es jedoch zur eigentlichen Planerrunde kommt, die fachlich angeleitet sein muss, benötigt man verschiedene Unterlagen, damit man auch zielorientiert am Planertag arbeiten kann. Das betrifft vor allem die Beschaffung oder Erstellung eines „aktuellen Bestandsplanes" über das zu überplanende Freigelände. Handelt es sich um eine Sanierungsmaßnahme, kann diese Aufgabenstellung sehr zeitintensiv sein, da neben der Grundstücksgröße und deren Begrenzungen auch alle anderen momentanen Zwangspunkte in einem solchen Plan genau markiert sein müssen.

Festgehalten werden müssen jeder Baum, die vorhandenen Hecken, Spielgeräte, Festbelagsflächen, Wegeführungen, Umzäunungen und in jedem Falle auch die technischen Details wie zum Beispiel Standorte der Kanaldeckel, Sinkkästen etc.

Wie ein solcher aktueller Bestandsplan erstellt wird, der in der Regel beim Träger nicht vorliegt, ist unter „Feststellung des Bestands: Vermessen des Freigeländes" (S. 180) beschrieben.

Weiter ist es erforderlich, von dem zu überplanenden Gelände eine umfassende Fotodokumentation zu erstellen (siehe dazu: S. 181). Das spart Zeit in der planerischen Auseinandersetzung. Aus diesem Grunde sollte bei der Auswahl des Raumes, wo die künftige Planerrunde stattfinden soll, daran gedacht werden, dass dieser eine helle Wandfläche oder eine Leinwand zur Verfügung hat und abzudunkeln ist.

Vor der eigentlichen Planerrunde wird eine erste Ideensammlung durchgeführt. Diese braucht sich nicht ausschließlich auf ein naturnahes Konzept kon-

zentrieren. Es genügt dabei allgemeinere Vorstellungen zu formulieren, zum Beispiel „klettern, rutschen, schaukeln, Sand und Wasser, bauen können, Hügel und Täler, Rückzugsräume, Spielhecken etc.".

Gibt es bereits konkretere Vorstellungen, zum Beispiel favorisierte Standorte für einen ganz bestimmten Spielzweck, sind natürlich auch diese zu sammeln und festzuhalten.

Wünschenswert wäre auch zu notieren, wo sich die Kinder derzeit besonders gerne aufhalten und was sie dort machen. Das kann der Planung ganz entscheidende Impulse geben. Bei Neuplanungen können natürlich solche Aussagen nicht getroffen werden. In diesen Fällen genügt eine Wunschliste für die künftigen Spielangebote.

Alle Unterlagen werden nun vor der Planerrunde rechtzeitig dem Team bzw. Kollegium übergeben, das die Projektsteuerung und fachliche Leitung übernimmt. Ein Vorlauf von wenigsten zwei Wochen sollte bedacht werden, da diese das Freigelände zum Teil noch nicht kennen, damit sie sich darauf vorbereiten und den aktuellen Bestandsplan aufarbeiten und überprüfen können.

Die Planerrunde, die in der Regel morgens um 10.00 Uhr los geht, trifft sich an dem vereinbarten Standort. Gut wäre es, wenn dieser direkt oder in unmittelbarer Nähe des zu überplanenden Freigeländes liegt, damit während der Planung gegebenenfalls bei technischen Rückfragen das Gelände begutachtet werden kann. Gemeinsam bei Kaffee und Tee, also einem zweiten Frühstück, werden alle TeilnehmerInnen noch einmal intensiv in das Thema eingeführt. Beispielhaft, vielleicht durch eine Diaschau, erfahren sie mehr über die Hintergründe naturnaher Konzeptionen und was diese mit der kindlichen Entwicklung zu tun haben. Hierbei sollte diejenige Person, welche diesen Part übernimmt, besonderes Wissen mitbringen, da es um weit mehr geht, als nur um die Frage, den Platz naturnah zu verändern. Es geht auch um Hintergründe aus der Hirnforschung und darum, was sinnesanregendes Spielenkönnen mit Intelligenzentwicklung zu tun hat. Es wird darüber berichtet und an Bildbeispielen nachgewiesen, wie sich die Konzentration steigern, das Sozialverhalten verbessern lassen, Grob- und Feinmotorik gefördert und andere bedeutsame Lernprozesse in Gang gesetzt werden können. Diese in der Regel noch unbekannten Aha-Effekte führen zu einer erweiterten Bewusstseinsbildung bei allen Beteiligten und dienen auch als Motivationsschub für die nachfolgenden Arbeiten. Parallel zu dieser Lerneinheit kontrolliert eine zweite Person der Projektsteuerung, die aus dem Baufach kommen sollte, den aktuellen Bestandsplan im Freigelände und ergänzt diesen gegebenenfalls. Auch diese Aufgabenstellung ist wichtig, da man Planungssicherheit braucht, um später beim Bauen bzw. dem Erstellen des Leistungsverzeichnisses und der Kostenermittlung keine Überraschungen zu erleben.

Ist dieser bedeutsame und angehobene Motivationsprozess sowie die Kontrolle des aktuellen Bestandsplanes abgeschlossen, bespricht die Planerrunde die vorher erarbeitete Wunschliste.

In dieser Planungsphase werden zu den eher allgemein gehaltenen Vorstellungen konkrete Möglichkeiten und Beispiele, eventuell auch Alternativen aufgezeigt, erneut Hintergründe genannt und am Schluss eine Prioritätenliste erstellt. Auch dabei wird die Projektsteuerung stark gefordert. Das betrifft die inhaltliche Seite und die Kunst, die Motivation der TeilnehmerInnen hoch zu halten, ohne dass sich dabei aufgrund verschiedener Meinungen Streitgespräche entwickeln. Entsprechend groß muss daher das Repertoire der alternativen Möglichkeiten sein.

Zudem muss die Begabung mitgebracht werden, Ideen der TeilnehmerInnen auch unmittelbar und beispielhaft grafisch dreidimensional umsetzen zu können. Das ist wichtig, da die Vorstellungskraft vieler Menschen nicht ausreicht, wenn ihnen lediglich technische Pläne oder Planbeispiele vorliegen. Auch so entstehen Aha-Effekte, die zu einem besseren Verständnis führen und sich positiv auf die Arbeit der PlanerInnengemeinschaft auswirkt.

Diese ersten, die Planergruppe verbindenden Arbeiten dauern in der Regel bis gegen Mittag. Nun sollte alle gemeinsam eine Pause einlegen und etwas essen. Dabei bilden sich kleine Gesprächsrunden. Austausch untereinander findet statt. Neue Anregungen werden gefunden. Vor allem wird Konsens hergestellt, der auch Flexibilität erfordert, denn nun geht es um die konkrete und verbindliche Planung der naturnahen Gestaltung.

Ausgeruht setzt sich nun die Runde wieder zusammen. In der Mitte gibt es einen Planertisch, auf dem zu Beginn nur ein leeres Transparentpapier mit unterlegtem Bestandsplan liegt. Sichtbar für alle gibt es eine Wandzeitung, auf der alle besprochenen Wunschvorstellungen, markiert mit den entsprechenden Prioritäten, vormittags gesammelt wurden.

Erste Spielzonen, noch nicht grafisch und technisch aufgearbeitet, werden jetzt von der Projektsteuerung auf dem Plan markiert. Es geht also erst einmal um eine sinnvolle und bautechnisch auch machbare Zuordnung der Standorte für die jeweiligen Wünsche.

In dieser Planungsphase werden die Inhalte unter dem Aspekt der Vernetzung konzeptioniert. In einem naturnahen Konzept können oft mehrere Wünsche zusammengefasst und dabei multifunktionale Nutzungsmöglichkeiten arrangiert werden.

Es wird erläutert, warum bewegungsaktive Spielangebote von ruhebetonten räumlich getrennt sein müssen und dass zum Beispiel Hügel Platz brauchen, damit die Böschungen später auch pflegeleicht sind und funktionieren.

Erst nachdem diese Aufgabenstellung erarbeitet wurde, beginnt die Detailplanung. Sie muss so erarbeitet werden, dass auch Nichtfachfrauen und -männer noch immer der Konzeption folgen können.

Entsprechend wird der Plan angelegt und dabei jeder Baustein so besprochen, dass alle TeilnehmerInnen dabei in eine Fantasiewelt entführt werden. Demnach arbeiten Projektsteuerung und TeilnehmerInnen nun ganz intensiv als Team zusammen. Während die eine Person zeichnet, erläutert die andere das Detail und motiviert ständig, dass weitere Anregungen aus der Planerrunde eingebracht werden. So vergeht der ganze Nachmittag, der zeitlos erlebt wird. Es ist wie im Spiel der Kinder. Alle arbeiten einem Ziel zu. Die Beteiligten werden dabei durch den Naturraum geführt und erleben ihn nun räumlich.
Gelingt das alles, so haben die Projektsteuerung wie auch die TeilnehmerInnen der Planerrunde gute Arbeit geleistet.

Die Erfolgskontrolle wird in einem solchen Falle sichtbar bei der Verabschiedung. Zeigt sich Begeisterung und Erstaunen, dass ein solcher Planungsprozess überhaupt in einer so überschaubaren Zeit möglich war und gehen die TeilnehmerInnen emotional anders auseinander, als sie sich zuvor vormittags begrüßt haben, wurde der angestrebte Erfolg erreicht. Oftmals ist die Stimmung so positiv, dass alle am liebsten sofort mit dem Umbau beginnen möchten.

Ein so beschriebenes Erfolgsziel innerhalb der TeilnehmerInnen der Planerrunde ist wichtig. Erst dadurch wird gewährleistet, dass sich das Projekt nun auch ohne fachliche Anleitung verselbstständigen kann. Dazu sind MitstreiterInnen nötig, die dafür sorgen, dass die Ideen nun auch weiter in ein breiter angelegtes Gremium transportiert werden. Der Träger ist zu überzeugen. Nicht an der Planerrunde beteiligte Eltern bzw. BürgerInnen wollen erfahren, was in der Planerrunde entstanden ist und wie das künftige naturnahe Konzept aussehen soll. Zudem stehen bald Aufgaben an, die mit Materialbeschaffung und Kontakten einhergehen. Breite Transparenz ist dafür erforderlich. Zudem besteht bereits in dieser Planungsphase die Möglichkeit für die angestrebte Bürgerbaustelle zu werben, die ja möglichst voll besetzt sein soll. Mit der gemeinsam erarbeiteten Planung im Rahmen der Planerrunde wurde der Grundstein für das nun folgende professionell auszuarbeitende Konzept gelegt. Dieser Plan ist Bestandteil der Leistungen der Projektsteuerung und erfolgt im jeweiligen Fachbüro, z. B. eines Architekten oder Landschaftsplaners. Nun muss geprüft werden, inwiefern die grafisch erarbeiteten Ideen auch tatsächlich in der Realität umgesetzt werden können. Hierfür müssen „Schnitte" gezeichnet werden, damit später auch die geplante Vernetzung der jeweiligen Spiel- und Aufenthaltszonen funktioniert. Geprüft werden müssen auch die erforderlichen Sicherheitsabstände und die Vorgaben der Normen und DIN-Vorgaben. Diese Aufgaben können während eines Planertages nicht bis ins Detail geleistet werden. Aus diesen genannten Gründen kann es sein, dass die professionelle Planung leichte Verschiebungen gegenüber der zuvor erarbeiteten Lösung aufweist. Es ist jedoch nicht so zu verstehen, dass dabei eine völlig andere Konzeption entsteht. Wäre das der Fall, hätte die Projektsteuerung auf Grund mangelnder Kompetenzen und Erfahrungen versagt.

Zur professionellen Planbearbeitung gehört auch eine Kostenschätzung nach DIN 276. Der Auftraggeber muss wissen, was die Maßnahme kosten wird. Nur so kann er für das Projekt begeistert werden, denn das naturnahe Konzept muss ja auch ökonomisch abgesichert sein. Eine weitere Leistung der Projektsteuerung und Gegenstand der Planerrunde ist die Erarbeitung einer qualifizierten Objektbeschreibung. Diese ist so abzufassen, dass neben den geplanten Inhalten auch Hintergründe kurz beschrieben werden, was man mit diesen Angeboten erreichen will und wie man das erreichen kann. Dadurch wird der Bogen zum Anfang der Planerrunde geschlagen, bei dem es um Begründungen ging, warum man überhaupt ein naturnahes Konzept favorisiert.

**Zu diesem Thema siehe auch:
Kapitel 6, 2. Dia-Schau: Gemeinsam planen: „Die Planerrunde"**

Objektbeschreibung und Kostenplanung

Die Objektbeschreibung ist Teil der planerischen Konzeption und ihrer Dokumentation. Bei naturnah gestalteten Freiräumen genügt es nicht, eine kurze Aufzählung vorzulegen, in der die jeweiligen Spielgeräte aufgeführt werden und wo sie positioniert wurden. Entsprechend umfangreich und anspruchsvoll ist diese Arbeit zu bewerten.
Erfolgte die Planung im Rahmen einer Planerrunde und möchte diese das Konzept auch einem breiteren Publikum zugänglich machen, muss die Objektbeschreibung so verfasst werden, dass sich auch Laien, also Nichtfachleute der Baubranche, damit zurechtfinden. Zudem dient diese Arbeit auch dazu, möglichst viele Menschen neugierig zu machen und zur künftigen Mitarbeit anzuregen. Es wird daher empfohlen, neben dem eigentlichen Textbeitrag auch gewisse Details grafisch zu hinterlegen, damit die Vorstellungskraft besser ausgenutzt werden kann.

Zu einer Planung gehört neben einer Objektbeschreibung auch eine Kostenschätzung, damit sich der Auftraggeber auch ökonomisch darauf einstellen kann. Die Kostenschätzung nach DIN 276 ist so angelegt, dass sie die tatsächlich zu erwartenden Kosten, sofern alles gekauft und bezahlt werden muss, annähernd benennt. Nicht berücksichtigt sind dabei diejenigen Kosten, die möglicherweise durch Kontakte und Sponsoring erst gar nicht entstehen. Das sind zum Beispiel die Kosten für Naturhölzer oder Natursteine, sofern Kontakte zu Holzsägewerken und Steinbrüchen hergestellt bzw. genutzt werden können. Gleiches gilt für den Bedarf an Baumaschinen mit professionellen Fahrern. Diese kann oftmals der örtliche Bauhof bereitstellen oder ein Bauunternehmen unterstützt das Bürgerbeteiligungsmodell und trägt den werbewirksamen Gewinn davon. Auch die Frage des Bedarfs an Bauwerkzeug wird häufig intern geregelt. Trotzdem müssen diese Positionen erst einmal errechnet werden, da zum Zeitpunkt der Planung solche Fragen nur selten eindeutig und verbindlich geregelt werden können. Sie unterliegen einer eigenen Strategie und bedingen zudem ein umfassend erarbeitetes Leistungsverzeichnis (LV) mit Mengenermittlungen, da ja auch bekannt sein muss, wie viel Sand, Kies, Schotter etc. man tatsächlich braucht und welche Erdbewegungen mit welchen Maschinen durchgeführt werden müssen. Dieses Leistungsverzeichnis muss in der technischen Planung und Bauausführung erarbeitet werden. Die Kostenschätzung für den Auftraggeber gibt den Rahmen vor. Bei der Prüfung ist dann zu berücksichtigen, welche Eigenleistungen in jedem Falle zu erbringen sind bzw. erwartet werden können. Daraus ergibt sich dann der tatsächlich kalkulierbare Kostenrahmen.

Die endgültige Kostenübersicht zeigt sich erst dann, wenn über Angebotseinholung der verschiedenen Lose oder durch Ausschreibung feststeht, wer der günstigste Bieter ist bzw. wer was zu welchem Preis tatsächlich liefern kann. Von daher handelt es sich bei der Kostenschätzung um Richtwerte. Diese unterscheiden sich innerhalb der einzelnen Regionen erheblich und sind nicht abhängig von Stadt oder Land. Das gilt für den Kauf von Pflanzen gleichermaßen wie für die erforderlichen Baustoffe bzw. Ausstattungsgegenstände und sofern eingeplant, die Spielgeräte. Trotzdem kann gesagt werden, dass die Kostenschätzung und die tatsächlich entstehenden Baukosten in der Regel nicht weit auseinander liegen, sofern seriös geplant und gerechnet wurde. Der Unterschied sollte aber nicht höher liegen als 10 Prozent nach oben oder nach unten.
Nicht berücksichtigt sind bei diesen Angaben mögliche Sponsoringmodelle für Sachspenden und mögliche Eigenleistungen. Gerechnet ist jedoch die Eigenleistung der BürgerInnen. Dass es sich um ein Bürgerbeteiligungsmodell handeln soll, war ja bereits Planungsgrundlage.

Das Bausteinkonzept und die Materialbeschaffung: Bürgeraktivierung und Kompetenzbündelung

Handelt es sich um ein größeres Planungsgebiet, ist es ratsam, das Gesamtkonzept in kleinere Bausteine zu zerlegen. Diese sind für die BewohnerInnen überschaubarer. Sie können sich so besser orientieren und identifizieren. Eine solche Vorgehensweise ist sinnvoll, da jeden zuerst einmal das Nahumfeld der eigenen Wohnung interessiert. Diesen Sachverhalt kann man ausnutzen und sich bereits im Rahmen der Planerrunde darauf einstellen.
Wird zum Beispiel innerhalb einer Gesamtkonzeption mit den BürgerInnen jeweils nur das sie betreffende Nahumfeld geplant, ist die Bereitschaft zur Mitarbeit größer. Erst danach werden alle Bausteinkonzepte zum Gesamtkonzept zusammengefasst.

Aber auch kleinere und überschaubare Konzepte sind nach dem Bausteinprinzip zu planen und zu bauen. Diese Methode wird dann angewendet, wenn man kein Sponsoringkonzept eingehen will und nicht ausreichend Haushaltsmittel für die Gesamtmaßnahme zur Verfügung stehen. Dabei ist jedoch zu bedenken, dass sich die Bauphasen zeitlich entsprechend lange auseinander ziehen werden. Immer wieder müssen die HelferInnen neu motiviert werden und Baudetails, die bereits fertig gestellt sind, möglicherweise durch ihren hohen Motivationsgrad „überspielt" werden können, was zur Folge hat, dass bereits im zweiten Bauabschnitt Sanierungsarbeiten durchzuführen sind. Das Team der FFS hat im Rahmen seiner vielen Projekte die Erfahrung gemacht, dass sich dieses Vorgehen nicht sonderlich eignet und eine Menge Kraft und Energie den Teams der Einrichtungen abverlangt wird. Der bessere und nachhaltigere Weg ist sicherlich eine gut geplante Großaktion. Nachhaltig auch deshalb, da eine solche Herausforderung bisher immer Menschen aneinander gebunden hat, die noch Jahre danach darüber berichten und dieses Erlebnis weiter tragen.

Wenngleich auch bereits darüber im Handbuch berichtet wurde, soll noch einmal deutlich gemacht werden, dass kein naturnah angelegter Spiel- und Begegnungsraum jemals ein Endprodukt darstellt. Er wird sich im Laufe der Zeit immer wieder anders darstellen und verändern, weil das als Ziel gewünscht ist und in der Konzeption selbst begründet liegt. Demnach ist es eher unsinnig zu behaupten, dass eine solche Freianlage, umgesetzt in ganz kurzer Zeit und in der Regel an nur einem Wochenende, keine Veränderungen mehr erlauben würde und die Chance ungenutzt bliebe, dass zu einem späteren Zeitpunkt andere Menschen mitbauen bzw. Einfluss nehmen können. Wer so argumentiert, scheint sich nicht ausreichend mit naturnahen Konzepten beschäftigt zu haben. Mit Sicherheit hat er ein Bürgerprojekt dieser Art noch nicht selbst erlebt, denn Erfahrungsberichte belegen eindeutig einen anderen Sachverhalt.

siehe dazu:
Kapitel 2, 3. Textbaustein: Der Naturkindergarten als Chance, Erfahrungsberichte aus der Praxis

Die technischen Planungen: Zeitplanerstellung und Aufgabenverteilung

Endlich sind die erforderlichen Haushaltsmittel gesichert. Man weiß, was man will. Viele Aktivitäten haben gezeigt, wie spannend eine geistig bewegte Schule, ein Naturkindergarten oder eine lebendige Wohnumfeldgemeinschaft sein kann und was dort alles noch zusätzlich zu lernen und zu erleben ist. Längst haben sich alle mit dem Projekt identifiziert. Jeder wartet im Grunde nur noch darauf, dass es endlich mit dem Bauen losgehen kann.
Um beginnen zu können, sind jetzt noch spezielle Fachpläne nötig, die geeignet sind, auch Nichtbaufachleute in die Lage zu versetzen, das Konzept im Rahmen einer fachlich angeleiteten BürgerInnen- und SchülerInnenaktion umsetzen zu können. Gebraucht werden „Bauausführungspläne" und weitere technische Unterlagen. Jedes Detail wird hier aus bautechnischer Sicht dargestellt, vergleichbar einem Puzzle. Das einzelne Puzzleteilchen entspricht einem Baustein, der gebaut werden soll. Alle Teile zusammen ergeben das fertige Konzept. Diese Pläne müssen von erfahrenen Planern, die sich mit Bürger- und Schülerbaustellen gut auskennen, angefertigt werden. Sie sind so darzustellen, dass die fachliche Seite unbestritten bleibt und andererseits von Menschen verstanden werden kann, die nicht aus dem Baufach oder Landschaftsbau kommen. Eine sehr aufwendige Arbeit die sich jedoch lohnt, wenn man die Begeisterung erlebt, wenn einzelne Gruppen zusammen arbeiten und dabei fachlich einwandfreie Ergebnisse erzielen.

Im Einzelnen geht es um Aufgabenstellungen, die in der Honorarordnung für Architekten und Bauingenieure (HOAI) festgeschrieben wurden. Man nennt diese Details in der Fachsprache auch Leistungsbild oder Leistungsphasen.

Diese betreffen:
- die Entwurfsplanung (Leistungsphase 3),
- sofern erforderlich die Genehmigungsplanung (Leistungsphase 4),
- die Ausführungsplanung (Leistungsphase 5), die bei Bürgerbeteiligungsmodellen in einzelne Bausteine zerlegt werden muss,
- die Vorbereitung der Vergabe (Leistungsphase 6) und hier insbesondere bei Bürgerbeteiligungsmodellen eine losweise Darstellung, damit man ggf. auf die Kompetenzen der BürgerInnen ergänzend zurück greifen kann,
- die Mitwirkung bei der Vergabe (Leistungsphase 7),
- die Objektüberwachung (Leistungsphase 8), die bei Bürgerbeteiligungsmodellen in der Regel nach tatsächlichem Aufwand der Bauleitung abgerechnet wird.

Ein Beispiel für eine solche Bauausführungsplanung finden Sie auf der CD-ROM unter:
Kapitel 6, 1. Feststellung des Bestands, b) Bau-Ausführungsplan

Um sicher zu sein, dass auch der Träger mit der technischen Planung einverstanden ist, denn dort sitzen möglicherweise auch Baufachleute, sollten mit ihm noch einmal Absprachen über die geplante Vorgehensweise getroffen werden. Man sollte ihn auch bitten, die Plangrundlagen beim zuständigen Versicherer vorsorglich noch einmal prüfen zu lassen. Dort gibt es Fachleute, die sich mit den geltenden DIN-Bestimmungen auskennen, inzwischen naturnahen Konzepten ausgesprochen offen gegenüber stehen, diese fördern und gegebenenfalls noch da und dort Hilfestellungen geben können. Auch das hat mit Teamfähigkeit und interdisziplinärem Handeln zu tun.

Sponsoring

Baumaßnahmen kosten immer Geld. Oftmals ist im Haushalt für die Umgestaltung des naturnah geplanten Freigeländes dafür nichts vorgesehen. Das betrifft vor allem den Kindergarten und Schulhofbereich. Das sollte weder die Schule noch die SchülerInnen und schon gar nicht das ErzieherInnenteam oder Kollegium entmutigen. Ist die Absicht ernsthaft, sein Gelände zu verändern, wird es immer Mittel und Wege geben, auch das erforderliche Geld sicherzustellen. Entscheidend für den Erfolg ist der zuvor beschriebene Prozess, der immer auch mit hohem Engagement und der Beteiligung von vielen Menschen verbunden war. Das betrifft nicht nur die Kinderhäuser selbst mit ihren vielen jungen Menschen. Dahinter stehen immer auch jede Menge Eltern – potenzielle WählerInnen, die gemeinsam eine bedeutsame Sache vertreten. Wenngleich darauf nicht vordergründig die Kostenfrage aufbauen darf, ist es für den Gemeinderat bzw. Magistrat oder den Kirchenvorstand doch beeindruckend, wenn sie von Hunderten Erwachsenen, Kindern und Jugendlichen eine Unterschriftenliste überreicht bekommen, die Auskunft darüber gibt, welche Ziele bei der Umgestaltung verfolgt werden, dass finanzielle und materielle Unterstützung benötigt wird und dass mit dieser Aktion um diese gebeten wird. Der Autorengruppe sind Fälle bekannt, wie über diesen Weg alle erforderlichen Haushaltsmittel eingestellt wurden. Das nachfolgende Schreiben kann beispielhaft aufzeigen, wie ein solches Anliegen in die kommunalpolitischen Gremien hineingetragen werden kann.

Magistrat der Gemeinde N.
Herrn Bürgermeister W.

Naturnahe Schulpausenhofgestaltung
Mit der Bitte um Kenntnisnahme und Prüfung

Sehr geehrter Herr Bürgermeister,
sehr geehrte Damen und Herren des Magistrats,

heute möchten wir Sie über unsere Aktivitäten in der Schule informieren und Sie bitten, uns in unserem Vorhaben, den Schulpausenhof umzugestalten, zu unterstützen. Danke.

Alle Schulklassen haben in den letzten Monaten den Schulpausenhof zum Thema gemacht. Wir haben dabei viel gelernt. Nahezu alle Fächer brachten entsprechende Beiträge ein. Schüler und Schülerinnen haben geschrieben, gerechnet, das Nahumfeld erkundet und den Pausenhof vermessen. Wir haben machbare Wünsche gesammelt und diese demokratisch ausgewertet. Mehrere Ausstellungen sind entstanden. Auch ein Vorentwurf wurde bearbeitet und noch einmal in allen Klassen diskutiert. Nun wissen alle von uns, auch unsere Eltern, wie der künftige Schulpausenhof aussehen könnte. Jetzt stehen wir an dem Punkt, wo wir Hilfe von außen brauchen.

Als Bürgerinnen und Bürger fragen wir deshalb an, inwieweit die Gemeinde uns bei dem geplanten Vorhaben finanziell und materiell unterstützen kann. Sie finden als erste Orientierung einen Plan sowie eine Objektbeschreibung. Daraus können Sie unsere Ziele, Wünsche und Vorstellungen entnehmen, wie wir auch künftig durch das Projekt in einer geistig bewegten Schule weiter arbeiten wollen. Gerne werden wir Ihnen und dem Magistrat das Konzept einmal persönlich vorstellen und dürfen Sie um einen Termin bitten.

Zum Schluss möchten wir noch anmerken, dass wir unseren naturnahen Schulpausenhof unter fachlicher Anleitung auch selbst umgestalten möchten. Bereits jetzt haben viele unserer Eltern tatkräftige Hilfe zugesagt.

Es soll ein Fest der Begegnung von Jung und Alt werden und wir sehen darin eine Chance, die Schule somit noch besser nach außen öffnen und dem Gemeinwohl zur Verfügung stellen zu können.

Gerne erwarten wir Ihre geschätzte Rückmeldung. In der Anlage finden Sie eine Unterschriftenliste derjenigen Personen, die das Schulprojekt bisher unterstützt haben und es in der Umbauphase unterstützen wollen.
Ansprechpartner für Rückfragen ist Herr T. als Schulleiter sowie Frau B. (Tel.) und Herr G. (Tel.) als Elternbeiratsvertreter.

Mit freundlichen Grüßen
i. V. für die Schülerinnen und Schüler

Herr T., Schulleiter

Neben dem eher offiziellen Gesuch an die Gemeinde, die nicht immer auch gleichzeitig Träger der Schule oder des Kindergartens ist, sollte bei Kreisschulen in jedem Falle auch der Landrat/-rätin über das Vorhaben informiert und um Unterstützung gebeten werden. Es ist wichtig zu wissen, dass in einem solchen Falle das Hausrecht beim Kreis liegt. Oftmals hilft es schon, wenn der Landrat/-rätin bereit ist, die Schirmherrschaft für das Projekt zu übernehmen. Diese Anfrage sollte professionell angegangen werden. Nehmen Sie doch einfach zu diesem Gespräch die jeweiligen Vorsitzenden der in Frage kommenden Parteien mit. Diese müssen natürlich zuvor von dem Vorhaben überzeugt werden. Gelingt einem das, was natürlich auch für andere Persönlichkeiten des öffentlichen Lebens gilt, sind manche Sponsorentüren schon halb geöffnet, da das Schulprojekt in der Öffentlichkeit jetzt noch mehr an Bedeutung gewonnen hat.

Ein vergleichbarer Rat gilt auch für Kindergärten und Kindertagesstätten. Vielleicht ist der Pfarrer oder Pastor bereit, als Schirmherr dem Projekt zur Verfügung zu stehen. Selbst manche Bischöfe haben dafür ein offenes Ohr. Es muss nur die Konzeption überzeugen.

Alle Gespräche, die man im Vorfeld und danach führt, sollten übrigens gut vorbereitet werden. Dazu gehört auch gut aufgearbeitetes und nicht zu umfassendes Informationsmaterial.

Geeignet ist eine Informationsmappe mit verkleinertem Plan, dem Auszug der Objektbeschreibung und eine Kurzbeschreibung über den bisherigen Verlauf und die bereits erfolgten Vorbereitungen.

Diese Informationsmappe kann auch für eine so genannte Sponsoringmappe verwendet werden. Ansprechpartner könnten zum Beispiel Geldinstitute, regional ansässige Unternehmen oder prominente Persönlichkeiten, so genannte VIPs sein. Auch hier ist es effektiver und erfolgversprechender, wenn dort persönlich vorgesprochen wird. Zuvor wurde recherchiert, wer für Sponsoring zuständig ist und inwieweit es von Seiten der Eltern jemand gibt, der zu den vorgesehenen Institutionen bzw. Unternehmen gute Kontakte hat. Diese sollte man bitten, die Anfrage in die Hand zu nehmen.

Auch kleinere Beträge sind im Rahmen von Sponsoring wichtig und willkommen. Viele Kleinspenden ergeben durchaus eine stattliche Summe. So könnte man Spendengutscheine anfertigen. Diese sollten jedoch professionell gestaltet werden, damit auch weniger sensible Erwachsene die Ernsthaftigkeit erkennen. Hierzu gibt es unzählige Möglichkeiten.

Man wirbt mit einem Spendengutschein bei Oma und Opa, Tante und Onkel..., z. B. für:

- 1 Tonne Kies = Wert 18,– €.
- einen 2,5 m großen Haselbusch mit Ballen = Wert 23,– € oder
- 1 Baumaschinenstunde und Fahrer = Wert 64,– €.

Natürlich handelt es sich hier nur um wenige Beispiele.

Durch die Zusammenfassung des gesamten Bedarfs an Baustoffen und Materialien entsteht eine lange Liste an Möglichkeiten.

Schafft es zum Beispiel bei einer Schule mit 500 Kindern und Jugendlichen nur die Hälfte ihre Verwandtschaft zum Spenden zu motivieren, kommt bei einem gerechneten Mittelwert ein Betrag von ungefähr 5000,– € zusammen. In einem Kindergarten ist die Ausbeute natürlich etwas geringer. Trotzdem lohnt sich der Aufwand immer.

In gleicher Weise können Lokale, Geschäfte aller Art, selbst Tankstellen angesprochen und um einen Spendengutschein gebeten werden. Diese werden dann in der Schule oder im Kindergarten an die Eltern weitergegeben. Da diese sowieso einkaufen und tanken bzw. vielleicht auch einmal Essen gehen, kann so der Gutschein gegengerechnet werden. Somit haben die Eltern keine wirklichen Kosten und der Spender hat lediglich seine Selbstkosten zu tragen, da er in diesem einen Fall auf seinen Gewinn verzichtet.

Eine weitere Möglichkeit im Kindergarten oder in der Schule ist zum Beispiel eine „Steinaktienaktion" zu starten. Hierfür werden kleine Natursteinpflaster in der Größe 6 x 6, 8 x 8 bzw. 10 x 10 (in cm) besorgt, natürlich als gespendete Ware. Ansprechpartner sind Baustoffhändler, die häufig kleine Mengen Restposten haben, die schwer zu verkaufen sind. Dazu kommen Packpapier und Verpackungsschnur, diese werden möglicherweise bei größeren Einkaufsmärkten auf Rollen zur Verfügung gestellt. Die Natursteine werden nun wie ein kleines Geschenk mit Packpapier und einer Schnur verpackt. An dem schweren Steinpäckchen hängt ein kleiner Zettel, auf dem „Steinaktie" steht. Eine entsprechende Kopiervorlage ist in der Schule schnell erstellt. Diese Steinaktien werden jetzt verkauft. Das kann gut anlässlich eines Markttages oder an einem speziell organisierten Tag der offenen Tür geschehen, wobei parallel dazu das naturnahe Konzept im Rahmen einer kleinen Ausstellung vorgestellt werden kann. Eine kleine Steinaktie kostet zum Beispiel 2,50 €, eine große darf durchaus 5,– € bringen. Es gibt Einrichtungen, die über eine solche Aktion über 5000,– € erwirtschaftet haben.

Neben diesen Aktivitäten, bei denen die einzelnen Aufgabenstellungen auch an engagierte Eltern weitergegeben werden können, gibt es aber noch ganz andere Fördermöglichkeiten.
Bei der Umsetzung im Rahmen naturnaher Konzepte wird neben Baustoffmaterial auch Naturholz benötigt. Wichtig wäre demnach der Kontakt zum Forstamt. Berichtet man über die Zielsetzungen, wird sich kaum ein Förster verweigern. Nahezu bei allen bisher durchgeführten Bürgerprojekten, und das sind inzwischen über 1000 in den letzten 15 Jahren, hatte die Autorengruppe mit dem Team der FFS schon dann Erfolg, wenn sie zuvor rechtzeitig nach Naturhölzern angefragt hatten. Das Forstamt muss nur genau wissen, was gebraucht wird. Gleiches gilt für nahe liegende Steinbrüche, denn auch Natursteine werden in naturnahen Freiraumkonzepten in aller Regel verbaut. Auch wenn diese Materialien nicht immer kostenfrei zu bekommen sind, so werden doch akzeptable und nicht unbedingt marktübliche Preise verlangt. Auch das spart Geld. Ein weiterer Versuch kann bei großen Baumschulen unternommen werden. Diese haben Felder voller Pflanzen. Irgendwann wird ein solches Feld für Neupflanzungen benötigt und der Rest, der nicht verkauft werden konnte, entfernt. Diese Pflanzen sind sehr günstig oder umsonst zu bekommen. Interessant dabei ist, dass es sich hierbei eher um zweite Wahl handelt. Die Baumkrone ist vielleicht nicht exakt gewachsen oder der Busch tendiert verstärkt nur in eine Richtung. Genau das sind jedoch die Pflanzen, die später besonders sinnlich anregen – also im Naturraum ein Vorteil. Wichtig ist nur, heimische Pflanzen auszuwählen, die bereits eine gewisse Größe haben sollten, und Vielfalt zu favorisieren, damit die NutzerInnen später den jahreszeitlichen Verlauf erleben und mehr als nur ein Blattgrün.

Weitere Sponsoringmöglichkeiten ergeben sich durch Kontakte zu Stiftungen. Hierzu gibt es eine hilfreiche Kontaktadresse in 14197 Berlin, Bingerstraße 40 (Tel. 030 / 8979470 – Fax: 030 / 8979411 – e-Mail: Kuegow@stiftung.org). Dort sitzt der „Bundesverband Deutscher Stiftungen". Gegen einen Unkostenbeitrag wird dort eine Recherche durchgeführt, um die Adressen von den Stiftungen zu erfahren, die für das Projekt in Frage kommen. Das spart natürlich eine Menge Zeit, bei derzeit ca. 6000 Stiftungen in Deutschland, und gewährt die Sicherheit, auch die richtigen Stiftungen angesprochen zu haben.
Leider kostet eine solche Recherche Geld. Daher ist es sinnvoll, sich zuvor genau zu erkundigen und sich ein Angebot zusenden zu lassen.
Auch viele Lottogesellschaften bieten auf Anfrage finanzielle Hilfen an. Selbst Privatpersonen bringen sich da und dort finanziell ein. Während des Schreibens des Handbuches hat das Team der FFS erfahren, dass eine hessische Schule jeweils 25 000,– DM von zwei Privatpersonen gespendet bekommen hat. Eine Stadt in NRW bekam das Erbe einer ehemaligen Lehrerin geschenkt. Der Verwendungszweck war jedoch gebunden an die Bedingung, dass es Kindern und Jugendlichen zugute kommt. Es waren immerhin 100 000,– DM.
Wichtig ist nur, dass Privatpersonen von dem Vorhaben rechtzeitig erfahren. Das kann über eine aktive Medienarbeit erfolgen. Neben der Presse sind auch Rundfunk und Fernsehen an solchen Vorhaben bei der Berichterstattung interessiert. Insbesondere das Fernsehen braucht dabei einen gewissen Vorlauf. Je spannender das Anliegen vorgetragen wird und umso innovativer und zukunftsweisender sich die Ziele dar-

stellen, desto erfolgreicher werden solche kostenlosen Werbeträger sein. So hat zum Beispiel eine andere Stadt in NRW mit den örtlichen Zeitungen im Rahmen eines Pressegespräches vereinbart, einmal in der Woche das Projekt vorzustellen. Es war Sommerzeit, und die Zeitungen waren froh, einmal andere Schlagzeilen als die üblichen abdrucken zu können. Neben dem Textbeitrag gab es einen Geldbarometer mit der entsprechenden Kontonummer. Das Konto wurde bei einem Geldinstitut eingerichtet, das namentlich immer genannt wurde und bereit war, dann 20 000,– DM zu spenden, wenn zuvor die ersten 20 000,– DM durch Spenden erwirtschaftet werden konnten. Am Ende der Aktion waren über 120 000,– DM zusammengekommen – Mehr als ursprünglich für das Projekt kalkuliert war.

Wie man sieht, am Geld muss ein solches Projekt nicht scheitern. Zudem hat das Team der FFS seit vielen Jahren die Erfahrung gemacht, dass insbesondere dann Geld vom Träger zur Verfügung gestellt wird, auch wenn er vorher angab keines zu haben, wenn das Gesamtkonzept schlüssig ist und auch für andere Projekte richtungsweisende Impulse abgibt. Genau das ist es aber, was naturnahe Freiraumkonzepte leisten können.

Nicht alle regionalen Sponsoringmöglichkeiten konnten hier genannt werden. Auch nicht alle Überregionalen wurden erwähnt. Es sollte nur darum gehen, Beispiele aufzuzeigen, mit deren Hilfe es möglich ist, an Gelder zu kommen, die man in jedem Falle benötigt. Gefragt ist Kreativität bei der Suche nach Geldgebern und Sachspendern. Es gibt genug davon, die sich gerne für sinnvolle Projekte engagieren, die mit Zukunft in Verbindung gebracht werden können. Wenngleich sicherlich zeitaufwändig, sollte man diese Chancen nicht vernachlässigen. Es geht immer auch darum, das Projekt und die Einrichtung in der Öffentlichkeit positiv darzustellen. Denn auch Kindergärten und Schulen sind Dienstleister. Sie haben eine Menge zu bieten und können so ihr Image verbessern, damit sich Eltern und Außenstehende wieder mehr mit diesen Institutionen identifizieren.
Das hilft allen. Unseren Kindern und Jugendlichen, den Teams und Kollegien bei der täglichen, sicherlich nicht ganz einfachen Arbeit.

Zu diesem Thema siehe auch:
Kapitel 6, 3. Textbaustein: Sponsoring

Das Bürgerbeteiligungsmodell

Liegt das qualifiziert erarbeitete Konzept aus der Planerrunde vor und wurde von der Fachverwaltung sowie im kommunalpolitischen Raum angenommen und gleichfalls die technischen Planungen realisiert, ist das Ziel sehr nah gekommen, um nun auch im Rahmen eines Bürgerbeteiligungsmodells bauen zu können.

Entgegen der bisherigen Praxis bei Vergabearbeiten unterscheiden sich beim Bürgerbeteiligungsmodell bestimmte Leistungsphasen grundlegend. Das gilt vor allem für die Leistungsphase 2 (Vorplanung), die ein Partizipationsverfahren unter aktiver Beteiligung der BürgerInnen vorsieht und am Beispiel Ferbachtal der Stadt Höhr-Grenzhausen in Kapitel 4 verdeutlicht wurde. Auch die Leistungsphase 8 (Objektüberwachung), die eine fachlich angeleitete Bauleitung der BürgerInnen vorsieht und den ganzen Tag zur Verfügung stehen sowie auf Planungsgrundlagen zurückgreifen muss, welche speziell bei der Leistungsphase 5 (Ausführungsplanung) entsprechend vorbereitet wurden, sodass auch Nichtfachleute damit umgehen können, unterscheidet sich ganz wesentlich von dem bekannten und noch häufig üblichen Vorgehen. Entsprechend umfassender und sprachlich allgemein gehaltener sind die Pläne anzufertigen. Insbesondere die Vielzahl der Schnitte zu kleineren Planungsdetails mit Angaben zum Unterbau und der geplanten Geländeprofilierung nebst grafischen Darstellungen zur Unterstützung der räumlichen Vorstellung ist dabei wichtig. Das Ergebnis ist eine Plansammlung aus lauter kleinen Bausteinen, vergleichbar von Puzzleteilchen, die in der Summe das gesamte Bild, den naturnahen Spiel- und Begegnungsraum für alle Generationen ergeben. Man kann bei dieser Methode davon ausgehen, dass bis zu hundert Menschen, aufgeteilt in lauter kleine Baugruppen, zeitgleich verschiedene Bausteine herstellen und am Ende der Wochenendaktion das Gesamtkonzept realisiert ist.

Auch die Bauleitung für ein Bürgerbeteiligungsmodell ist mit herkömmlichen Bauleitungen, die in Vergabe erfolgen, nicht vergleichbar. Es werden dabei besondere Kompetenzen abverlangt. Das betrifft, wie bei der bekannten Objektüberwachung auch, zuerst einmal fachliche Kompetenz zu allen Baufragen, die im Landschaftsbau für naturnah gestaltete Freiräume gelten. Zudem müssen die BauleiterInnen aber auch noch in der Lage sein, eine Vielzahl von meist hoch motivierten Menschen, die mehrheitlich keine Baufachleute sind, sinnvoll zu koordinieren und zu beschäftigen, ohne dass nennenswerte Leerläufe entstehen. Man kann davon ausgehen, dass zeitgleich und parallel bis zu zwanzig verschiedene Bausteine an den verschiedensten Standorten der Freianlage entstehen. Alle müssen fachlich angeleitet und die Bauergebnisse ständig kontrolliert werden. Großes Augenmerk wird dabei auf die fachliche und bautechnische Ausführung sowie die gültigen DIN-Vorgaben gerichtet. Innerhalb einer solchen „chinesischen Baustelle" bewegen sich zudem Baumaschinen. Diese erledigen die schweren Arbeiten und sind gleichfalls zu koordinieren. Dann sind auf der Baustelle auch Kinder als HelferInnen erwünscht. Sie bedürfen einer besonderen Betreuung, was die Verkehrssicherungspflicht anbelangt, was übrigens auch für die erwachsenen HelferInnen gilt.

Zudem ist die Baustelle so zu steuern, dass das anvisierte Ziel, nach zwei Bautagen auch fertig zu sein, erreicht wird. Ein weiterer hoher Leistungsdruck.

Neben diesen komplexen und nervenaufreibenden Aufgaben hat die Bauleitung auch noch dafür zu sorgen, dass die Stimmung und Motivation erhalten bleibt. Manchmal genügt eine kleine Unaufmerksamkeit. Wenn man zum Beispiel übersieht, dass eine oder mehrere Personen mit der gestellten Aufgabe überfordert wurden oder zu lange auf Informationen bzw. Baumaterial warten müssen, um ihre angewiesene Arbeit erledigen zu können, stellt sich sehr schnell Frustration ein. Das sollte guten und geschulten BauleiterInnen nicht passieren. Selbst Baufachleute behaupten, dass diese Vorgehensweise mit so genannten Laien in einer so kurzen Zeit einfach utopisch ist. Dass es trotzdem geht, wissen wir aus persönlicher Erfahrung.

Die Praxis erbringt den Beweis. In den letzten 15 Jahren wurde das beschriebene Bürgerbeteiligungsmodell hundertfach in Deutschland und dem benachbarten europäischen Ausland umgesetzt. Voraussetzung war jedoch, sich akribisch an die Bedingungen zu halten und zu gewährleisten, dass zwei fachlich ausgebildete BauleiterInnen zur Verfügung standen. Nahezu überall, wo Bürgerbeteiligungsmodelle zugelassen wurden, waren diese Bürgerbaustellen immer auch Feste der Begegnung von Jung und Alt.

Zu diesem Thema siehe auch: Kapitel 6, 4. Dia-Schau: „Das Bürgerbeteiligungsmodell"

Öffentlichkeitsarbeit

Wünschen wir uns bei der Planung und dem Bau eines naturnahen Spiel- und Begegnungsraumes für alle Generationen ein Fest der Begegnung im Ort oder Stadtteil, beachten wir auch die Zielsetzungen der Agenda 21. Von daher sollte ein Bürgerbeteiligungsmodell bei allen Partizipationsschritten auch öffentlich bekannt gemacht werden. Entsprechend ist in Absprache mit der Verwaltung und dem politischen Raum umfassend Transparenz zu den Medien herzustellen. Sie werden es sein, die das Neugierverhalten der Menschen außerhalb des Projektverlaufes maßgeblich beeinflussen. Dadurch kann die Bereitschaft zur aktiven Teilnahme ganz wesentlich verstärkt werden. Projekte, bei denen sich so viele Menschen engagieren, werden von den Medien gerne aufgegriffen. Interessant ist auch, dass sich so manche Sponsoren für das Projekt finden lassen. Es empfiehlt sich daher, das Bürgerprojekt bereits in einer frühen Phase zu dokumentieren und entsprechende Pressetexte mit verkleinertem Plan und beispielhaften Fotos vorzubereiten.

Textbeispiel für geplante Presseveröffentlichungen

Die Stadt H. geht neue Wege bei der künftigen Spiel- und Freiraumgestaltung. Alle politischen Gremien und die Stadtverwaltung wollen dabei aufzeigen, dass die Zielsetzungen von noch mehr Bürgernähe im Rahmen der Agenda 21 ernst genommen werden. An der Schwelle ins 21. Jahrhundert soll ein ganz besonderes Projekt aufzeigen, wie man in H. zukunftssichernde und richtungsweisende Impulse im Rahmen von Freiraumplanung leisten kann. Der Schwerpunkt liegt dabei im generationsübergreifenden sowie ökologisch orientierten Ansatz.

Bedeutsam ist aber auch die neue Vorgehensweise in der Planung und Umsetzung. Aktiv sollen möglichst viele interessierte Bürgerinnen und Bürger, auch Kinder und Jugendliche, Schulen und Kindertagesstätten, Vereine, Kirchengemeinden, heimische Unternehmen und neben der Stadtverwaltung auch die politischen Gremien eingebunden werden. Geplant sind Informationsveranstaltungen und örtlich geführte Gespräche im Einzugsgebiet. Das Konzept wird vom Bauverwaltungsamt (Frau G.) und der bundesweit bekannten „Forschungsstelle für Frei- und Spielraumplanung (FFS)" gesteuert und koordiniert.

Interessant und für die Stadt H. neu ist das methodische Vorgehen bei der Umsetzung. Nach der FFS-Methode sollen mehrere Bauabschnitte nicht durch Unternehmen, sondern im Rahmen von zwei Bürgeraktionen unter fachlicher Anleitung als Wochenendaktionen erfolgen. Jung und Alt sind somit aufgerufen, sich aktiv daran zu beteiligen. Wir wollen möglichst viele Kompetenzen nutzen. Fachliche Kenntnisse aus dem Baufach sind nicht notwendig. Geplant ist ein „Fest der Begegnung" und wir werben dadurch auch bei diesem Bürgerprojekt für „mehr Mitmenschlichkeit, Respekt und Toleranz untereinander". Die Projektziele können im Rathaus eingesehen werden. Man findet dort einen Plan mit Objektbeschreibung und kann seine Meinung und weitere Vorschläge einbringen. Eine Kurzfassung mit verkleinertem Plan wird allen interessierten Menschen gerne auch zur intensiveren Beschäftigung übergeben.

In der Folgezeit wird das Bürgerprojekt abschnittsweise wöchentlich veröffentlicht. Jeder Baustein wird dabei genauer beschrieben und die Zielsetzungen erläutert. Vor der eigentlichen Bauphase wird noch rechtzeitig bekannt gegeben, bei wem man seine aktive Teilnahme ankündigen kann. Auch die Informationsveranstaltungen werden rechtzeitig bekannt gegeben. Wir bitten bereits jetzt um zahlreiches Erscheinen und um eine konstruktive und angeregte Diskussion. Danke.

In jedem veröffentlichten Textbeitrag finden Kinder bis 10 Jahre eine Grafik zum Sammeln und Ausmalen. Am Ende wird ein kleines Projektbuch entstanden sein, sofern man immer fleißig ausgeschnitten, aufgeklebt und ausgemalt hat. Alle Kinderarbeiten werden anschließend ausgestellt und nehmen an einer Verlosung teil. Den Hauptpreis geben wir noch bekannt. Im Moment handelt es sich um ein Geheimnis, das wir streng hüten werden, um die Spannung zu erhöhen. Doch schon jetzt dürfen wir versprechen, dass sich das Mitmachen lohnen wird.

Wer Lust hat, kann heute damit beginnen. Ihr braucht nur das nachfolgende erste Bild auszumalen, auszuschneiden und auf ein Blatt zu kleben. Vielleicht habt ihr auch Freude daran, etwas zu dem von euch gestalteten Bild zu schreiben. Bestimmt helfen eure Eltern dabei. Wichtig ist nur, dass ihr alle Bilder anschließend gut aufbewahrt und am Schluss zu einem Projektbuch gestaltet. Wir wünschen euch viel Freude und Spaß, denn auch das hat mit Bürgerbeteiligung zu tun. Kinder sind für uns die Zukunftsgeneration!

Wenngleich es selbstverständlich sein sollte, alle Planungsschritte mit der zuständigen Verwaltung zuerst abzustimmen, soll auf diesen Sachverhalt auch noch einmal besonders eingegangen werden. Die zuständige Verwaltung muss genau wissen und stets informiert sein, was in den einzelnen Leistungsphasen geplant ist und wann diese wo durchgeführt werden. Man möchte teilhaben können. Das gilt insbesondere für den politischen Raum.

Haben wir im Rahmen einer Planerrunde, bei der auch VertreterInnen des zuständigen Fachamtes mit eingeladen und zur Mitarbeit angeregt werden sollten, das Freiraumkonzept entwickelt, sollten wir keinesfalls den Fehler begehen, vor dem Abgleichen mit dem Fachamt und politischen Raum an die Öffentlichkeit zu gehen. Wer solche Spielregeln missachtet, wird scheitern. Erst wenn dort Konsens hergestellt ist und man das OK für die nun folgende Öffentlichkeitsarbeit erhalten hat, können die weiteren Planungsschritte folgen. Es sollte immer klar sein, dass die Auftraggeber nicht die BürgerInnen sind, sondern deren politische Vertretung bzw. die Verwaltung. Auf diesen Sachverhalt sollte man bereits in der Planerrunde hinweisen und um Verständnis bitten.

Nachbetreuung, Pflege und Wartung

Wer sich als Entscheidungsträger für ein naturnahes Konzept entscheidet, sollte wissen, dass diese Konzeptionen keinesfalls mehr kosten als Gerätespielplatzkonzeptionen. Ganz im Gegenteil! Durch die verschiedenen und möglichen Verfahrensweisen, insbesondere der Chance, Bürgerbeteiligungsmodelle einbinden zu können, werden Kosten in Höhe von bis zu 40 Prozent eingespart.
Ähnlich verhält es sich auch bei der künftigen Pflege und Wartung, sofern das begonnene Bürgerbeteiligungsmodell weiter geführt und als fester Bestandteil einer bürgernahen Politik verstanden wird.
Dieser Ansatz muss jedoch frei von ökonomischen Sachzwängen erfolgen und ehrlich gemeint sein. Schnell merken die Menschen, denen man nicht dauerhaft und vertrauensvoll begegnet, dass es andere Gründe waren, warum man sie zu einer solchen Aktion missbrauchte. Das Projekt wird spätestens nach der Realisierung scheitern.

Wird eine Patenschaft für die Freianlage gewünscht, muss man den BürgerInnen am Anfang die Sorgen nehmen, dass sie dabei alleine gelassen werden könnten, sondern jederzeit Hilfe bekommen, sofern sie das wünschen. Dazu bedarf es einer gewissen Nachbetreuung und klar definierter Aufgabenstellungen.
Im Kindergarten und Schulbereich gilt Ähnliches. In der Regel wird dort der naturnahe Freiraum auch in das pädagogische Konzept integriert, was automatisch auch Pflege und Wartung beinhaltet. Um diese Aufgaben erledigen zu können, die eher pädagogisch orientiert sind, müssen die jeweiligen Kinderhäuser materiell in die Lage versetzt werden, sich auch das notwendige Werkzeug beschaffen zu können. Vorrangig werden einige Schubkarren, Gartengeräte und ein bis zwei Handrasenmäher gebraucht, zudem eine Möglichkeit, diese Gerätschaften auch lagern zu können. Da bereits in den entsprechenden Vorkapiteln zu den jeweiligen pädagogischen Konzepten ausführliche Darstellungen erfolgten, braucht man hier nicht noch einmal darauf einzugehen.
Bei allen naturnahen Konzepten ist jedoch festzustellen, dass ihr Erscheinungsbild, auch wenn die Pflege und Wartung noch so intensiv betrieben werden, nicht zu englischem, sattgrünem Rasen führt. Der heimischen Natur (in Form von Wildkräutern) wird dort Raum gegeben, und die Kinder dürfen, ja sollen an diesen Orten auch verändern dürfen. Demnach handelt es sich im Naturspielraum um einen anderen Ordnungssinn, der sich weniger an der Erwachsenenästhetik und den mit Friedhofsgehölzen gestalteten Hausgärten orientiert, sondern vielmehr an der heimischen Natur mit ihren Wundern, die uns, wenn wir uns darauf einlassen, wieder staunen lassen.

Zu diesem Thema siehe auch:
Kapitel 6, 5. Dia-Schau:
„Nachbetreuung, Pflege, Wartung"

Kapitel 7

Das Bauwochenende – Die FFS-Methode

Der Countdown läuft!

Alle planerischen Vorbereitungen für das Bauwochenende sind längst abgeschlossen, die Haushaltsmittel bereit gestellt und die Aufträge zur Lieferung der Materialien vergeben. Auch das Bauwochenende ist inzwischen festgelegt und die Zulieferer wissen, dass sie spätestens bis Freitagmorgen das Material komplett bei der Bürgerbaustelle abgeliefert haben müssen.

Was noch nicht eindeutig geklärt werden konnte, ist die aktive Bürgerbeteiligung. Um ganz sicher zu gehen, dass auch ausreichend Aktive kommen werden, wird noch einmal eine Informationsveranstaltung anberaumt, bei der das Bürgerprojekt erneut vorgestellt und die Herausforderungen und geplanten Bauabläufe genauer erklärt werden. Damit man für diese Veranstaltung gut vorbereitet ist und nichts vergisst, geht man noch einmal die entsprechenden Checklisten durch.

Bei dieser Veranstaltung wird eine weitere Bürgerinformation verteilt, die noch einmal über das Vorhaben, die Termine usw. informiert und eine Teilnahmebestätigung enthält, die die BürgerInnen sofort ausfüllen oder zu einem späteren Zeitpunkt abgeben können. Wichtig dabei ist die Adresse anzugeben, an welche diese Teilnahmebestätigung geschickt oder gebracht werden soll, sofern die Entscheidung nicht gleich getroffen werden kann. Diese Teilnahmebestätigung sollte zeitlich variabel aufgebaut sein, da nicht alle HelferInnen zwei ganze Tage Zeit haben werden. Auch eine Bauwerkzeugliste sollte ausgegeben werden, denn das Bürgerprojekt braucht eine Menge an Arbeitsgeräten, die oftmals über diesen Weg organisiert werden können. So können die BürgerInnen angeben, was sie zur Verfügung stellen bzw. mit auf die Baustelle bringen können.

Wird für diese Informationsveranstaltung zuvor über Mund-zu-Mund-Propaganda (z. B. in den Schulen, Kindergärten, Kirchengemeinden und Vereinen) und genug Werbung gemacht, ist mit einem vollen Haus zu rechnen. Unterstützt wird diese Aktion noch durch Plakatwerbung in den Geschäften, mit Handzetteln und geeigneten Medienberichten. Hat man dann auch noch einen Referenten oder eine Referentin angekündigt, die zur Frage der kindlichen Entwicklung kompetente Aussagen treffen kann und sich dabei auf die Inhalte des Bürgerprojektes bezieht, dürfte ausreichend dafür gesorgt sein, dass die Bürgerbaustelle zu einem Fest der Begegnung wird.

Nach der Informationsveranstaltung sind noch maximal zwei bis drei Wochen Zeit, um irgendwelche Dinge zu klären oder zu beschaffen. Daher ist es nun ratsam, sich die Checkliste vorzunehmen, welche genau angibt, was alles für das Projektwochenende zu bedenken ist. Das ist eine ganze Menge Arbeit, die hoffentlich niemand allein bewerkstelligen will. Hierfür wurde lange zuvor ein Projektteam gebildet, das diese Aufgaben auf mehrere Schultern verteilt. Trotzdem ist die Kontrolle wichtig. Es wird am besten eine Teamsitzung einberufen, bei der alle berichten, wie weit sie mit ihren Aufgaben gekommen sind und wo sie gegebenenfalls noch Hilfe brauchen.

Musterblätter für eine Bürgerinformation mit Teilnahmebestätigung, Checklisten (Bürgerversammlung, Aktionswochenende, Nachbereitung), Bauwerkzeugliste, finden Sie unter:
Kapitel 7,
1. Textbaustein: „Bürgerinfo-Blatt"
2. Textbaustein: Checklisten

Jetzt geht's los!

1. Tag: Freitag

Endlich ist der lang ersehnte Freitag, der erste Tag des Bauwochenendes gekommen. Für die Verantwortlichen war möglicherweise die Nacht eher unruhig. Hoffentlich wird alles wie geplant gelingen. Bestimmt wurde irgendetwas Entscheidendes doch vergessen! Werden wohl genügend Leute mithelfen? Der Wetterbericht hat ja nicht gerade strahlenden Sonnenschein vorausgesagt. Wer soll diese Mengen von abgelagertem Baumaterial an nur zwei Tagen wegschaffen und verbauen? Die Fachleute am Ort, Nachbarn, Bauunternehmen, alles kluge Leute, hatten in letzter Zeit viel über das Projekt gelacht und ihre großen Bedenken angemeldet. Hatten sie vielleicht doch Recht?

So oder ähnlich geht es manchen ErzieherInnen im Kindergarten, die den Mut hatten, sich mit dieser Aufgabe steuernd zu befassen.

Morgens zwischen 7.00 Uhr und 7.30 Uhr haben sich die Bauleiter angekündigt. Auf diese Zeit wurden auch die Baumaschinen mit Fahrern bestellt. Beide, die Bauleiter und die Baumaschinenführer, waren pünktlich zur Stelle.

Kurze Vorstellung, eine Umarmung und schon geht es auf der Baustelle los. Der eine Bauleiter beginnt auszumessen und mit der Spraydose Flächen zu markieren, während der andere die Baumaschinenführer instruiert und einweist. Es ist keine halbe Stunde vergangen, bis die ersten Erdarbeiten beginnen. Riesige

Löcher entstehen. Erdmaterial wird auf die Seiten gekippt, und erste Gräben werden gezogen. Der Baulärm scheint die ersten HelferInnen anzulocken. Manche kommen bereits kurz nach 8.00 Uhr, obwohl die offizielle Bürgerbaustelle erst um 9.00 Uhr beginnt, um sofort mitzuhelfen. So, als ob man nur ein Zeichen gegeben hätte, kommt der Transportwagen der Spielgeräte und der Ausstattungsgegenstände angefahren. Auch die Pflanzen sind plötzlich da. Beide waren zuvor genau auf diese Lieferzeit terminiert, was den früher gekommenen HelferInnen die Möglichkeit gibt, beim Abladen und Sortieren zu helfen. Einer der beiden Bauleiter leitet dabei an und verteilt auch erste Montageaufgaben. Bis 9.00 Uhr hat sich die Bürgerbaustelle bereits gefüllt. Von den über 60 verbindlichen Anmeldungen hatten bereits die ersten 20 Wort gehalten. Es sind überwiegend Frauen, da die Männer mehrheitlich noch anderweitig arbeiten müssen.

Plötzlich verstummt der Lärm. Alle Anwesenden werden zusammengetrommelt, und es findet eine allgemeine Begrüßung statt. Die gut gelaunten Bauleiter führen eine kurze Sicherheitsbelehrung durch und beginnen dann sofort mit den Aufgabenverteilungen, indem lauter Kleingruppen gebildet werden. Nach 15 Minuten ist es wieder mit der Ruhe vorbei.

Alle haben ihre spezielle Aufgabe. Die Baumaschinen machen wieder ihren höllischen Lärm, und innerhalb der Bürgerbaustelle herrscht reges Treiben. Einige der HelferInnen bauen nach speziellen, auch für Laien verständlichen Bauanleitungen Geräte zusammen. Andere montieren Dächer und sortieren Hölzer. Wieder andere sind in der Nähe der Baumaschinen beschäftigt und stechen mit dem Spaten Böschungen in Form oder beginnen erste Modellierungen anzulegen.

Neuankömmling werden jeweils kurz begrüßt und sofort in irgendeinem Teilbereich integriert. Es wird gegraben, modelliert, mit dem Erdbohrer die Löcher für die Einbauten und die Drainagen vorbereitet, Erlebnisflächen gebaut, Natursteine und Naturhölzer gesetzt, Sand, Kies und Rindenmulch gefahren und an den Stellen bereits gepflanzt, die weitgehend fertig gestellt wurden.

Alles verläuft zeitgleich. Überall sind die Bauleiter damit beschäftigt, die vielen Menschen anzuleiten und dabei auch noch die jeweiligen Abläufe zu koordinieren. Das alles auch noch im Beisein von Kindern, die an allen Stellen einmal mithelfen wollen.

So verrinnt die Zeit. Kaum jemand hat bemerkt, dass es bereits Mittag geworden ist. Zeit für eine Erholungspause. Die Baustelle beginnt nun zu ruhen, und alle HelferInnen nehmen das vorbereitete gemeinsame Mittagessen ein. Staunend stellen sie dabei fest, dass bereits viele Aufgaben erledigt werden konnten. Doch auf der Bürgerbaustelle sieht es aus, als ob Tausende von Wühlmäusen und Maulwürfen am Werk gewesen seien. Überall blanker Boden mit Löchern. Erdhaufen, über die man kaum noch hinwegsehen kann, und immer noch liegen die Baumaterialien na-

hezu unberührt am Materiallagerplatz. Doch die Stimmung ist blendend, auch wenn die meisten bereits ihre Knochen spüren, von deren Existenz sie zuvor nichts ahnten!

Gesättigt und noch leicht verschwitzt beginnt die zweite Arbeitsrunde. Inzwischen sind noch weitere HelferInnen eingetroffen. Jetzt, am Freitagnachmittag, stehen über 50 Personen zur Verfügung.

Das Tempo beschleunigt sich und am Abend des ersten Bautages ist bereits zu erahnen, wie das künftige naturnahe Freigelände aussehen soll. Bereits jetzt ist es schwierig, sich noch den ursprünglichen Zustand vorstellen zu können. Zu viel wurde bereits verändert und neu gebaut. Zeit für eine weitere Ruhepause, auch wenn es etwas später geworden ist als geplant. Doch alle wollen ihren Baustein noch zu einem Abschluss bringen und da und dort noch mithelfen. Abends beim Bier wird dann in größeren und kleineren Runden darüber geredet, wie toll diese Erfahrung war und was man alles geleistet hat. Menschen sind ganz eng zusammengerückt. Erste Freundschaften wurden geschlossen.

2. Tag: Samstag

Auch am zweiten Bautag, dem Samstag, verläuft es auf der Baustelle wie am Freitag. Noch mehr HelferInnen sind nun anwesend. Wieder wird gehämmert, geschraubt, gegraben, eingebaut und gepflanzt. Ständig liefern die Baumaschinen Material an, das es zu verteilen und zu verbauen gilt. Was noch am Freitag außerhalb lag, ist jetzt weitgehend verbaut.

Aus der ehemaligen Fläche sind längst Räume geworden. Überall ist etwas zu bestaunen. Die frisch gesetzten Pflanzen, gleich groß und als Ballenware ausgesucht, geben dem naturnahen Freigelände ein prägendes Gesicht. Geprägt sind aber inzwischen auch die Gesichter der Menschen, wenngleich die Augen wie funkelnde Sterne leuchten. Bei vielen wird der Gang langsamer und sie gehen gebückt. Doch aufgeben will niemand. Alle wollen das Ziel erreichen und miterleben, dass die Bauleitung bekannt gibt, dass alle vorgesehenen Arbeiten auch bei dieser Bürgerbaustelle geschafft wurden.

Endlich kommt der ersehnte Hinweis. Man trifft sich, bekommt von allen Seiten Lob und beginnt zu feiern. Längst haben die ersten Kinder das naturnahe Freigelände an den Stellen erobert, wo es keine Absperrungen mehr gibt. Sie sind dabei kaum zu halten und spielen erstaunlich ruhig und entdeckend mit den anderen Kindern. Es ist eine Freude, sie dabei zu beobachten, auch wenn sie völlig verdreckt kaum noch voneinander zu unterscheiden sind. Die Eltern sehen das plötzlich gelassen. Haben die Kinder doch den ganzen Tag mit gebaut.

Längst ist die Nacht hereingebrochen. Noch ist ein harter Kern beisammen. Erste Regeln der Aufsicht werden vereinbart und über diejenigen hergezogen, die das Fest der Begegnung nicht mitgemacht haben. Irgendwo steht eine kleine Gruppe von Frauen und Männern zusammen. Es ist die Projektleitung, die zuvor die ganze Verantwortung für die Vorbereitungen getragen hat. Sie können es kaum glauben, dass alles so gut, so schön und ohne Unfälle funktioniert hat. Selbst der Rasen wurde noch eingesät und das ganze Bauwerkzeug wieder gereinigt. Sie könnten vor lauter Freude weinen. Diese Aussagen hören die Bauleiter bei der Verabschiedung häufig. Doch sie müssen wieder heim, auch wenn sie an diesen beiden Tagen Freunde gefunden haben.

3. Tag: Sonntag

Der Sonntag nach dem Bauwochenende dient der Erholung, auch wenn Einige es sicherlich nicht lassen können, an diesem Tag noch einmal auf die Baustelle zu gehen und das gemeinsam geschaffene Werk zu bewundern. Man wird feststellen, dass viele Menschen dort anzutreffen sind. Häufig sind es die ehemaligen Zweifler, die jedoch nun nicht mehr hinter dem Berg halten und voll des Lobes sind. Für das Projektteam ist die Arbeit jedoch noch nicht zu Ende. In den Folgetagen müssen noch einige Arbeiten im Büro erledigt werden. Damit auch dabei nichts verloren geht, orientiert man sich an einer zuvor erarbeiteten Checkliste.

Zu diesem Thema siehe auch:
Kapitel 7, 2. Textbaustein: Checklisten, 3. Nachbereitung

Was ist passiert und wie geht es weiter?

Eines ist sicher. Das Bürgerprojekt als Wochenendaktion hat bei vielen Menschen etwas verändert. Das ist umso erstaunlicher, als man für diesen Prozess nur zwei Tage benötigt hat. Der Grund liegt in der emotional tief und stark erlebten Gemeinschaftsaktion. Zusammen wurde eine Aufgabe bewältigt, an die zuvor kaum jemand wirklich geglaubt hat. Aus einer unstrukturierten Fläche ist ein naturnaher Raum entstanden. Und das von Personen, die nicht täglich mit Schippe und Schaufel umgehen und die meisten davon zuvor in ihrem Leben noch keinen Pflasterstein verlegt haben. Man hat an den beiden Tagen Menschen einmal anders erlebt. Alle zusammen waren eine große Solidargemeinschaft. Niemand war mehr oder weniger als der andere. Alle waren gleichwertig. Egal was und wie viel jemand gearbeitet und geleistet hat. Niemand wurde besonders hervorgehoben. Alle haben das „Du" auf der Baustelle akzeptiert. Den Menschen erwuchs eine andere Gesinnung. Sie waren mit einem Mal geprägt von mehr Miteinander, Toleranz und Respekt voreinander. Das ist in jedem Falle passiert.

Die Bauleitung unterliegt einer enormen Anspannung. Trotzdem sollten die BauleiterInnen stets gute Laune verbreiten und dabei jeder Aufgabe gewachsen sein, auch wenn sie noch so kompliziert und unlösbar erscheint!

Geändert hat sich aber auch das Bewusstsein gegenüber den Kindern. Für sie wurde vorrangig der naturnahe Spielbereich gebaut. Da sie tatkräftig und hoch motiviert mitgeholfen haben, wurden sie einmal losgelöst vom Alltag und völlig anders erlebt. Auch die Kinder haben an diesen beiden Bautagen ihre Eltern und andere Erwachsene anders erlebt als gewohnt. Das hat prägende Einflüsse auf die Zwerge. Wenngleich keine Wirkungsanalysen aus dem öffentlichen Bereich vorliegen, die bestätigen, dass das veränderte Bewusstsein lange Zeit anhält, so kann man doch davon ausgehen, dass es mit dem veränderten Verhalten der Eltern im Kindergarten und Schulbereich vergleichbar ist. Von dort wird nahezu überall berichtet, dass sich Einstellungen zu Gunsten der Kinder und der Einrichtung ganz wesentlich geändert haben und auch die Erziehung zu Hause dadurch nun kooperativer verläuft. Berichtet wird aber auch von den Kinderhäusern, dass sich das Spiel der Kinder deutlich positiv und wünschenswert verändert hat. Auch bei den neuen Kindern, die das Bauwochenende selbst nicht mit erlebt haben. Sie spielen ruhiger und kaum noch aggressiv, entdeckender, fantasievoller, sozial verträglicher und sind nun voller Neugier. Ihr Erlebnis- und Abenteuerdrang, gemeinsam mit anderen Kindern, ist nahezu unerschöpflich. Spielzeug wird kaum noch gebraucht. Die Natur wurde zu ihrem Lehrmeister und das in einer scheinbar risikoreichen Umgebung. Interessant ist jedoch, dass innerhalb dieser Spielumgebung die Unfallhäufigkeit zurückgegangen ist. Bestätigt wird das übrigens auch vom Dachverband der Unfallversicherungsträger.

Was die Kinder jedoch brauchen ist Anleitung. Sie stellen nun mehr Fragen als zuvor. Darauf muss man Antworten geben. Das wiederum setzt die Bereitschaft der Erwachsenen voraus, mit den Kindern zu lernen, denn viele einfache Fragen, die sich aus dem naturnahen Spielraum ergeben, können wir heute nicht mehr beantworten. Damit schließt sich der Kreislauf. Wir werden durch unsere Kinder angeregt, uns wieder mit einfachen, auch für uns überschaubaren Dingen zu beschäftigen. Dadurch lehrt man uns, Naturzusammenhänge besser zu begreifen und dass wir selbst Teil der Natur sind, die wir brauchen und künftig mehr Wert schätzen sollten.

Eine kleine Video-Dokumentation eines Bauwochenendes finden Sie auf der CD-ROM unter:
Kapitel 2, 3. Textbaustein: Der Naturkindergarten als Chance, Erfahrungsberichte aus der Praxis, Kindergarten Schwalbennest, Videosequenz

Kapitel 8

Ausblicke

Angefangen hatte alles im Jahre 1979. Der heutige Leiter der FFS begann mit seiner wissenschaftlichen Arbeit und verfolgte dabei das Ziel, eine Spielplatzkonzeption für den öffentlichen Raum Baden-Württembergs zu entwerfen. Bereits nach ganz kurzer Zeit wurde der Begriff „Spielplatz" gegen „Spielraum" ausgetauscht und die Konzeption auf ganz Deutschland ausgeweitet. Gleich mehrere Aspekte mussten völlig neu überdacht und völlig neu gefasst werden. Er erkannte, dass Spielraumplanung mehr ist als nur ein Angebot für Kinderspiele. Jahrelange Recherchen, Spielplatzanalysen, Suchen nach Hintergründen, warum sich die Kinderspielplatzsituation in Deutschland und in anderen benachbarten Industrieländern so unbefriedigend entwickelt hat, sowie das Selektieren der damals eher spärlichen praxisorientierten Literatur folgten. 1990 lernte er seine heutige Frau, Christina Seeger kennen. Sie kam aus dem Baufach und bereicherte sofort und bis heute die inzwischen bekannt gewordene naturnahe Freiraumkonzeption. Das gilt inzwischen auch für das in dieser Zeit entstandene FFS-Team, welches sich interdisziplinär zusammensetzt und immer noch daran arbeitet, neue Impulse für Freiraumkonzepte zu entwickeln, in der Praxis zu erproben und dabei nach Wegen sucht, nicht nur Menschen in diese Konzeptionen einzubinden, sondern dabei auch weitere Freiräume definiert, über die man bisher im Rahmen der Diskussion über naturnahe Konzeptionen noch nicht ausreichend nachdachte.

Naturnahe Kindergarten- und Kindertagesstättenbereiche, Hortbereich, Schulpausenhöfe, öffentliche Spielbereiche waren lange Zeit die einzigen Betätigungsfelder der „Forschungsstelle für Spielraumplanung (FFS)". Aus dieser Zeit begründet sich auch die Firmierung. Doch längst plant und berät sie auch in anderen Bereichen. Seit längerem werden ganze Städte betrachtet und die Spielraumsituation nach Spielwert und DIN-Bestimmungen untersucht. Über Spielraumentwicklungspläne werden Vorschläge ausgearbeitet, wie mittel- und langfristig eine kinder- und familienfreundlichere Stadt oder Gemeinde entstehen kann.

Innerhalb dieser vernetzten Konzeption werden auch die Spiel- und Begegnungsräume der Wohnungswirtschaft betrachtet. Das wiederum führte zu neuen Kontakten und der Aufgabenstellung, auch naturnahe Freiraumkonzeptionen für den sozialen Wohnungsbau sowie für soziale Brennpunktgebiete zu entwickeln und umzusetzen. Hierfür wurde ein eigenes, an den bisherigen Erfahrungen angelehntes Verfahren entwickelt, das auch ein Wohnbereichsmanagement und Projektsteuerung einschließt. Zunehmend wird man beim sozialen Wohnungsbau auf diese Vorgehensweise aufmerksam, da sich dadurch bereits nach kurzer Zeit eine Menge der bisher bekannten Problemfelder entschärfen lassen.

Auch der Bewusstwerdungsprozess über die Agenda 21 bei Städten und Gemeinden brachte die Erkenntnis, dass sich naturnahe Spiel- und Begegnungsräume für alle Generationen und die Methode der Umsetzung im Rahmen von Bürgerbeteiligungsmodellen besonders eigenen, innerhalb der jeweiligen Kommunen einen solchen Prozess in Gang setzen zu können. Es wurde allen an diesem Prozess Beteiligten sofort deutlich, dass es sich hier um eine Möglichkeit handelt, welche alle Zielvorgaben einer Lokalen Agenda 21 in sich vereint. So kam es auch über diesen Kreis von weltoffenen Menschen zu einer weiteren Multiplikation der naturnahen Konzepte, die jetzt auch Wohnumfeldverbesserungen, Dorferneuerungsprogramme und Spielbrunnen für innerstädtische Bereiche einschloss.

Im Rahmen der Entwicklung eines Agenda-21-Prozesses für die Campingwirtschaft wurde man zur Mitarbeit aufgefordert. Kurze Zeit danach konnte man auch für diese Tourismusbranche erste Modellvorhaben und danach Konzeptionen vorlegen. Waren es zu Beginn Einzelplanungen für Teilbereiche, gibt es heute gleich mehrere Innovationsbeiträge für ganze Campingparks, die künftig unter den Begriffen „Kinder- und Familienfreundlichkeit und Ökologie" für ihr Unternehmen werben können. Der ADAC e.V. hat sich zwischenzeitlich voll hinter diese „etwas andere Konzeption" für die Campingwirtschaft gestellt.

Auch das europäische Ausland wurde inzwischen auf das naturnahe Konzept aufmerksam, wenngleich diese Länder erst ganz am Anfang mit der Auseinandersetzung mit naturnahen Konzeptionen stehen. Begonnen haben damit „deutsche Schulen" und „deutsche Kindergärten". Von diesen Institutionen wird der naturnahe Gedanke derzeit weitergetragen. In Frankreich, Spanien, Italien, Belgien, Polen und Tschechien wurden bereits erste Projekte dieser Art und Methode realisiert. In der Schweiz und Österreich, aber auch in Schweden, Dänemark und Großbritannien gibt es seit vielen Jahren Gruppen, die sich darum bemühen, gleichfalls den naturnahen Ansatz weiter zu verbreiten. Das gilt auch für Deutschland selbst. Außer dem Team der FFS arbeiten viele PlanerInnen und Organisationen daran, den Kindern eine lebenswertere Umwelt zu schaffen. Wenngleich das methodische Vorgehen ein anderes ist, darf doch betont werden, dass alle zusammen sehr engagiert an der Verwirklichung der Ziele der Agenda 21 arbeiten. Wir und sie alle hoffen, dass das Handbuch auch dazu dient, noch weniger informierten PlanerInnen Impulse zu geben, sich künftig dem naturnahen Ansatz stärker nähern zu wollen. Das, weil unsere urbanen Räume den heutigen Kindern wenig Spielraum lassen für kreatives und sinnlich anregendes Kinderspiel.
Übrigens:

Kinder sind unsere Zukunftsgeneration!

Anhang

Literaturverzeichnis

ADAC e.V. (Hrsg.): Familiengerechte Ferienorte. Eine Planungshilfe für Ferienorte und Beherbergungsbetriebe. Aus: Büro für Sozial- und Freizeitforschung Braunschweig. München 1987.

Arbeitskreis Außengelände. Amt für soziale Arbeit der Landeshauptstadt Wiesbaden. Abteilung Kindertagesstätten (Hrsg.): Komm wir bauen uns ein Weidenhaus. Die Gestaltung von Außenspielräumen mit Weiden. Erstellt von Siegrid Günther. 2. Auflage. Wiesbaden 1996.

Architektenkammer Hessen (Hrsg.): Honorarordnung für Architekten und Ingenieure (HOAI) in der ab 01. Januar 1996 gültigen Fassung. Textausgabe. Wiesbaden 1996.

Bachmann, Rainer: Ökologische Außengestaltung in KinderGÄRTEN. Sonderausgabe für das Ministerium für Bildung, Jugend und Sport des Landes Brandenburg. Berlin 1994.

BAGUV (Hrsg.): Richtlinien für Kindergärten. Bau und Ausrüstung. 1990.

BAGUV (Hrsg.): Merkblatt Spielgeräte in Kindergärten. 1991.

Becker, Heinrich: Ekologická rekonstrukce materske skoly v Hartau / Zittau. In: euroeko (2000), Heft 1.

Berg, J.H., van den: Metabletica. Über die Wandlung des Menschen. Göttingen 1960.

Beuth Verlag (Hrsg.): DIN 18034. Erläuterungen. 1988.

Birmann-Dähne, Gerhild: Bärlauch und Judenkirsche. Heidelberg 1996.

Bundesministerium für Familie und Senioren (Hrsg.): Bundesgartenschau Cottbus 1995. Spielbereich „Eliaspark". Modellvorhaben. Meinungsumfrage August 1995 (unveröffentlicht). Bonn 1995.

Deutsche Shell (Hrsg.): Jugend 2000. Band 1 und 2. Opladen 2000.

Deutsches Institut für Gütesicherung und Kennzeichnung (Hrsg.): RAL e. V., Bornheimerstraße 180, Bonn.

DIN EN 18034. Beuth Verlag. Berlin 2000.

Dittrich, Gerhard G. (Hrsg.): Kinderspielplätze. Grundlagen, Analysen, empirische Befunde und Planungsempfehlungen. Stuttgart 1974.

Einsiedler, W.: Das Spiel der Kinder. Zur Pädagogik und Psychologie des Kinderspiels. 2. Auflage. Bad Heilbrunn 1994.

Erstes Gesetz zur Veränderung des Gesetzes über öffentliche Kinderspielplätze vom 2. Juni 1988. Berlin 1988.

Fellenberg, Günter: Lebensraum Stadt. Stuttgart 1991.

Forschungsstelle für Frei- und Spielraumplanung (FFS): Stichprobenuntersuchung an 1502 öffentlichen Spielplätzen in Ost- und Westdeutschland; 732 Kindergarten- und Kindertagesstättenfreibereichen; 191 Schulpausenhöfen an Grundschulen, die ein ausgewiesenes Spielangebot hatten; 148 als Bolzplätze ausgewiesenen Flächen. Hohenahr 1993 und 1994.

Franke, Almut: Spielraum anders begreifen. Die Bedeutung eines naturnahen Spielraumes für die ganzheitliche Entwicklung von Kindern im Kindergartenalter am Beispiel der Planung und Gestaltung eines naturnahen Außengeländes im Johannes-Kindergarten in Ibbenbüren-Laggenbeck (NRW). Diplomarbeit im Fach Erziehungswissenschaft. Universität zu Köln. Heilpädagogische Fakultät. Köln 2000.

Funke, Ursula: Blick in die Zukunft: Die wichtigsten Trends zur Jahrtausendwende. Paper eines Fachvortrages o. J.

Vgl. Blickenberger, H.: Kinder begreifen ihre Umwelt. Erfahrungen mit der Spiellandschaft Stadt. In: Ztschr. Spielraum. Heft 9/10, 1988.

Habermann Inge P.: Kinder müssen verunglücken. Reinbek b. Hamburg 1979.

Hart, R.: Childrens experience of place. New York 1979.

Hessisches Ministerium für Umwelt, Energie, Jugend, Familie und Gesundheit: Agenda 21. Global denken, lokal handeln. Unterwegs ... für eine liebenswerte Zukunft. 3. Auflage. Wiesbaden 1998.

Hessischer Gemeindeunfallversicherungsverband. Hessische Ausführungsbehörde für Unfallversicherer (Hrsg.): Mehr Sicherheit durch Bewegung. Frankfurt a. M. 1995.

Hollmann, Elisabeth und Hoppe, Jörg Reiner: Kinder-Gärten pädagogisch, architektonisch konzipieren und bauen. Materialien für die sozialpädagogische Praxis. Eigenverlag des Deutschen Vereins für öffentliche und private Fürsorge. Frankfurt a. M. 1994.

Kalberer, Marcel und Remann, Micky: Das Weidenbuch. Die Kunst, lebende Bauwerke zu gestalten. Aarau (CH) 1999.

Kalff, Michael: Handbuch zur Natur- und Umweltpädagogik. Tuningen 1997.

Karthee, R. u.a.: Freunde fürs Leben. In: Ztschr. Stern 39/1995.

Kinderhaus Pauline von Mallinkrodt (Hrsg.): Dokumentation zur naturnahen Spielraumplanung. Siegburg 1998.

Klug, Hans-Peter und Roth, Maria (Hrsg.): Spielräume für Kinder. Münster 1991.

Kükelhaus, Hugo: Fassen, Fühlen, Bilden. Organerfahrungen im Umgang mit Phänomenen. 6. Auflage. Köln 1991.

Kükelhaus, Hugo: Organismus und Technik. Gegen die Zerstörung der menschlichen Wahrnehmung. Olten 1971.

Kükelhaus, Hugo und zur Lippe R.: Entfaltung der Sinne. Ein „Erfahrungsfeld zur Bewegung und Besinnung. Frankfurt a. M. 1982.

Kultus und Unterricht. Amtsblatt des Ministeriums für Kultur und Sport Baden-Württemberg (Hrsg.): Bildungsplan für die Grundschule. Lehrplanheft 1/1994. Stuttgart 1994.

Kunz, Torsten: Weniger Unfälle durch Bewegung. Reihe Motorik, Band 14. Schorndorf 1993.

Landesnaturschutzverband Baden-Württemberg (Hrsg.): Wettbewerb: „GRÜN INTAKT statt Siedlungsgrau". Stuttgart 1995.

Magistrat der Stadt Frankfurt a. M. (Hrsg.): Grünhandbuch. Planungshilfen für Neubau und Umgestaltung von Außenanlagen an Kindertagesstätten. Frankfurt a. M. o. J.

Mitscherlich, Alexander: Die Unwirtlichkeit unserer Städte. Anstiftung zum Unfrieden. 15. Auflage. Frankfurt a. Ma. 1980.

Montessori, Maria: Kinder lernen schöpferisch. Die Grundgedanken für den Erziehungsalltag mit Kleinkindern. 7. Auflage. Freiburg 1999.

Muchow, M. und Muchow H. H.: Der Lebensraum des Großstadtkindes (Neuauflage). Bensheim 1980.

Naturschutz-Zentrum Hessen Projekt GmbH (Hrsg.): Weiden als Gestaltungselement naturnaher Spielräume für Kinder. Materialien der Umweltbildungsbörse. Heft 1. Wetzlar 1996.

Naturschutzzentrum NRW (Hrsg,): Natur-Kinder-Garten. Ein Materialheft für Kindergärten. Münster 1990.

Naturschutzzentrum NRW (Hrsg.): Natur-Spiel. Räume für Kinder. Eine Arbeitshilfe zur Gestaltung naturnaher Spielräume an Kindergärten und anderswo. 4. Auflage. Hamm 1993.

Nerger, Jutta: Alles mit Kräutern. Augsburg 1998.

Niemeyer-Lüllwitz, Adalbert: Arbeitsbuch Naturgarten. Ravensburg 1989.

Nohl, W.: Sreifräume statt Spielplätze. Zur Planung konvivaler Spielumwelten. In: Ztschr. Das Gartenamt. Heft 38, 1989.

Oberholzer, Alex und Lässer, Lore: Gärten für Kinder. Stuttgart 1991.

Otterstädt, H.: Untersuchungen über den Spielraum von Vorortkindern einer mittleren Stadt. In: Ztschr. Psychologische Rundschau. Heft 123, 1962.

Rand, Harry: Hundertwasser. Köln 1993.

Reicheis/Bydlinski: Luther Standing Bear „Weißt du, dass die Bäume reden?". Freiburg 1985.

Scheuerl, H. (Hrsg.): Das Spiel. Theorien des Spiels. Band 2. Weinheim 1991.

Seeger, Christina und Seeger Roland: Kostengünstige NATUR-SPIEL-RÄUME und die Umsetzung durch Bürgeraktionen. Spielraum für alle Generationen. Ein Praxisbuch für mehr Ökologie in Stadt und Land. Hohenahr 1996.

Seeger, Christina und Seeger, Roland: Pflanzen im Spielbereich. Hohenahr 1994

Seeger, Christina und Seeger, Roland: Kinder- und Jugendpartizipation (Freiraumplanung). Hohenahr 1999.

Seeger, Christina und Seeger, Roland: Argumente zu naturnahen Freiraumkonzeptionen für die Campingwirtschaft. Kreative Wege zu innovativen Angeboten für die Tourismusbranche. Hohenahr 1999.

Seeger, Christina und Seeger, Roland: Naturspielräume. In: Kinderzeit (1999), Heft 1.

Seeger Christina und Seeger, Roland: NATUR-SPIEL-RÄUME: Neues Konzept der Spiel- und Freiraumplanung für Kindergärten und Schulen. In: Bundesbaublatt (1998), Heft 9.

Seeger, Christina und Seeger, Roland: Ökologische Umgestaltung der Kindergärten in Bogatynia (PL) und Hradek (CZ). In: Euroeko (2000), Heft 1.

Seeger, Christina und Seeger, Roland: Gemeiner Löwenzahn. Taraxacum officinale. Anwendung in der Küche und ein Kochbuch für den Kindergarten und die Grundschule. Hohenahr 2000.

Seeger, Christina und Seeger, Roland: Schwarzer Holunder. Die Wiederentdeckung einer kulinarischen und heimischen Zauberpflanze. 90 interessante Holunderrezepte. Hohenahr 2000.

Seeger, Christina, Seeger, Roland und Berner, Dörthe: Die Brennnessel. Ein wehrhaftes Wildkraut als Gemüse. Kochrezepte, Geschichten und etwas Zauberei. Hohenahr 2000.

Seeger, Roland: Kindheitserinnerungen. Hohenahr 1996.

Steffen, Gabriele: Kindheits-Räume – Sonder Räume – Stadt-Räume. In: Zukunft für Kinder – Grundschule 2000. Bundesgrundschulkonferenz 1995 in Berlin. Seite 94 und 95. Frankfurt a. M. 1996.

Thomas, Inge: Bedingungen des Kinderspiels in der Stadt. Stuttgart 1979.

Vilmar, Fritz: Partizipation. In: Mickel, Wolfgang W. (Hrsg.): Handlexikon zur Politikwissenschaft. Bonn 1986.

Ward, Colin: Das Kind in der Stadt. Frankfurt a. M. 1978.

Walprecht, Dieter (Hrsg.): Verkehrsberuhigung in Gemeinden. Planung, Durchführung, Finanzierung, Rechtsfragen. Band 1. Köln 1983.

Witt, Reinhard: Naturoase Wildgarten. München 1992.

Witt, Reinhard und Dittrich, Bernd: Blumenwiesen. Anlage, Pflege, Praxisbeispiele mit Wiesenpflanzenlexikon. München 1996.

World Wide Fund For Nature, WWF Deutschland (Hrsg.): Natur-Schönheiten im Verborgenen. München 1989.

Württembergischer Fußballverband e. V. (Hrsg.): Familienfreundlicher Sportplatz. Grundlagen und Tipps zur zukunftsorientierten Gestaltung. Stuttgart 2000.

Zeitungsbericht: WNZ vom 19.08.1995.

Zimmer, Renate: Kinder brauchen Spielraum. In: Motorik (1993), Schwerpunkt: Spielräume für Kinder, Heft 1.

Zimmer, Renate: Handbuch der Sinneswahrnehmungen – Grundlagen einer ganzheitlichen Erziehung. 2. Auflage. Freiburg 1996.

Zimmer, Renate: Handbuch der Bewegungserziehung. 9. Auflage. Freiburg 1999.

Zimmer, Renate: Handbuch der Psychomotorik – Theorie und Praxis der psychomotorischen Förderung von Kindern. Freiburg 1999.

Lieferadressen für naturnahe Ausstattungen und Spielgeräte

(1) **Firma Rathschlag, Holzwerk Löhnberg**
35792 Löhnberg, Löhnberger Hütte 1
Tel. 06471 / 99090 – Fax: 06471 / 990930

(2) **SIK-Holzgestaltungs GmbH**
14913 Langenlipsdorf, Dorfstraße 54a
Tel. 033742 / 7990 – Fax: 033742 / 79920

Forschungsstelle für Frei- und Spielraumplanung

Naturnahe Konzeptionen

Beratungen · Planungen
Planerrunden · Bürgeraktionen
Gutachten · Seminare
Vorträge · Ausstellungen
Naturnahe Innenraumkonzepte

Das Team der FFS

Beim Team der „Forschungsstelle für Frei- und Spielraumplanung" (FFS) handelt es sich um ein bundes- und europaweit arbeitendes Planungsbüro. Parallel werden Forschungsvorhaben begleitet und eigenständig bearbeitet. Es besteht Kooperation zu mehreren Hoch- und Fachhochschulen. Entstanden ist das Planungsinstitut im Jahre 1979 in Baden-Württemberg. 1989 fand ein Umzug nach Hessen statt.

Heute arbeiten neun hochqualifizierte Frauen und Männer fakultätsübergreifend zu den Themen:

- Naturnahe Freiraumkonzeption und Naturnahe Innenraumgestaltung (Kindertagesstätten, Schulpausenhofgestaltung, Öffentliche Spielbereiche, Campingplätze),
- Gebäudearchitektur,
- Bürgerbeteiligungsmodelle/Kinder- und Jugendpartizipation,
- Freiraumplanung in Sozialen Brennpunkten und im Sozialen Wohnungsbau,
- Quartiersmanagement „Soziale Stadt".

Der Planungsansatz wird generationsübergreifend gesehen.

Das Bürgerbeteiligungsmodell der FFS

Ein Schwerpunkt vom Team der FFS sind spezielle Bürgerbeteiligungsmodelle. Diese beziehen sich nicht nur auf die Planung, sondern auch auf die Umsetzung. In beiden Fällen wählen wir eine bisher in Europa einmalige Methode, welche in ganz kurzer Zeit zu hochqualifizierten Ergebnissen bei der Umgestaltung in naturnahe Freiräume im Rahmen von Bürgerbeteiligungen führt. Geplant wird gemeinsam vor Ort und nicht am „Grünen Tisch".

Die Planerrunde als Partizipationsmodell

Bekannt geworden ist dieses Verfahren als Planerrunde der FFS. Zeitlich wird ein Tag nach vorheriger Organisation benötigt. Abends liegt ein grafisch aufgearbeiteter Vorentwurf auf dem Tisch, der von vielen Menschen, Jung und Alt, mitbeeinflusst wurde. Gebündelt werden so die vielen Kompetenzen der vorhandenen Akteure. Das betrifft den Träger, die jeweiligen Teams, die Bürgerinnen und Bürger und somit auch die anwesenden Kinder und Jugendlichen, je nach Planungsauftrag.

Die Bürgerbaustelle als Wochenendaktion

Auch die Umsetzung im Rahmen einer Bürgeraktion orientiert sich beim FFS-Team am aktuellen Freizeitverhalten der heutigen Menschen. Favorisiert wird weniger eine längerfristig angelegte Baustelle. Die Umsetzung, von Anfang bis Ende, findet an einem Wochenende (Freitag und Samstag, ganztags) unter fachlicher Anleitung speziell geschulter BauleiterInnen statt. Gebaut werden dabei von Bürgerinnen und Bürgern, Kinder eingeschlossen, Flächen von bis zu 2500 Quadratmeter und mehr. Die Ergebnisse entsprechen hochqualifizierten naturnah ausgerichteten Freiräumen. Zeitgleich werden bis zu Hundert Menschen aktiv. Kleine Gruppen werden so organisiert, dass miteinander die verschiedensten Bausteine an den beiden Bautagen entstehen. Vergleichbar einem Puzzle, das zu einem Gesamtbild zusammengefügt wird. Schwere Arbeiten verrichten dabei die organisierten Baumaschinen mit professionellen Fahrern. Alle Vorgaben der jeweiligen DIN-Bestimmungen werden eingehalten. Das gilt auch für die baufachlichen Anforderungen.

Kinder- und Jugendpartizipation

Spezialisiert hat sich das Team der FFS auch auf Beteiligungsmodelle, welche insbesondere Kinder und Jugendliche zu Wort kommen lassen. Das Verfahren ist offen und nimmt die Meinungen der jungen Menschen ernst. Wir sehen uns dabei als Vermittler und Anwalt von Kinderinteressen gegenüber dem Träger. Zum Ansatz kommen dabei, je nach Aufgabenstellungen, eine Vielzahl methodischer Ansätze, welche sich an der Praxis und weniger aus dem theoretischen Raum entwickeln. In Sozialen Brennpunktgebieten und an Orten mit hohem Ausländeranteil sind wir genauso zu Hause, wie in eher behüteten Bereichen wie Kindergärten, Kindertagesstätten oder öffentlichen Spielbereichen.

Für alle beschriebenen Vorhaben ist das FFS-Team bestens ausgebildet und kann bundesweit auf beachtliche Wettbewerbserfolge verweisen. Diese sind geprägt durch aktive Beteiligung vieler Menschen, mit denen wir arbeiten und lernen durften. Planung und Gestaltung wurde für uns in 23 Jahren aktiver Arbeit zum Lebenswerk.

FFS · Birkenweg 1 · 35644 Hohenahr-Altenkirchen
Telefon 0 64 44 / 61 77 · 0 64 44 / 92 10 61
Telefax 0 64 44 / 62 77
e-mail: FFS-Hohenahr@t-online.de